KB042084

루소전집

11

Jean-Jacques Rousseau

라 투르가 그린 루소의 초상화
루소는 라 투르가 그린 초상화가 자신의 모습과 가장 흡사하다고 생각했다.

1 파리 대주교 크리스토프 드 보몽

보몽은 《에밀》 제4부 속 〈사부아 보좌신부의 신앙 고백〉에 담긴 신앙관에 반대하여 1762년 8월 28일 교서를 발간했다.

2 보몽의 교서

보몽은 사제들에게 보내는 이 교서를 통해 《에밀》을 "신성모독적이고 이단적"이라고 공개적으로 비난했다.

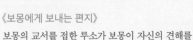

〈사부아 보좌신부의 신앙 고백〉의 본문과 삽화
보몽이 문제 삼은 《에밀》 제4부 속의 이 대목은 신을 인정하지만 만물의 창조자이자 주관자로서의 신
은 인정하지 않을 뿐만 아니라 인간 생활에 직접 관계하는 섭리와 은총, 기적, 계시 또한 인정하지 않는
이신론을 바탕으로 했다.

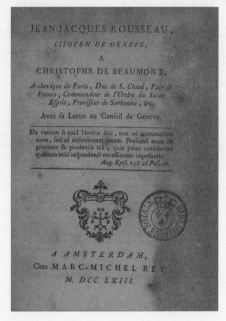

《보몽에게 보내는 편지》
보몽의 교서를 접한 루소가 보몽이 자신의 견해를
제대로 이해하지도 못하면서 인신공격을 하고 있
다고 판단하여 자신을 변호하기 위해 쓴 서한체 글
이다.

1 두드토 부인

《신엘로이즈》를 집필 중이던 1757년 봄에 두드토 부인을 처음 만난 루소는 한동안 열정을 불태우며 거의 매일 그녀를 만나 함께 산책을 하곤 했다. 루소가 이 사랑하는 여인에게 "미덕과 행복에 대한 선생" 역할을 하려는 마음에서 집필한 것이 《도덕에 관한 편지》이다.

2 남장한 모습으로 불시에 루소를 찾아온 두드토 부인

© Collection Jean-Jacques Monney, Genève

두드토 백작부인은 루소의 후원자인 데피네 부인의 시누이로서 《신엘로이즈》에 큰 영감을 주었다.

1
2

1 데피네 부인과 두드토 부인
데피네 부인은 루소와 두드토 부인이 친밀한 사이가 되자
둘의 관계를 질투했다.

2 《도덕에 관한 편지》중 '편지 2'의 초안
루소는 출판을 염두에 두고 이 편지들을 심혈을 기울여 집
필하고 교정했으나 끝내 두드토 부인에게 보내지 않았다.

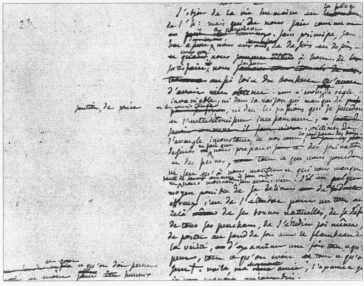

1 루소가 《보몽에게 보내는 편지》를 집필할 때 머물렀던 모티에의 집

《에밀》과 《사회계약론》의 판매가 금지되고 경찰에게 쫓기는 몸이 된 루소는 스위스 뇌샤텔 주의 트라베르 계곡에 위치한 이 농가에 은거했다.

2 루소가 《프랑키에르에게 보내는 편지》를 집필할 때 머물렀던 몽캥의 농가

루소는 프랑스 도피네 지방의 부르구앵 근처 몽캥에 있는 한 농가에서 지내며 《고백》 제7권을 집필하던 시기에 《프랑키에르에게 보내는 편지》를 썼다. 프랑키에르가 누구인지는 정확히 밝혀지지 않았으며, 다만 한 연구자에 의해 도피네 지방의 귀족이었을 것으로 추정될 뿐이다.

JEAN-JACQUES ROUSSEAU

루소전집
11

보몽에게 보내는 편지
도덕에 관한 편지
프랑키에르에게 보내는 편지

장 자크 루소 지음 | 김중현 옮김

책 세 상

일러두기

1. 이 책은 《루소 전집 Jean-Jacques Rousseau. Œuvres complètes》 4권(Paris : Gallimard, 1969)에 수록된 《보몽에게 보내는 편지 Lettre à Christophe de Beaumont》, 《도덕에 관한 편지 Lettres morales》, 《프랑키에르에게 보내는 편지 Lettre à M. de Franquières》를 옮긴 것이다.

2. 본문의 각주는 원작에 속하는 것이며 미주는 옮긴이의 주이다.

3. 원문에 이탤릭체로 돼 있는 부분은 고딕체로 표시했다.

4. 책(단행본)·잡지·신문은 《 》로, 논문·희곡·시·연극·오페라 등은 〈 〉로 표시했다.

차례

보몽에게 보내는 편지

Lettre à Christophe de Beaumont

JEAN-JACQUES ROUSSEAU

파리 대주교, 생 클루 공작, 프랑스 귀족원 의원,

성령 기사단 기사, 소르본 신학교 교장이신

크리스토프 드 보몽[1]에게,

제네바 시민

장 자크 루소로부터

당신을 욕되게 하려는 것이 아니라 나를 방어하기 위함이니

제가 좀 솔직하게 말하더라도 용서하세요.

당신의 깊은 사려와 분별을 기대합니다.

요구하시니 제가 답장을 하지 않을 수 없는 입장임을

당신은 잘 아실 것이기 때문입니다.

—성 아우구스티누스의《서한*Epistulae*》238.

대주교 예하, 어쩌다가 이렇게 제가 당신께 말씀을 아뢸 일이 생기게 되었을까요? 우리가 어떤 공통된 언어로 이야기를 나눌 수 있으며, 어떻게 해야 서로를 이해할 수 있을까요? 당신과 제가 어찌하여 이런 상황까지 오게 되었을까요?

어쨌든 저로서는 답변을 드려야 할 것 같습니다. 당신이 제가 답변을 하지 않을 수 없게끔 하시니까요. 만일 당신이 제 책에 대해서만 비판하셨다면 저는 가만히 있었을 것입니다. 그러나 당신은 제게 인신공격까지 하고 계십니다. 당신이 제 명예를 훼손하고자 하신다면, 저는 사람들에게 미치는 당신의 영향력이 크면 클수록 더욱 입을 다물고 있을 수가 없습니다.

이 편지를 쓰기 시작하는 지금, 저는 제 별난 운명에 대해 다시 한번 깊이 생각하지 않을 수가 없습니다. 그 운명에는 오직 저만이 겪은 별난 점들이 있습니다.

저는 다소의 재능을 갖고 태어났습니다. 대중들은 그렇게 평가했습니다. 하지만 무명으로 보낸 젊은 시절은 행복했습니다. 그랬기에 그 무명의 삶에서 벗어나 보겠다고 애써본 적은 추호도 없습니다. 설령 제가 그랬다 하더라도, 젊은 시절의 열정이 넘쳐날 때에는 성공하지 못하고 이후 그 열정이 사라져가기 시작할 때에야 크게 성공하게 되었으니 그것 자체가 어떻게 보면 별난 일이었을 것입니다. 마흔에 가까워지던 때에 저는 항상 무관심했던 성공이나 너무도 비싼 대가를 치르고 얻은 명성이 아닌, 제 마음이 갈망하는 단 두 가지 재산, 즉 마음의 평화와 몇 명의 친구를 갖게 되었습니다. 그런데 아카데미가 던진 하찮은 질문 하나가 본의 아니게 제 마음을 뒤흔들어 저에게 전혀 적합하지 않은 일에 저를 밀어 넣었는데, 뜻밖의 성공으로 저는 그 일에 매력을 느끼게 되었습니다. 많은 적들이 저를 이해하지도 못하면서 공격했습니다. 저는 그들의 경솔함에 화가 났는데, 어쩌면 그들의 오만 때문에 화가 났는지도 모르겠습니다. 하여튼 저는 저 자신을 방어했고, 논쟁이 거듭됨에 따라 거의 저도 모르게 그 길로 들어섰음을 느꼈습니다. 말하자면, 다른 사람들이라면 저자가 되는 것을 그만두었을 나이에 저는 저자가 되었던 것입니다. 제가 도리어 저 자신이 경멸해 마지않는 문인이 되었던 것입니다. 이내 저는 일반인들에게 알려졌고, 이와 함께 마음의 평화와 친구들이 사라져버렸습니다. 보다 더 지속적인 마음의 평정과 보다 더 만족스러운 사랑을 얻기까지 얼마나 고통이 심했겠습니까? 제 고통을 꾹 참아야 했습니다. 조금의 명성이 제 모든 것을 대신해야 했습니다. 명성은 아직도 그것을 갖지 못한 사람들에게는 보상이 될지 몰라도, 저에게는 전혀 보상이 될 수 없었습니다.

만일 제가 잠시라도 그토록 하찮은 행복을 기대했다면, 얼마나 빨리 환멸을 느꼈을지! 저에 대한 대중들의 변화무쌍한 평가를 얼마나 자주 겪어야 했을지! 저는 대중들에게서 너무도 멀리 떨어져 있었습니다. 대중들을 주도하는 자들의 변덕이나 이해관계에만 기초해서 저를 평가했다면, 저에 대한 대중들의 평가는 단 이틀도 똑같지 않았을 것입니다. 어떤 때는 제가 사악한 인간이었으며, 또 어떤 때는 빛의 천사이기도 했습니다. 저는 궁정에서까지 칭찬과 열렬한 환대를 받고 인기를 누리다가, 이어서 모욕과 위협을 당하고 증오와 저주를 받는 것을 같은 해에 한꺼번에 겪었습니다. 저녁에는 누군가가 저를 살해하기 위해 길에서 기다렸고, 아침에는 봉인장(封印狀)의 발부를 알려왔습니다.[2] 행복과 불행이 거의 같은 샘에서 흘러나왔습니다. 그러나 그 모든 것이 제겐 헛소리로 다가왔습니다.

저는 여러 주제에 대해 글을 썼지만 언제나 동일한 원리들, 즉 동일한 도덕과 동일한 신념과 동일한 원칙, 그리고 이렇게 말해도 좋을지 모르겠습니다만, 동일한 사상에 바탕을 두고 있습니다. 그렇지만 사람들은 제 저서들에 대해, 더 정확히 말하면 제 저서들의 저자에 대해 상반되는 판단을 내렸습니다. 왜냐하면 그들은 제 견해들에 기초하기보다는 제가 다룬 주제들에 기초해서 저를 판단했기 때문입니다.《학문예술론》을 발표한 후, 저는 자기가 생각해보지도 않은 것을 척척 논증해내는 그런 역설 가득한 인간이었습니다.《프랑스 음악에 대한 편지》를 발표한 이후, 저는 프랑스 국민의 공공연한 적이 되었습니다. 그 책을 보고 사람들이 저를 음모자에 가까운 사람으로 취급했던 것입니다. 사람들은 마치 왕정의 운명이 오페라 극장의 영광과 결부되어 있다고 생각하는 듯했습니다. 또《인간 불평등 기원론》을 출판한 이후에는 제가 무신론자이자 인간 혐오자가 되어버렸습니다.《달랑베르에게 보내는 연극에 관한 편지》이후로 저는 다시 기독교 윤리의 옹호자가 되었습니다. 그러다가《신엘로이즈》이후에는 다정다감하고 상냥한 사람이 되었다가, 지금은 신을 모독하는 자가 되어 있습니다. 머지않아 아마도 저는 독신자(篤信者)가 되어 있을 것입니다.

그러므로 어리석은 대중들은 왜 전에 자기들이 저를 좋아했는지 거의 모르듯이 왜 지금 저를 혐오하는지 모르니, 저에 대한 그들의 생각은 가변적입니다. 저로서는 그러나 늘 변함이 없습니다. 저는 연구에 식견이 있다기보다는 열심인 쪽입니다. 그렇지만 저 자신에 대해서까지 모든 것에 공정합니다. 소박하고 선하지만 감수성이 예민하고 나약하여 자주 죄를 짓습니다. 그러나 변함없이 선(善)을 사랑합니다. 물(物)로써가 아니라 우정으로써 관계를 맺고, 저 자신을 위한 이익보다는 저의 견해에 더 애착을 갖습니다. 사람들에게 어떤 것도 요구하지 않으며, 그들에게 절대로 의존하고 싶어 하지 않습니다. 그들의 의사에 굴복하지 않듯이 그들의 편견에도 굴복하지 않으며, 저의 이성에 대해서 그러듯이 저의 의사를 자유롭게 간직합니다. 신은 두려워하지만 지옥은 두려워하지 않습니다. 종교에 대해 따져보지만 무종교는 아니며, 신에 대한 모독도 광신도 좋아하지 않습니다. 그러나 신앙이 없는 사람들보다 관용을 모르는 사람들을 훨씬 더 싫어합니다. 저의 사고방식을 아무에게도 숨기고 싶어 하지 않으며, 솔직하고 꾸밈없이 저의 모든 잘못을 친구들에게 말하고, 또모든 견해를 세상 사람들에게 말합니다. 대중들에게는 그들의 진상을 아첨과 악의 없이 말해줍니다. 그들의 마음에 들려고 신경 쓰지 않는 것과 마찬가지로 그들을 불쾌하게 하려고 신경 쓰지도 않습니다. 바로 이런 것들이 저의 잘못이라면 잘못이며, 저의 미덕이라면 미덕입니다.

마침내, 충족되지 못하고 부풀기만 하는 황홀한 환상에 진저리가 나고 시간이 남아돌아 저의 시간까지 낭비케 하는 한가한 사람들의 소동에 지쳐, 제게 너무도 소중하고 제 고통에 너무도 필요한 마음의 안정을 갈망하면서 저는 기쁘게 펜을 놓았습니다. 오직 저의 동류인 인간들의 행복을 위해서 펜을 들었던 것에 만족해하면서 저는 제 열의에 대한 대가로 저를 은거지에서 평화롭게 죽도록 내버려둘 것과, 그곳에서 사는 저를 괴롭히지 말 것밖에 그들에게 요구하지 않았습니다. 제가 잘못 생각한 것이었음을 집행관들이 와서 알려주었습니다. 저의 가장 큰 불행이 시작된 것은, 제가 갑갑한 삶이 곧 끝나리라고 기대하고 있던 바로 그때였습니다. 그 불행에 이미 몇 가지 특이한 점들이 있지만, 그 정도로는 아직은 아무것도 아닙니다. 대주교 예하, 당신의 인내력을 남용하는 저를 용서해주십시오. 그렇지만 당신과의 논쟁에 들어가기에 앞서, 저의 현재 상황과 저를 그 상황에 처하게 만든 원인들에 대해 말씀드릴 필요가 있을 것 같습니다.

한 제네바 시민이 네덜란드에서 책을 한 권 출판했는데, 그 책은 그 사람에게 부여된 주권자로서의 특권이 무시된 채 파리 의회가 내린 결정에 의해 불태워졌습니다. 한 개신교도가 신교 국가에서 로마 교회에 대해 이의를 제기했는데, 파리 의회가 그에게 체포 영장을 발부합니다. 한 공화주의자가 공화국에서 왕정 국가에 대해 이의를 제기했는데, 파리 의회가 그에게 체포 영장을 발부합니다.[3] 파리 의회는 자기의 관할지에 대해 이상한 생각을 갖고 있고, 스스로를 인류에 대한 합법적인 재판관으로 여기는 것이 틀림없습니다.

파리 의회는 프랑스인들과 관련해서는 항상 소송 절차에 아주 신경을 쓰면서도 불쌍한 외국인이 문제가 되면 즉각 그 모든 절차를 무시해버립니다. 그 외국인이 그의 이름을 달고 있는 바로 그 책의 저자인지, 그가 그 책을 자신의 책으로 인정하는지, 그 책을 인쇄하도록 한 이가 그인지 알아보지도, 그의 비참한 상태를 고려하지도, 그가 겪고 있는 고통에 대해 동정을 느끼지도 않고 그에게 체포 영장을 발부하는 일부터 시작합니다. 사람들은 그 외국인을 그의 침대에서 끌어내어 흉악범들이 들어가 있는 감옥으로 끌고 갔을지도 모릅니다. 어쩌면 그의 말을 들어보지도 않고 그를 화형에 처해버렸을지도 모릅니다. 종교 재판을 하는 나라에서조차 유례를 찾기 힘들 정도로 아주 난폭하게 시작된 그 소송이 보다 합법적으로 진행되었을지는 아무도 알 수 없기 때문입니다. 이처럼, 그토록 현명한 법정이 오직 저에 대해서만 그 현명함을 망각하고 있습니다. 그들에게 사랑받는다고 생각하고 있던 저에 대해서만, 자기들의 온화함을 자랑하는 그 국민은 끔찍한 잔인함을 보이고 있습니다. 그 국민은 제가 같은 값에 선택할 수 있었던 아주 많은 피난처 가운데 그 나라를 택한 것이 과연 잘한 일이었는지를 이런 식으로 확인시켜주고 있는 것입니다! 저는 그것이 국제법에 어떻게 부합되는지는 모르지만, 이와 같은 소송으로 어떤 인간이 됐든 그의 자유, 그리고 어쩌면 그의 목숨까지도 최초의 인쇄인에 의해 좌우된다는 것을 잘 압니다.

그 제네바 시민은, 무고(誣告)하는 논고에 기초해 그를 소환하지도 않고 체포 영장을 발부하는 불공정하고 부당한 당국에 아무런 의무가 없습니다. 그는 출두 명령을 받지 않았기에 출두할 의무가 없습니다. 당국은 그에게 폭력만을 행사합니다. 그러니 그는 그 폭력을 피합니다. 그는 이 매력적인 땅과 결별하고 떠납니다. 약자를 억압하는 데 혈안이 되어 있고, 외국인에게 그의 말을 들어보기도 전에, 비난받는 그의 행위가 처벌 대상이 되는지 알아보기도 전에, 그가 그 행위를 했는지 알아보기도 전에 쇠사슬을 채우는 나라 말입니다.

그는 한숨지으며 소중한 은거지를 떠납니다. 그에게 값진 재산이라고는 친구들밖에 없는데, 그는 그들을 떠납니다. 약한 몸으로 긴 여행을 감수합니다. 그는 자유의 땅에 도착하면 숨을 돌리게 되리라 확신합니다. 그는 자기 조국, 자기가 그토록 자랑하고 각별히 사랑하며 명예롭게 했던 조국으로 떠나갑니다. 그곳에 가면 환대받으리라는 희망이 불행을 위로해줍니다…… 제가 무슨 말을 하겠습니까? 가슴이 메어오고 손이 떨려 펜이 손에서 떨어집니다. 침묵을 지켜서, 함의 죄[4]를 따라 하지 말아야 합니다. 제가 저의 고통 중 가장 쓰라린 고통을 왜 몰래 삼키지 못하겠습니까!

그런데 이 모든 일의 이유가 무엇인가요? 저는 그 이유에 대해서는 말하지 않겠지만 사람들이 대는 구실에 대해서는 말하겠습니다. 그들은 제가 신을 모독한다고 감히 비난합니다! 그 책이, 즉 그들이 신에 대한 모독의 증거를 찾으려 애쓰는 그 책이 모든 사람의 수중에 있다는 사실은 고려하지 않고 말입니다. 그 정당한 책을 금지하고 그 책에 그들이 거기에서 찾아낸 척했던 모든 내용이 들어 있다고 말하기 위해서라면 그들이 무엇인들 제시하지 않겠습니까! 하지만 그 책은 어쨌든 남게 될 것입니다. 그렇기에 후대가 그 책에서 저자가 비난받았던 죄를 찾아보려고 애써도 그가 범한 오류에서조차 미덕을 애호하는 사람의 잘못밖에 보지 못할 것입니다.

저는 동시대인들에 관해 말하기를 삼갈 것입니다. 아무에게도 해를 끼치고 싶지 않기 때문입니다. 하지만 무신론자 스피노자는 평화스럽게 자기 학설을 가르쳤습니다. 그는 자기 저서들을 출판하는 데 장애가 없었고, 그 저서들은 공공연하게 판매되었습니다. 그는 프랑스에 왔고, 그곳에서 환대를 받았습니다. 모든 나라가 그에게 문을 열어주었습니다. 어디를 가나 그는 보호받는다고 느꼈고, 적어도 안전하다고 생각했습니다. 군주들은 그에게 존경을 표했고, 강단을 제공했습니다. 그는 평화롭게 살다가 죽었습니다. 존경을 받기까지 하면서 말입니다.[5] 오늘날, 철학과 이성과 인도(人道)가 그토록 칭송받는 이 시대에, 신의 영광 그 자체에 기반을 둔 몇 가지 회의를 인류에 대한 사랑에서 신중하게, 그리고 존경심을 가지고 제기했다는 이유로 신의 입장을 옹호하는 그 사람이 그의 궁핍에 대한 고려도, 그의 쇠약에 대한 동정도 없이 추방되어 이 나라 저 나라로, 이 피난처 저 피난처로 비탄에 잠긴 채 쫓겨 다니고 있습니다. 그들의 악착스러움은 어떠한 범죄자도 겪어보지 못했을 정도로 지나쳐서 건강한 사람에게조차 가혹하게 여겨졌을 것입니다. 거의 유럽 전역에서 그에게 먹을 것과 거처를 제공하는 일이 금지되고 있습니다. 사람들은 그를 숲에서 쫓아내고 있습니다. 산속에 그를 평화롭게 내버려두기 위해서는 한 저명한 보호자[6]의 의연한 단호함이나 한 견식 있는 군주[7]의 지극한 선량함이 필요할 것입니다. 그는 불행한 여생을 갇혀서 보냈을지도 모릅니다. 만일 여러 정부로 번져나간 초기의 그 아찔한 상황에서 그가 그를 학대한 사람들 손에 좌우되었다면, 그는 어쩌면 극심한 고통 속에서 죽었을지도 모릅니다.

괴롭히는 자들에게서 벗어난 그는 사제들의 수중에 떨어지지만, 저로서는 그것이 놀라운 일로 생각되지 않습니다. 출신만큼이나 고귀한 영혼의 소유자인 덕망 높은 분,[8] 사제들의 비굴한 행동을 억제해야 할 저명한 대주교께서 오히려 그것을 허용하고 있다는 사실이 더욱 놀랍습니다. 억압받는 자들을 동정해야 할 그가 불행의 절정에 달한 인간을 괴롭히는 것에 대해 부끄러워하지 않습니다. 가톨릭의 고위 성직자인 그는 한 신교도 저자에 대한 교서(敎書)를 내립니다. 그는 한 이단자의 교리를 재판관으로서 심리하기 위해 자기 법정에 오릅니다. 그는 가톨릭교회에 속하지 않는 자는 누구든 무차별하게 비난하지만, 그는 피고인에게 자기 식으로 방황하는 것을 허락하지 않음으로써 어찌 보면 그 피고인에게 지옥으로 가는 길을 권장하는 것입니다. 그의 주변 성직자들은 또 그들대로 쓰러졌다고 생각되는 한 명의 적 주위로 즉각 달려들어 전력을 다해 악착스럽게 몰아붙입니다. 지위가 높든 낮든 성직자들은 모두 합세합니다. 마침내 최고의 현학자가 와서 능력 있는 인간인 체합니다. 상원과 대주교가 합세해 까닭 없이 적대하는 그에게 달려들어 결정적인 발길질을 가하기를 모두가 원합니다. 지체 낮은 교구 보좌신부나 어릿광대짓을 하는 신부나 예외가 없습니다.

대주교 예하, 이 모든 것이 마치 경쟁하듯 이루어지는데, 저 말고는 이런 상황에 처한 예가 없었습니다. 그런데 이것이 전부가 아닙니다⋯⋯ 어쩌면 저의 일생에서 가장 힘든 상황 가운데 하나일 텐데, 이런 상황은 복수심과 이기심amour-propre[9]을 발휘하기 딱 알맞은 상황이어서, 공정한 사람도 도무지 절제가 되지 않습니다. 단 열 줄의 글만으로도 저는 저를 괴롭히는 사람들을 지울 수 없는 조롱거리로 만들 수 있습니다. 제가 말하지 않더라도 어찌 대중들이 두 뒷이야기를 알지 못하겠습니까! 저를 파멸시킬 궁리를 한 사람들과 그들이 그것을 실행에 옮기기 위해 한 짓을 어찌 대중들이 모르겠습니까! 무시해도 좋을 어떤 벌레들에 의해, 음흉한 어떤 수단들에 의해 유력자들이 교란되는지를 그들은 보게 될 것입니다! 어떤 누룩이 썩어 발효됨으로써 의회를 동요시키는지를 그들은 보게 될 것입니다! 어떤 우스꽝스러운 이유로 유럽 국가들이 한 시계공의 아들에게 대항하려 동맹을 맺는지를 그들은 보게 될 것입니다! 제가 대중을 놀라게 한 매개자만 아니라면 저는 그들의 놀라움을 보며 얼마나 즐거워할까요!

지금까지 저의 펜은 진실을 말하는 데는 대담했지만 결코 빈정거리지는 않았기에 어느 누구의 평판도 위태롭게 하지 않았습니다. 저의 펜은 저 자신의 명예를 방어할 때조차 타인들의 명예를 늘 존중했습니다. 펜을 놓는 마당에 비방하는 일로 그 펜을 더럽히겠습니까? 또 저의 적들에 대한 흉학한 말로 그 펜을 물들이겠습니까? 아닙니다. 그들에게 어둠 속에서 공격을 가하는 유리함을 남겨줍시다. 저는 공개적으로만 저를 방어하고 싶습니다. 게다가 오직 저 자신만을 방어하고 싶습니다. 그러자면 누구에게도 상처를 줄 필요 없이, 대중이 아는 것, 알 수 있는 것만으로 충분합니다.

이러한 것에 속하는 한 가지 놀라운 일은, 감히 말씀드리자면, 어떠한 권력에도 굽힐 줄 모르고 얀센파[10]와도 전혀 화해할 줄 모르는 그 용감한 크리스토프 드 보몽이 자신도 모르는 새에 얀센파의 추종자이자 얀센파의 증오의 앞잡이가 되는 것이며, 얀센파의 그 화해할 수 없는 적이 내가 얀센파 진영을 편들지 않았다고, 또 예수회파에 맞서는 글을 쓰지 않았다고 저를 탄압하는 것입니다. 그런데 저는 예수회파를 좋아하진 않지만 그들에 대해 전혀 불평하지 않습니다. 저는 그들이 탄압받고 있다고 생각합니다. 대주교 예하,《신엘로이즈》초판 제6부를 보아주십시오. 138쪽[11]의 주(註)에서 제 모든 불행의 실제 기원을 발견하실 것입니다. 저는 그 주에서, 얀센파는 지배자가 되자마자 곧 자기들의 적들보다 더욱 관용을 모를 것이며 더욱 냉혹해질 것이라고 예측했습니다(저 역시 때로는 예측을 하려 들거든요). 저는 저 자신의 이야기가 그토록 제 예측을 잘 입증해주리라고는 그때는 알지 못했습니다. 이 음모의 추이를 추적해보면 제 책이 누구에게 어떻게 넘겨졌는지 어렵지 않게 알 수 있을 것입니다. 그 문제에 대해 말하자면 한이 없을 테니 그만하겠습니다. 그렇지만 저는 적어도 당신이 어떤 사람들에 의해 전혀 알아채지도 못한 채 조종되었는지 가르쳐드릴 수 있습니다.

제 책이 의회에 넘겨지지 않았더라도 당신이 그 책을 비난했을까요? 다른 사람들은 그렇게 믿거나 말할 수 있을 테지만, 양심상 거짓을 용납할 수 없는 당신은 그렇게 말하지 않으실 겁니다. 저의《인간 불평등 기원론》이 당신의 교구에 유포되었지만 당신은 교서를 내리지 않으셨습니다. 저의《달랑베르에게 보내는 연극에 관한 편지》또한 당신의 교구에 유포되었지만 당신은 교서를 내리지 않으셨으며,《신엘로이즈》도 당신의 교구에 유포되었지만 당신은 역시 교서를 내리지 않으셨습니다. 그런데 이 모든 책은, 당신이 그 책들에 대해 평가를 내리시는 것으로 보아 당신은 그 책들을 다 읽으신 것 같습니다만, 동일한 원칙과 동일한 사고방식에 기초하고 있음을 분명하게 보여줍니다. 주제 때문에 그 사고방식이 동일하게 전개되지 못했을지 모르지만, 원칙에는 변함이 없습니다. 그래서〈사부아 보좌신부의 신앙 고백〉보다는 그 저자의 신앙 고백이 보다 신중하지 못하게 표현되었습니다. 그런데 왜 당신은 그때에는 아무 말씀도 하지 않으셨습니까? 대주교 예하, 그때엔 당신의 교구 신자들이 덜 소중했습니까? 그들이 제 책들을 덜 읽었습니까? 그들이 제 책들을 덜 좋아했습니까? 그들이 잘못된 생각에 덜 노출되었습니까? 그렇지 않습니다. 그때에는 축출해야 할 예수회파가 없었습니다. 음흉한 사람들이 저를 올 가미에 얽어매는 일도 전혀 없었습니다. 그 운명의 주(註)는 전혀 알려지지도 않았고, 그 후 그것이 알려졌을 때는 이미 그 책이 대중에게 호평받고 있었습니다. 그러니 그 책을 비난하며 시끄럽게 하기에는 너무 늦었기에, 사람들은 미루기를 택했습니다. 그들은 기회를 노리다가 마침내 기회를 잡자, 독신자들에게서 보통 볼 수 있는 격렬함을 내보이며 그 기회를 이용했습니다. 그들은 저를 쇠사슬에 묶어 화형에 처해야 한다는 말밖에 하지 않았습니다. 제 책은 무정부주의의 선동이었고, 무신론의 나팔이었습니다. 그 책의 저자는 질식사시켜야 할 괴물이어서, 그를 그토록 오래 살아 있게 내버려둔 것에 대해 사람들은 아연실색했습니다. 모두가 그렇게 노발대발하는 마당에, 당신으로서는 침묵을 지키는 것이 수치스러웠을지도 모르겠습니다. 따라서 당신은 종교적 열의가 부족하다고 비난받기보다는 잔인한 행동을 하기를, 그들에게 질책당하기보다는 당신의 적들을 내주기를 더 원하셨을 것입니다. 대주교 예하, 이것이야말로 당신이 교서를 내린 진짜 동기임을 시인하십시오. 제가 보기엔 이것이야말로 제 운명을 기이한 처지에 놓이게 하는 데 충분한 별스러운 사건들의 협력입니다.

정의 대신 국가의 품위를 내세우게 된 지 이미 오래되었습니다. 저는 공인(公人)이 자기 의사에 반하여 한 훌륭한 시민을 엄하게 제재하도록 강요받는 불행한 상황들이 있다는 것을 압니다. 광폭하게 구는 사람들 사이에서 자제하고 싶어 하는 사람은 그들의 광폭함의 대상이 됩니다. 그렇기에 제가 그 희생양이 되고 있는 이런 광폭함 속에서는 늑대 같은 인간들과 함께 똑같이 짖어대야지, 안 그러면 그들에게 잡아먹힐 수 있다는 것을 저는 압니다. 그러므로 저는 당신이 제 책에 대한 교서를 내린 데 대해 항의하는 것이 아니라, 정직하지도 진실하지도 않게 제 인격에 대한 교서를 내린 데 대해 항의하는 것입니다. 저는, 계시를 받은 자가 그렇게 말한다며 당신이 저에 대해 하는 비난의 말에 바로 당신 자신의 말로써 권위를 부여하면서 저의 입장에 대해서가 아니라 저의 명예에 대해서, 더 정확히 말하면 당신의 명예에 대해서 상처를 입히는 모욕들로 저를 괴롭히는 것에 대해 항의하는 것입니다. 저는, 이유도 필요성도 고려도 없이 고의로, 적어도 저를 불행하게 만들기 위해서, 당신의 성격에는 별로 걸맞지 않은 어조로 당신이 저를 모욕하시는 것에 대해 항의합니다. 도대체 제가 당신께 어쨌다고 이러시는 겁니까? 저는 당신에 대해 항상 존경심을 가지고 말했는데 말입니다. 저는 당신의 편견 때문에 당신의 예법이 그렇게 된 것을 매우 유감스러워하면서도 당신의 굽힐 줄 모르는 의연함을 그렇게도 여러 번 찬미했는데 말입니다. 저는 늘 당신의 훌륭한 품행과 덕행을 존경해왔고, 당신이 제게 큰 고통을 주신 지금도 당신의 덕행을 여전히 존경하는데 말입니다.

사람들은 싸우고 싶을 때나 자기가 잘못했을 때 바로 그런 식으로 문제를 해결합니다. 당신은 저의 반론들을 해결하지도 못하시면서 저에게 중대한 과오를 범하셨습니다. 당신은 저를 혹평하면 저의 명예가 실추된다고 생각하셨지만, 틀렸습니다. 당신은 저의 논거를 약화시키지 못하셨고, 되레 관대한 마음을 가진 사람들로 하여금 저의 불행에 관심을 갖게 하셨습니다. 당신은 양식 있는 사람들로 하여금, 사람들이 저자를 아주 좋지 않게 평가한다면 그의 책도 좋게 평가할 수 없는 법이라고 생각하게 하셨습니다.

대주교 예하, 당신은 제게 인정을 보이지도 않았고 관대하지도 않았습니다. 당신은 제 저작에 대해 가차 없이 비판하면서도 제게 관대할 수도 있었고, 그뿐만 아니라 비판의 효과를 더 크게 볼 수도 있었을 것입니다. 저는 또한 제게는 당신에게 그런 덕행을 요구할 권리가 없으며, 성직자에게 그것을 기대할 이유도 없음을 인정합니다. 그러나 당신이 공정하고 공평했는지 검토해봅시다. 왜냐하면 그것은 모든 사람에게 부과된 엄격한 의무여서 성인(聖人)들이라 할지라도 그 의무에서 자유롭지 못하기 때문입니다.

교서에서 당신은 두 가지를 목표로 했습니다. 제 책을 비난하는 것이 그 하나이며, 제 인격을 헐뜯는 것이 나머지 하나였습니다. 만일 제가 당신이 제 주장을 논박한 모든 곳에서 당신의 추론이 잘못되었다는 것을, 그리고 또 당신이 저를 모욕한 모든 곳에서 당신이 저를 헐뜯고 있다는 것을 증명한다면, 저는 그만하면 당신에게 잘 대응했다고 여길 것입니다. 그러나 오직 증거만을 가지고 나아가더라도, 주제의 중요성과 상대편의 지위 때문에 걸음걸이가 무겁게 느껴지거나 그 모든 비난을 하나씩 따라가지 않을 수 없을 때에는 그 비난의 한마디 한마디에 몇 쪽 분량의 반론이 필요합니다. 그런데 짧은 빈정거림은 즐거움을 주지만, 긴 방어는 지겨움을 줍니다. 하지만 저는 저 자신을 방어해야 합니다. 그렇지 않으면 저는 당신의 아주 근거 없는 비난들에 여전히 휩싸여 있을 것입니다. 그렇기에 저는 저 자신을 방어하겠지만, 저의 책보다는 명예를 방어할 것입니다. 제가 검토하는 것은 〈사부아 보좌신부의 신앙 고백〉이 아니라, 파리 대주교의 교서입니다. 그런데 저로 하여금 저의 저작에 관해 말하지 않을 수 없게끔 하는 것은, 오직 파리 대주교가 출판인에 대해 했던 악의적인 말입니다. 저는 제가 받은 것을 돌려줄 것입니다. 그래야 할 의무가 있기 때문입니다. 그러나 자기보다 더 큰 권력을 가진 자에게 항의하는 것은 아주 처량한 처지이며, 한 결백한 자의 자기변호를 읽는 것은 아주 싱거운 일임을 모르는 바가 아닙니다.

저의 모든 글에서 논증의 기초가 되었고 이전에 쓴 글에서도 제가 가능한 한 아주 명증하게 전개한 모든 도덕의 기본 원리는 다음과 같습니다. 인간은 천성적으로 선하기에 정의와 질서를 사랑한다는 것, 인간의 마음속에는 처음부터 사악함이 없다는 것, 그리고 본성의 최초 움직임은 언제나 올바르다는 것입니다. 저는 인간이 가지고 태어나는 유일한 열정, 즉 자애심(自愛心)amour de soi은 그 자체로는 선과 악에 초연한 정념이어서, 그것이 발달하는 상황에 따라 우연하게 선해지거나 악해질 뿐임을 보여주었습니다. 저는 인간의 마음이 가지고 있다는 모든 악이 전혀 천성적이지 않다는 것을 보여주었습니다. 저는 악이 생겨나는 방식에 대해 말했는데, 어떻게 보면 악의 계보를 추적했던 것입니다. 그리하여 저는 최초의 선함이 어떻게 지속적으로 변질되어 인간이 마침내 현재의 모습으로 되었는지를 보여주었던 것입니다.

또한 저는 자애심에 자연스러운, 그 선과 악에 대한 초연함에서 오는 것 같지 않은 그 최초의 선함이 뭘 의미하는지를 설명했습니다. 인간은 단순한 존재가 아닙니다. 인간은 두 실체로 구성되어 있습니다. 설령 모두가 인정하지는 않는다 할지라도 당신과 저는 인정합니다. 그래서 저는 다른 사람들에게 그 사실을 증명하려고 노력했습니다. 그 사실이 증명되었으니, 이제 자애심은 단순 정념이 아닙니다. 그런데 단순 정념은 두 가지 원리, 즉 생각하는 존재라는 원리와 감각 능력을 지닌 존재라는 원리를 갖고 있으며, 이 두 원리의 행복은 같지가 않습니다. 감각의 욕구는 신체의 행복을 지향하며, 질서에 대한 사랑은 영혼의 행복을 지향합니다. 계발되어 활발해진 이 질서에 대한 사랑은 '의식'이라는 이름을 갖습니다. 그러나 이 의식은 오로지 인간의 지식에 의해서만 발전하고 작용합니다. 의식이 질서를 인식하기에 이르는 것은 오로지 그 지식에 의해서이며, 인간의 의식이 인간으로 하여금 질서를 사랑하게 하는 것은 오로지 인간이 질서를 인식할 때입니다. 그러므로 의식은, 아무런 비교도 하지 않아서 자신의 상관관계를 전혀 알지 못하는 인간에게는 아무 가치가 없습니다. 이러한 상태에서는 인간은 자기밖에 인식하지 못합니다. 그는 자기 행복이 타인의 행복에 상반되는지 부합하는지도 알지 못하며, 아무도 미워하지도 좋아하지도 않습니다. 자신의 신체적인 본능에만 국한돼 있는 그는 형편없는 존재여서 짐승이나 다름없습니다. 바로 그것이 제가 《인간 불평등 기원론》에서 보여준 것입니다.

제가 어떻게 진전되는지를 보여준 그 모종의 발달에 의해 인간이 동류 인간들에게 시선을 던지기 시작할 때, 인간은 또한 그들과의 관계와 사물들의 관계를 보기 시작하여 조화와 정의와 질서에 대한 관념을 갖게 되고 고상한 정신을 느끼기 시작하며, 의식이 작용하게 됩니다. 이리하여 그들은 미덕을 가집니다. 그런데 그들이 악덕 또한 갖는 것은, 그들의 이해관계가 교차하고 그들의 야심이 깨어나기 때문입니다. 그들의 지식이 늘어남에 따라서 말입니다. 그러나 이해관계가 대립하기보다 지식들이 협력하는 한, 인간은 본질적으로 선합니다. 바로 이것이 제2의 상태라는 것입니다.

결국 모든 개인적인 이해관계가 심해져 서로 충돌하고, 발효 중인 자애심이 이기심이 되고, 세계 전체가 자기들 각자에게 필요한 것이라는 생각이 그들 모두를 서로 적으로 만들어 오직 타인의 고통에서만 자신의 행복을 찾게 할 때, 고조된 정념들보다 약한 의식은 그 정념들에 질식해, 사람들의 입속에는 서로를 속이기 위해 꾸며낸 말밖에 남아 있지 않게 됩니다. 그때 저마다 공익을 위해 자신의 이익을 희생하는 척하지만, 모두가 거짓말을 하는 것입니다. 공익이 자신의 이익과 일치하지 않을 때 공익을 원하는 사람은 아무도 없습니다. 따라서 그 일치는 인민들을 행복하고 선하게 만들려 애쓰는 참된 정치의 목적인 것입니다. 그러나 바로 여기서부터 저는 이제 당신만큼이나 독자들이 거의 알지 못하는 생소한 이야기를 시작하겠습니다.

대주교 예하, 바로 이것이 세 번째이자 마지막 단계로서, 그다음에는 아무 단계도 남아 있지 않습니다. 그리하여 이것이야말로 선한 인간이 어떻게 악해졌는지에 대한 이유인 것입니다. 사람들이 악해지는 것을 막기 위해서는 어떻게 해야 할지 모색하는 일에 저는 제 책을 바쳤습니다.

저는 현재의 질서 속에서 그 일이 절대적으로 가능하다고는 주장하지 않았지만, 그 일을 해내는 데는 제가 제안한 것 외의 다른 방법이 없다고 주장했으며, 지금도 여전히 그렇게 생각합니다.

그에 대해 당신은 저의 교육 계획이 기독교와 일치하기는커녕 시민을 만들거나 인간을 만드는 데조차 적합하지 않다고 말씀하셨습니다.* 그런데 당신의 유일한 근거는 원죄를 가지고 제게 대항하는 것입니다.12 대주교 예하, 원죄와 그 원죄의 결과로부터 해방되는 방법은 세례밖에 없습니다. 따라서, 당신의 관점에서는 기독교도가 아니면 시민도 인간도 결코 없었을 것입니다. 이 귀결을 부정하든지, 아니면 당신의 증명이 과했다는 것을 인정하세요.

당신은 너무도 높은 곳에서 증거를 얻고 계시기에 제게도 멀리 가서 답변을 찾도록 강요하십니다. 어림도 없는 일이겠지만, 제 생각에, 우선 너무도 큰 난제들을 지닌 이 원죄의 교리는 성경 속에 그렇게 명백하고 엄격하게 드러나 있지 않아서 수사학자 아우구스티누스와 우리의 신학자들이 그 교리를 구축하고 싶어 했을 정도입니다. 일부러 죄지은 몸과 결합하게 하고 죄지은 몸 속에서 도덕적 타락으로 물들게 해서 모두를 지옥에 보내기 위해 신이 죄 없는 순수한 영혼을 그토록 많이 창조하신다고 생각할 수 있습니까? 그분의 작품인 이 결함 외에는 다른 죄가 없는데도 말입니다. 저는 당신이 과연 이 이론으로 우리 마음의 신비를 규명하고 있는지는(당신은 그럴 수 있다고 자랑하지만) 말하지 않겠습니다. 하지만 저는 당신이 신의 정의와 선함을 많이 흐리는 것을 봅니다. 만일 당신이 이의를 제기하신다면, 그것은 그 이의를 백배는 더 강한 이의로 대체하게 될 뿐입니다.

그런데 사실 《에밀》의 저자는 이 교리에 대해 어떻게 생각합니까? 그

* 교서 in-4 5쪽, in-12 X쪽.

가 자기 책이 인류에게 유익하다고 생각했을지라도, 그가 그 책의 독자로 삼은 것은 기독교도들, 적어도 영혼에서만이라도 원죄와 그 원죄의 결과로부터 정화된 사람들입니다. 그 목적에서 만들어진 성사(聖事)를 통해서 말입니다. 이 교리에 따르면, 우리는 모두 어린 시절에 원초적인 무구(無垢)를 회복했습니다. 우리는 모두 아담이 신의 손에서 빠져나올 때만큼이나 건강한 마음을 세례를 마칠 때 가지게 되었습니다. 당신은 우리가 다시 죄에 물들었다고 말씀하시겠지요. 우리가 그 죄에서 해방되었는데, 어떻게 다시 그것에 물든 거지요? 예수의 피가 아직도 그 죄를 완전히 씻어줄 만큼 힘이 크지 않다는 말입니까? 아니면 그 죄가 우리 육신이 선천적으로 타락한 결과란 말입니까? 마치 원죄 외에도, 우리에게 벌을 주는 데서 기쁨을 느끼려고 신이 일부러 우리를 죄지은 존재로 창조하시기라도 한 것처럼요? 원죄에서 해방되었다고 당신이 인정한 사람들의 죄악들을, 당신은 다시 그 원죄 탓으로 돌리고 계십니다. 게다가 당신은 그 죄악에 제가 또 하나의 원인을 제공했다며 저를 비난하고 계십니다. 당신처럼 잘못 추론하지 않았다고 해서 저를 비난하는 것이 옳은 일인지요?

사실, 사람들은 제가 세례* 덕분으로 여기는 그 결과들이 어떠한 외적 신호도 없이 나타난다고 제게 말할 수 있을 것입니다. 그리고 기독교도가 이교도보다 악에 대한 성향이 덜하다고 생각하지 않는다고도 말할 수 있을 것입니다. 제가 보기엔 오히려, 죄악에 의해 주입된 악의가 이교도

---

* 토마 뷔르네Thomas Burnet 박사처럼 아담이 저지른 죄의 결과인 인류의 타락과 죽음을 면할 수 없는 운명은 금단의 열매에서 빚어진 자연적인 결과라고 말한다면, 또한 이 먹을 것에 모든 동물적 구조를 해치고 열정을 격화시키고 오성(悟性)을 약화시키는, 어디에서나 죄악과 죽음의 원리를 지니는 유독한 즙이 있다고 말한다면, 치유의 본질은 병의 본질과 유사하기 때문에 세례는 인간의 몸에 육체적으로 작용해 인간이 무구한 상태에서 가졌던 구조와, 세례에 의존하는 불멸성은 아니더라도 적어도 회복된 동물적 구조의 모든 정신적 결과를 돌려주리라는 것을 인정해야 할 것이다.

들에게서 현저하게 나타날 텐데 말입니다. 사람들은 계속해서, 세례 외에 복음주의 도덕에서도 신의 은총을 얻을 수 있다면 모든 기독교도는 천사가 될 것이고 이교도들은 그들 본래의 타락 때문만이 아니라 그들의 잘못된 신앙 때문에도 사탄이 될 것이라고 말할 것입니다. 저는 이 시급한 난제가 거추장스러워질 수 있으리라는 것을 압니다. 인류와 관련해 그토록 큰 대가를 치르고 이루어진 속죄의 결과가 거의 사라지는 것을 제게 보여줄지도 모를 사람들에게 어떻게 대답해야 할까요?

그런데 대주교 예하, 제가 훌륭한 신학에 원죄에서 벗어날 어떤 방법도 없다고 생각할 뿐만 아니라 세례가 우리 본성의 타락을 결코 치유해주지 않는다는 것을 인정할지라도, 당신은 마찬가지로 그 문제에 대해 확실하게 논증하지 못하신 것입니다. 당신은 우리가 우리 최초의 아버지 때문에 죄인이라고 말씀하십니다. 그런데 우리 최초의 아버지는 어떤 이유로 죄인이었습니까? 당신이 설명하는 그 죄의 이유가 원죄가 없는 후손들에게는 어째서 적용될 수 없는 것입니까? 왜 우리는 타고난 죄악으로 우리를 죄인으로 만들고 처벌 대상으로 만들면서 신이 부당하다고 탓하는 것입니까? 우리 최초의 아버지는 죄인이었고, 신을 탓하는 일 없이 우리처럼 벌을 받았는데 말입니다. 원죄는 그 자체의 원리만 빼고 모든 것을 설명해줍니다. 그러니 그 원리를 설명하는 것이 중요합니다.

당신은 저의 원리에 근거해서, 우리가 우리 자신의 마음의 신비를 이해할 수 있도록 해주는 빛줄기가 더 이상 보이지 않는다고 주장하십니다.* 당신은 훨씬 더 보편화된 그 원리가 최초의 인간이 저지른 죄**를 해명해주기까

---

* 교서 in-4 5쪽, in-12 XI쪽.

** 무익하고 정당성 없는 방어에 반발하는 것은 자연스러운 성향이다. 그러니 그 자체로 악에 젖은 성향이기는커녕 사물의 질서와 인간의 건강한 몸에 부합하는 성향인 것이다. 왜냐하면 만일 인간이 자기 자신에 대한 열렬한 사랑과 모든 권리를 자연으로부터 받은 상태 그대로 유지하려는 열렬한 사랑을 가지고 있지 않다면 그는 자기 자신을 보존할 수 없을 것이기 때문이다. 모든 것을 할 수 있

지 한다는 것을 모르십니다. 당신의 원리야말로 그 최초의 인간이 저지른 죄를 제대로 해명하지 못하고 모호한 상태로 내버려두고 있습니다. 당신은 악마의 수중에 있는 인간밖에 볼 줄 모르시지만, 저는 인간이 어떻게 악마의 손에 떨어졌는지를 봅니다. 당신 말씀에 의하면, 악의 원인은 타락한 본성입니다. 그런데 그 타락 자체가 원인 규명이 필요한 악인 것입니다. 인간은 선하게 창조되었다는 것, 당신과 저는 모두 그 점을 인정하고 있다고 생각합니다. 그러나 당신은 인간이 과거에 악했기 때문에 현재도 악한 거라고 말씀하시고, 저는 인간이 과거에 어떻게 악하게 되었는지를 보여줍니다. 당신이 생각하시기에, 우리 중 누가 더 원리에 가까이 거슬러 올라갔습니까?

그런데도 당신은 마치 저를 쓰러뜨리기라도 한 것처럼 실컷 의기양양해하십니다. 당신은 어떤 해결 불가능한 반론으로 저를 반박합니다.* 우

는 사람은 자신에게 유익한 것만을 원할 것이다. 그러나 법에 의해 자기 능력에 대해 제약과 제한을 받는 힘없는 존재는 자기 자신의 일부를 잃고는 마음속으로 자신이 빼앗긴 것을 요구한다. 그 때문에 그가 죄를 짓는다면, 그것은 그 자신이 되는 죄를 짓는 것이지 다른 죄를 짓는 것이 아닐 것이다. 그것은 과거의 자신의 모습과 자신이 아닌 모습을 동시에 원하는 것일 것이다. 그러므로 아담이 위반한 그 명령은 내게는 진정한 방어라기보다는 아버지의 견해로 보인다. 그것은 죽음에 이르게 하는 해로운 과일을 삼가라는 경고인 것이다. 이러한 생각은 신학자들이 우리에게 가르쳐주고 싶어 한 생각보다는 신의 어짊에 대해 우리가 가져야 하는 생각에, 나아가 〈창세기〉의 텍스트에 확실히 더 부합한다. 왜냐하면 이중의 죽음의 위협에 관해서라면 이 'morte morieris'라는 단어는 신학자들이 부여하는 그런 과장을 가지고 있지 않고, 이 과장이 일어날 수 없는 다른 곳들에서 사용되는 헤브라이즘일 뿐임을 사람들이 보여주었기 때문이다.

게다가 유혹자의 간계와 여인의 유혹에는 관대와 연민에 대한 너무도 자연스러운 동기가 있기에, 아담의 죄를 모든 상황에서 고찰해볼 경우 거기에서 발견할 수 있는 것이라고는 가장 경박한 여인들의 과오밖에 없다. 하지만 그들의 관점에서 보면 얼마나 끔찍한 벌인가! 심지어 그보다 더 끔찍한 벌은 생각할 수도 없다. 왜냐하면 아담이 아무리 중죄를 짓더라도 그와 그의 종족을 이 세상에서 멸하는 것 이상의 벌은 가해질 수 없었을 것이기 때문이다. 이를테면 그들을 영원히 지옥 불 속에서 고통 당하게 할 수는 없었을 것이기 때문이다. 바로 그것이 잘못을 범한 가련한 사람에게 자비의 신이 내리신 벌이란 말인가? 나는 우리의 가혹한 신학자들이 펼치는 실망스러운 교리를 너무나 증오한다! 만일 내게 한순간이라도 그 교리를 받아들이고픈 마음이 든다면, 나는 바로 그때 나 자신이 신을 모독한다고 생각할 것이다.

리에게 있는 고귀함과 비열함, 진리에 대한 열정과 오류에 대한 취향, 미덕에 대한 성향과 악덕에 대한 성향의 놀라운 혼합이라는 반론으로 말입니다. 그리고 당신은 덧붙입니다. 이교도의 철학을 좌절시켜 그것을 공허한 사변 속에서 떠돌도록 내버려두는 놀라운 차이!라고 말입니다.

인간에 관한 이론은 공허한 사변만은 아닙니다. 그것이 본질에 기초한다면, 밀접하게 잘 연관된 결과들로 사실들을 뒷받침한다면, 그리고 우리를 정념의 근원으로 인도하면서 우리에게 그 정념의 흐름을 조절하는 법을 가르쳐준다면 말입니다. 만약 당신이 〈사부아 보좌신부의 신앙 고백〉을 이교도의 철학이라 부르신다면 저는 그 비난에 대응할 수가 없습니다. 왜냐하면 저는 그 비난을 전혀 이해할 수 없기 때문입니다.** 그러나 사부아 보좌신부가 아주 잘 설명했음에도 그가 잘 설명하지 못하고 있다고 말하기 위해 당신이 그의 말**을 거의 그대로 차용하신 것은 기분 좋게 생각합니다.

대주교 예하, 너무도 논의의 여지가 많은 반론에서 당신이 끌어내는 결론을, 그리고 이어서 그와 유사하게 되풀이되는 이야기를 다시 적어보겠습니다.

인간은 자신이 해로운 성향에 이끌리는 것을 느낀다. 어떻게 그 성향에 저항할 것인가? 어린 시절에 미덕과 지혜와 주의가 넘치는 선생들에게 지도받지 않는다면, 그리고 또 인생 전반에 걸쳐 신의 보호와 은총을 받으며 아주 성실하고 지속적인 노력을 기울이지 않는다면 말이다.

즉, 우리는 인간이 어린 시절부터 계속 엄하게 키워짐에도 악하다는 것을 안다. 그러니 어린 시절부터 엄하게 키우지 않는다면 어찌 인간을 지혜롭게 만들 수 있

---

* 교서 in-4 6쪽, in-12 XI쪽.
** 그 비난이 그 후 보몽 씨가 내게 한, 내가 여러 신을 허락했다는 비난과 관계되지 않는 한은 말이다.
∗∗ 《에밀》초판 제3부 68쪽과 69쪽.

겠는가? 계속 엄하게 키워도 그렇게 만들 수가 없는데 말이다.*

교육에 대한 우리의 추론은 다른 주제에 적용하면 더 잘 받아들여질 수 있을 것입니다.

대주교 예하, 누군가 사람들에게 다음과 같은 얘기를 늘어놓는다고 가정해봅시다.

"당신은 공정한 정부를 찾으려고, 또 훌륭한 법을 가지려고 매우 애씁니다. 저는 우선, 당신은 정부가 악을 치유해주기를 바라지만 오히려 악을 행하는 것이 바로 그 정부라는 것을 증명하겠습니다. 나아가 저는 당신이 훌륭한 법을 갖는 것도, 공정한 정부를 갖는 것도 불가능함을 증명하겠습니다. 그러고 나서, 정부와 법 없이도 당신이 불평하는 그 모든 악을 방지할 수 있는 가장 좋은 방법을 알려주겠습니다."

이렇게 말한 뒤 그가 자신의 이론을 설명하고, 그 방법이라는 것을 제시한다고 가정해봅시다. 저는 그 이론이 견고할지, 그 방법이 실행 가능할지는 검토하지 않겠습니다. 만일 그 이론이 견고하지 않다면, 아마도 사람들은 그 이론의 주창자를 미친 사람들과 함께 감금하는 선에서 그칠 것이고 그렇게 그를 심판할 것입니다. 하지만 만일 불행하게도 그 이론이 견고하다면 이는 훨씬 더 낭패일 것입니다. 당신 대주교 예하나 혹은 당신을 대신하는 다른 사람들은 그 불우한 사람의 이론이 맞은 것에 대해 아무리 벌을 내려도 성이 차지 않는다고 느낄 것입니다. 그런데 여기에서 중요한 것은 그게 아닙니다.

그 인간의 신분이 어떻든 간에 분명 많은 글이 그의 이론을 공격하게 될 것입니다. 권력자들에게 아첨하려고, 왕의 특권을 얻어 인쇄하는 것을 매우 자랑스러워하면서 그에 대한 팸플릿을 쓰거나 그를 중상하지 않는 어리석은 학자, 그를 감히 대꾸도 못하고 입도 뻥긋 못하게 해놓고 그를

* 교서 in-4 6쪽, in-12 XI쪽.

찍소리도 못하게 만들었다고 자랑하지 않는 어리석은 학자는 없을 것입니다. 그러나 이 역시 중요한 것이 아닙니다.

마지막으로, 그 문제에 관심을 가진 어떤 신중한 사람이 자기 역시 다른 사람들처럼 해야 한다고 생각해 과장된 수사와 중상을 남발하며 다음과 같은 구실을 댄다고 가정해봅시다. 이런 가련한 사람! 당신은 정부와 법을 파괴하고 싶은 것인가? 정부와 법이야말로 악에 제동을 거는 유일한 수단이지만 정부와 법 또한 그 악을 억제하기 어려운 것은 마찬가지인데 말이다. 맙소사! 만일 우리에게 더 이상 정부와 법이 없다면 어떻게 되겠는가? 당신은 우리에게서 교수대와 형거(刑車)를 없애주는 대신에 공공연한 강탈 조직을 만들려 하는 것이나 마찬가지다. 그러니 당신은 가증스러운 사람이다.

만일 그 불쌍한 사람이 감히 말을 한다면 아마 다음과 같을 것입니다. "귀하는 논점 선취의 오류를 범하고 계십니다. 제 말은 악을 처벌하지 말자는 것이 아니라 악이 생겨나는 것을 막는 게 더 낫다는 것입니다. 제가 법의 불충분성에 대비하고자 하는 반면에 귀하는 제게 법이 부족함을 주장하십니다. 귀하는 제가 악습을 정착시킨다고 비난하시는데, 제가 그것을 치유하는 대신에 예방하기를 더 선호하기 때문입니다. 아니, 늘 건강하게 사는 방법이 있는데도 의사들이 할 일이 없게 될까 봐 그 방법을 금해야 할까요? 귀하는 항상 교수대와 형거를 보고 싶어 하시지만 저는 더 이상 악인을 보고 싶지 않습니다. 당돌한 말씀인지 모르겠지만, 저는 저 자신이 가증스러운 인간이라고 생각하지 않습니다."

아아! 가장 건전하고 훌륭한 교육 원칙들에도 불구하고, 종교의 가장 너그러운 약속들과 가장 무시무시한 협박에도 불구하고, 젊은이들의 과오는 여전히 너무 잦고 너무 많기만 하다. 저는 당신이 가장 건전하다고 말씀하시는 그 교육이 가장 몰상식한 교육임을, 그리고 당신이 가장 훌륭하다고 말씀하시는 그 교육이 아이들에게 온갖 악덕을 갖게 하는 것임을 증명했습니다. 저는 천국의 온갖 지복이 설탕 한 조각보다도 그들의 마음을 끌지 못한다는 것을, 그리고 또 그들은 지옥 불보다 저녁 예배 때의 지루함을 훨씬 더 두려워한다는 것을 증명했습니다. 사람들은 그런 방법들로는 젊은이들의 과오들을 억제할 수 없다고 불평하는데, 저는 젊은이들의 과오들이 오히려 바로 그 방법들의 작품이라는 것 또한 증명했습니다. 자제하지 못할 경우 젊은이들은 어떤 과오와 어떤 무절제에든 빠져들지 않겠는가? 젊은이들은 결코 스스로 바른 길을 벗어나지 않습니다. 그들의 모든 과오는 잘못된 지도에 기인합니다. 사제들과 가정교사들이 시작한 것을 친구들과 선생들이 마무리합니다. 저는 그 사실을 증명했습니다. 그것은 튼튼한 둑을 쌓아 미리 대비했음에도 범람하는 격류와 같다. 어떤 방어물이 격류의 범람을 막지 못한다면 그게 대체 무슨 소용이 있는가? 저는 이렇게 말할 수 있을 것입니다. 그것은 당신의 무력한 둑을 무너뜨리고 모든 것을 파괴하는 격류와 같다. 하상(河床)을 넓히고, 장애물 없이 흐르도록 내버려두라. 그러면 그것은 전혀 해를 끼치지 않을 것이다. 그러나 저는 이토록 진지한 주제에 이런 비유를, 각자가 제멋대로 적용하지만 어떤 것도 증명해주지 못하는 이런 서툰 비유를 사용하는 것을 부끄럽게 생각합니다.

게다가, 당신 말처럼 악에 이끌리는 인간 성향 때문에 젊은이들이 그렇게 자주, 그리고 많이 과오를 저지름에도 불구하고 당신은 젊은이들에 대해 그렇게 불만스러워하시는 것 같지 않고, 미덕과 지혜와 주의가 넘쳐나는 당신의 선생들이 현재 하고 있는 건전하고 훌륭한 교육에 꽤 만족해하시는 것 같습니다. 그래서 만일 다른 방식으로 교육이 이루어진다면 젊은이들이 많은 것을 잃을 것처럼 생각하시는 것 같고, 실제로 당신이 교서 서두에서 말하고자 하시는 이 세기의 모든 악을 오랜 세월의 찌꺼기로 생각하시지 않는 것 같습니다.

저는 기존의 교육에 아주 만족한다면 구태여 또 다른 교육 계획을 모색할 필요가 없다는 것을 인정합니다. 그러나 대주교 예하, 이 점에서 당신은 까다롭지 않다는 것 또한 인정하십시오. 만일 당신이 교리 분야에 관해서도 부드럽게 잘 넘어갔다면 당신의 교구는 덜 술렁였을 것이고, 당신으로 인해 예수회 수도사들 사이에 격동이 일지 않았을 것이며, 저 또한 단체로 괴롭힘을 당하지 않았을 것입니다. 그러면 당신은 보다 더 조용히 지내셨을 것이고, 저 또한 그랬을 것입니다.

우리 본성의 나약함과 당신이 말하는 우리 본성의 타락이 허락하는 한도 내에서 세상을 개혁하기 위해서는 은총의 인도와 영향 아래서 인간의 이성이 발하는 최초의 빛을 관찰하고 주의 깊게 파악해 진실에 이르는 길로 인도하는 것으로 충분하리라고 당신은 말씀하십니다.* 그리고 계속해서 이렇게 말씀하십니다. 그렇게 하면 아직 편견에 사로잡히지 않은 그 정신들은 영원히 과오에 대해 경계할 것이고, 아직 큰 정념에 사로잡히지 않은 마음들은 모든 미덕의 영향을 받을 것이다. 그러므로 우리는 이 점에 대해서는 의견이 같습니다. 저는 이와 다르게 말하지 않았으니까요. 사제들이 아이들을 교육해야 한다고 덧붙이지 않았다는 것은 인정합니다. 아니, 저는 아이들을 시민과 어른으로 만들기 위해 그럴 필요가 있다는 생각조차 하지 않았습니다. 그런데 이 잘못은——그것이 잘못이라면——그토록 많은 가톨릭 신자들에게는 공히 잘못이겠지만, 한 신교도에게는 그렇게 큰 죄가 아닙니다. 저는 당신의 나라에서 사제들 자신이 아주 선량한 시민으로 통하는지에 대해서는 검토하지 않겠습니다. 그러나 현세대의 교육은 그들의 작품이기 때문에, 한편으로는 당신과 다른 한편으로는 당신의 옛 교서들 사이에서 그들의 정신적 양식이 그 작품에 아주 유익했는지, 신의 진정한 경배자들인 그토록 훌륭한 성인들을 만들어냈는지, 조국의 자원이자 자랑이 될 만한 그토록 훌륭한 사람들을 키워냈는지 판정을 내려야 합니다.** 저는 모든 선량한 프랑스인들과 당신 자신에게 충격을 주게 될 관찰

---

* 교서 in-4 5쪽, in-12 X쪽.
** 교서 in-4 5쪽, in-12 X쪽.

하나는 덧붙일 수 있습니다. 당신의 국민이 가졌던 그토록 많은 왕들 중에서 가장 훌륭한 왕은 전혀 사제들에게 교육받지 않은 단 한 사람뿐이라는 것입니다.[13]

그러나 이 모든 것이 무슨 상관이 있습니까. 저는 사제들이 교육하는 것에 반대하지 않았는데요. 만일 그들에게 그럴 만한 능력이 있다면 그들에게 젊은이들의 교육을 맡기도록 하세요. 저는 그것에 반대하지 않습니다. 그러니 당신이 그 점에 대해 말씀하시는 것*은 제 책과 전혀 배치되지 않습니다. 당신은 제 계획이 가톨릭 성직자 외의 사람들에게만 알맞을 수 있다는 단 한 가지 이유만으로 제 계획이 좋지 않다고 주장하시는 것입니까?

제가 증명해 보였다고 여기는 바와 같이 만일 인간이 천성적으로 선하다면, 결과적으로 외부의 무엇이 그 본성을 변질시키지 않는 한 인간은 선하게 남아 있을 것이며, 저는 그렇게 보지 않지만 만일 인간이 악하다면, 결국 그들의 악함은 다른 것에서 유래할 것입니다. 그러므로 악덕의 문을 닫아버리세요. 그러면 인간의 마음은 언제나 선할 것입니다. 이 원리에 기초해 저는 소극적인 교육을 가장 좋은 교육으로, 아니 더 정확히 말해 유일하게 좋은 교육으로 보고 있습니다. 저는 인간들이 그 모든 적극적인 교육에 전념하는데도 어떻게 그 목표와 정반대되는 길을 따라가는지를 보여주며, 또한 어떻게 제가 제시한 길을 따라 그 목표를 향해 나아가고 어떻게 그 목표에 도달하는지를 보여줍니다.

저는 조기에 정신을 계발해 아이에게 인간의 의무에 대한 인식을 심어주는 것을 목표로 하는 교육을 '적극적인 교육'이라고 부르며, 우리가 인식을 갖기 전에 우리 인식의 도구인 기관들을 발달시키기 위해서 감관의 훈련을 통해 이성을 준비시키는 교육을 '소극적인 교육'이라고 부릅

---

* 교서 in-4 5쪽, in-12 X쪽.

니다. 소극적인 교육은 아무것도 하지 않는 것이 아닙니다. 정반대이지요. 이 교육은 미덕을 심어주지는 않지만 악덕을 예방하며, 진리를 가르쳐주지는 않지만 오류로부터 보호해줍니다. 이 교육은 아이가 진실을 이해할 수 있게 되었을 때 그 진실에 이르게 해주는 모든 것을, 선을 좋아할 수 있게 되었을 때 그 선에 이르게 해주는 모든 것을 아이에게 준비시켜줍니다.

이런 식의 교육은 당신 마음에 들지 않고 당신을 화나게 만들 텐데, 그 이유를 알기란 어려운 일이 아닙니다. 당신은 그러한 교육을 제안하는 사람의 의도를 비난하는 것으로 시작합니다. 당신은 제가 영혼에 오류들을 주입시켜 그 오류들에 대해 영혼을 대비시키기 위해서 영혼의 무위도식이 필요하다고 생각한다고 말씀하십니다. 그런데 학생에게 자신의 무지를 깨닫게 하는 것, 자신이 아무것도 모른다는 사실을 알게 하는 것밖에 공들여 가르치지 않는 사람이 학생에게 어떤 오류를 주입하려 한다는 것인지 모르겠습니다. 당신은 판단력이란 것이 발달하기는 하지만 서서히 형성된다는 것을 인정하십니다. 당신은 이렇게 덧붙입니다. 그렇다면 어린아이는 열 살 때 선과 악의 차이를 알지 못하고, 지혜로움과 어리석음을, 선량함과 냉혹함을, 미덕과 악덕을 구별하지 못한다는 말인가?* 만일 그 나이에 판단력이 발달하지 않았다면 물론 그런 모든 일이 발생합니다. 당신은 이어서 말씀하십니다. 아니, 그 아이가 자기 아버지에게 복종하는 것이 선이고 불복하는 것이 악이라는 걸 알지 못한다는 말인가? 그와 정반대입니다. 저는 반대로 그 아이가 놀이를 그만두고 공부하러 가면서 자기 아버지에게 복종하는 것이 악이라고 느끼고, 어떤 금단의 열매를 도둑질하면서 자기 아버지에게 불복하는 것이 선이라고 느끼게 되리라고 주장하는 것입니다. 저는 또한 그 아이가 벌을 받는 것은 악이며 보상을 받는 것은 선이라

---

* 교서 in-4 7쪽, in-12 XIV쪽.

고 느끼게 될 것임을 인정합니다. 바로 그 상반되는 선과 악의 균형 속에서 그의 어린 시절의 신중함이 조절됩니다. 저는 제 책의 처음 두 부(部)에서, 무엇보다 악이 무엇인지에 대한 선생과 학생의 대화*에서 이것을 수없이 보여주었다고 생각합니다. 그런데 대주교 예하, 당신은 그 두 개의 부를 단 두 줄로 반박하고 계십니다. 그 두 줄은 이와 같습니다.** 그러한 주장은 어린아이가 결코 우둔하지 않은데도 우둔하다고 간주함으로써 인간의 본성을 모독하는 것이다. 이보다 날카로운 반론도, 이 정도 길이로 작성된 반론도 또 없을 것입니다. 그러나 당신이 우둔함이라고 표현하고자 하는 그 무지는 불완전하거나 계발되지 않은 기관들 속에서 제약받고 있는 모든 정신에 늘 존재합니다. 그것은 누구나 쉽게 느끼고 관찰할 수 있습니다. 따라서 그 무지를 인간의 본성 탓으로 돌리는 것은 인간 본성을 모독하는 것이 아닙니다. 인간의 본성이 전혀 악의를 갖고 있지 않은데도 악의를 갖고 있다고 간주함으로써 인간 본성을 모독한 것은 다름 아닌 당신입니다.

당신은 또 이렇게 말씀하십니다.** 싹트는 격렬한 정념들에 지배될 때에야 비로소 인간에게 지혜를 가르치려 하는 것은, 거부당하게 할 목적으로 지혜를 내미는 것이 아닌가? 당신은 또 한 번 제 의사가 아닌 것을 친절하게도 제 의사로 간주하시는데, 제 책에서 그런 의사를 발견할 사람은 당신밖에 없을 것입니다. 저는 먼저 제가 원하는 방식으로 교육받는 사람은 당신이 말씀하시는 그 시기에 정념에 지배되지 않으리라는 것을 보여주었습니다. 또한 저는 어떻게 지혜에 대한 가르침이 그 같은 정념의 발달을 늦출 수 있는지도 보여주었습니다. 당신이 제 탓으로 돌리시는 것은 다름 아

---

* 《에밀》제1부 189쪽.
** 교서 in-4 7쪽, in-12 XIV쪽.
**, 교서 in-4 9쪽, in-12 XVII쪽.

닌 당신의 교육이 빚어낸 좋지 못한 결과들입니다. 그리고 당신은 제가 당신께 예방법을 가르쳐드리는 그 결함을 이유로 내세워 저를 반박하십니다. 저는 제 학생의 마음을 청년기까지 정념으로부터 보호해주었습니다. 정념이 막 싹트려 할 때 저는 그것을 억압하는 적절한 배려를 통해 그것의 발달을 늦춥니다. 지혜에 대한 가르침은 때 이르게 주어지면 아이에게 아무 의미가 없습니다. 아이가 그것에 대해 관심을 갖거나 이해할 수 있는 상태에 이르러 있지 못하기 때문입니다. 때가 늦어 마음이 이미 정념에 넘어간 경우에도 지혜에 대한 가르침은 효과가 없습니다. 마음을 무장시키기 위해서든 마음을 딴 데로 돌리기 위해서든 그 가르침이 유익한 때는 제가 선택한 그 시기뿐입니다. 그러니 그때 젊은이가 그 가르침을 신경 써서 받아들이는 것 역시 중요합니다.

당신은 이렇게 말씀하십니다.* 이 저자는 젊은이들이 자신의 가르침을 더욱 잘 따를 수 있도록 그들이 모든 종교 원리를 버리기를 원한다. 그 이유는 간단합니다. 제가 젊은이들이 종교를 갖기를 원하기 때문이고, 그들의 판단력이 진리로 느끼지 않는 것은 아무것도 가르쳐주고 싶지 않기 때문입니다. 하지만 대주교 예하, 만일 제가 사람들은 젊은이들이 가르침을 더욱 잘 따를 수 있도록, 분별력이 생기기 이전 시기를 택하는 데 대단히 신경을 쓴다고 말한다면, 제가 당신보다 더 나쁜 추론을 한 것일까요? 또한 그것은 당신이 아이들에게 가르치려 하는 것에 아주 유리한 상황일까요? 당신에 따르면, 저는 오류를 주입하기 위해 분별력이 생기는 나이를 택합니다. 그런데 당신은 그 나이 이전에 진실을 가르치려 합니다. 당신은 아이가 진실과 허위를 구분할 수 있기도 전에 서둘러 가르칩니다. 그러나 저는 아이를 속일지라도 아이가 그것을 이해할 수 있을 때까지 기다립니다. 그 판단력이 천부적인 것이라고요? 그렇다면 어른들에게만 말하고자 하는 사

---

* 교서 in-4 7쪽, in-12 XIV쪽.

람과 아이들에게 말하는 사람 중 누가 속이려 드는 사람일까요?

당신은 제가 신을 믿는 아이는 모두 우상 숭배자이거나 아니면 신인동형론자라고 말하고 가르쳤다고 비난합니다. 그리고 기독교적 교육을 받은 아이는 그런 사람이 될 수 없다며* 그것을 반박합니다. 문제는 바로 그것입니다. 그러니 이제 그 근거를 따져볼 일이 남습니다. 저의 근거는, 가장 기독교적인 교육일지라도 아이에게 그가 갖고 있지 않은 이해력을 줄 수 없고, 아이의 관념을 물질적 존재에서 분리시킬 수 없다는 것입니다. 그토록 많은 어른들도 관념을 물질적 존재보다 드높이지 못합니다. 게다가 저는 경험에 호소합니다. 이를테면 각 독자에게 어린 시절 신을 믿었을 때 신에 대해 늘 어떤 이미지를 갖고 있지 않았는지 기억을 더듬어 회상해볼 것을 권합니다. 당신이 아이에게 신은 절대로 감각으로 포착할 수 있는 것이 아니다라고 말하면, 아이의 혼란스러운 정신은 아무것도 이해하지 못하거나 신이 아무것도 아니라고 이해합니다. 당신이 아이에게 무한한 영적 존재에 관해 말하면, 아이는 영적 존재가 무슨 의미인지 알지 못하며, 무한한이 무슨 의미인지는 더더욱 모릅니다. 하지만 당신은 아이에게 해준 말을 아이가 따라 말하게 할 것이고, 심지어 필요하면 아이로 하여금 그 말의 뜻을 이해한다고 덧붙이게 할 것입니다. 왜냐하면 아이로서는 그렇게 말하는 것이 전혀 어려운 일이 아니며, 나아가 꾸지람을 듣거나 벌을 받기보다는 이해한다고 말하는 쪽을 택할 것이기 때문입니다. 유대인들도 예외가 아니지만 고대인들은 모두 육체를 가진 신을 상상했습니다. 그런데 얼마나 많은 기독교도들, 특히 가톨릭교도들이 오늘날에도 여전히 그렇습니까? 만일 당신 아이들이 어른들처럼 말한다면, 그것은 그 어른들이 아직 아이들이기 때문입니다. 바로 그 점이 수많은 신비한 교리가 더 이상 누구에게도 별것이 아닌 이유입니다. 그 교리의 용어

---

* 교서 in-4 7쪽, in-12 XIV쪽.

들은 다른 말들과 마찬가지로 쉽게 쓸 수 있는 것입니다. 현대 기독교의 편리한 점 가운데 하나는, 이성을 제외한 모든 것에 적합한 그런 개념 없는 말들로 이루어진 전문 용어를 상당히 만들어냈다는 것입니다.

신을 이해하는 데 도움을 주는 그 영적 존재에 대해 검토해본 결과, 저는 신을 이해하는 것*이 구원에 꼭 필요하다고 생각하는 것은 합당치 못하다는 것을 알게 되었습니다. 저는 그 예로 미치광이들과 아이들을 듭니다. 신의 존재를 이해할 만큼 지력을 습득하지 못한 사람들도 같은 범주에 놓습니다. 그 점에 대해 당신은 이렇게 말합니다.**《에밀》의 저자가 신의 존재를 이해할 수 있는 나이를 지나치게 뒤로 미루는 것이 조금도 놀랍지 않다. 그는 그러한 이해가 구원에 필요하다고 믿지 않는 것이다. 당신은 저의 제안을 더욱 생경한 것으로 만들기 위해, 자비롭게도 꼭이라는 단어를 빼는 것으로 시작합니다. 이 단어를 빼버리면 그 제안은 다른 것이 될 뿐만 아니라 다른 의미를 띠게 됩니다. 저의 문장에 의하면 구원에는 일반적으로 그러한 이해가 필요한데, 당신이 제 문장인 양 내세우는 그 문장에 의하면 전혀 그렇지 않을 것이기 때문입니다. 이 작은 왜곡 뒤에 당신은 이렇게 계속합니다.

그는 가공의 인물의 목소리를 통해 이렇게 말한다. "신을 믿지 않고 노년에 이른 사람일지라도 신을 알지 못한 것이 의도적이지 않았다면, 그가 신을 믿지 않았다는 이유로 저세상에서 신 앞에 설 권리를 박탈당하지 않을 것임은 명백하다. (당신은 '생vie'[14]이라는 말을 뺐습니다.) 그런데 신을 알지 못하는 것이 항상 의도적인 것은 아니라는 사실을 나는 분명히 말해둔다."

당신의 지적을 여기 옮겨 적기에 앞서 제가 먼저 지적하는 것을 허락해주십시오. 이른바 그 가공의 인물은 저 자신이지 보좌신부가 아니며,

---

* 《에밀》 제2부 352~353쪽.
** 교서 in-4 9쪽, in-12 XVIII쪽.

당신이 〈사부아 보좌신부의 신앙 고백〉 속에 있다고 믿고 계신 이 구절은 거기에 있지 않고 이 책 《에밀》의 주요 부분에 있습니다. 대주교 예하, 당신은 매우 건성으로 읽으셨습니다. 그리고 당신이 그토록 가혹하게 비난하는 구절을 아주 부주의하게 인용하고 계십니다. 저는, 견책하는 자리에 있는 유력 인사는 자신의 판단을 좀 더 면밀히 검토해야 한다고 생각합니다. 이제 당신의 지적을 여기에 옮겨 적겠습니다.

여기에서 문제가 되는 것은 자기의 이성을 사용하지 못하는 사람이 아니라, 이성이 가르침의 도움을 전혀 받지 못하는 그런 사람이라는 것에 주목하라. 당신은 이어서 이렇게 주장하십니다.* 이런 주장은 더할 나위 없이 터무니없다. 성 바울은 이교도 철학자들 중 여러 사람이 오직 이성의 힘에 의해서 참된 신을 이해하게 되었다고 주장한다. 그리고 나서 당신은 그의 말을 옮겨 적고 있습니다.

대주교 예하, 사람들이 자기가 읽는 책의 저자를 이해하지 못하는 것은 저자로서는 흔히 겪는 작은 고통일 뿐입니다. 그러나 사람들이 저자를 반박하면 큰 고통이 되고, 저자를 중상하면 더욱더 큰 고통이 됩니다. 그런데 당신은 당신이 공격하는 제 책의 구절을 전혀 이해하지 못하셨습니다. 다른 많은 사람들과 마찬가지로 말입니다. 독자는 제가 그 구절 전체를 보여주면 그것이 저의 오류인지 당신의 오류인지 판단할 수 있을 것입니다.

"우리(신교도)는 분별력이 싹트기 전에 죽은 아이는 어느 누구도 영원한 행복을 박탈당하지 않을 것이라고 생각한다. 가톨릭교도들도 영세받은 모든 아이는 설령 신에 대해 들어보지 못했더라도 마찬가지라고 생각한다. 그러므로 신을 믿지 않고도 구원받을 수 있는 경우들이 있다. 그런데 그런 경우는 유년 시절이든 정신착란 상태이든, 인간의 정신이 신을 받아들이는 데 필요한 작업을 할 수 없을 때 생긴다. 여기서 당신과 나의

---

* 교서 in-4 10쪽, in-12 XVIII쪽.

차이는, 당신은 아이가 일곱 살이 되면 그런 능력을 갖는다고 주장하고 나는 열다섯 살이 되어도 그런 능력을 갖지 못한다고 주장한다는 점이다. 내가 옳건 그르건 여기에서 문제가 되는 것은 신앙 개조(個條)가 아니라, 단순한 박물학적인 관찰이다.

같은 원리에서, 신을 믿지 않고 노년에 이른 사람일지라도 신을 알지 못한 것이 의도적이지 않았다면, 그가 신을 믿지 않았다는 이유로 저세상에서 신 앞에 설 권리를 박탈당하지 않을 것임은 명백하다. 그런데 신을 알지 못하는 것이 항상 의도적인 것은 아니라는 사실을 나는 분명히 말해둔다. 당신은, 어떤 병으로 인해 정신적 능력은 상실했지만 인간으로서의 자격은 잃지 않았기에 창조주의 은혜를 받을 권리까지 박탈당하지는 않은 미치광이들에 대해서는 그 점을 인정할 것이다. 그런데 유년기부터 사회와 격리되어 삶으로써 사람들과의 교류를 통해서만 얻을 수 있는 지식을 갖지 못한 채 절대적으로 야생적인 생활을 하고 있는 사람에 대해서는 왜 그 점을 인정하지 않는가? 그처럼 야생적인 생활을 하는 사람은 참된 신을 알 만큼 고양된 성찰을 할 수 없다는 것은 입증된 사실이다. 이성은 우리에게 인간은 오직 의도적인 잘못에 대해서만 벌을 받아야 하고, 극복할 수 없는 무지는 그의 죄로 돌릴 수 없다고 말한다. 그러므로 신의 법정에서는 필요한 지식만 있다면 신을 믿을 사람은 누구든 신을 믿는다고 간주되며, 진리에 마음을 닫는 자들 외에는 어떤 불신앙자도 벌을 받지 않을 것이다."《에밀》제2부 352쪽 이하.

이상이 당신이 저에 대해 범한 오류를 명백하게 보여줄 제 책의 구절 전체입니다. 제 생각에 당신의 오류는, 신을 믿기 위해서는 신의 존재에 대해 배워야 한다고 이해했거나 이해시킨 데 있습니다. 제 생각은 크게 다릅니다. 저는 신의 존재의 근거를 이해할 수 있기 위해서는, 특히 누가 말하는 것을 전혀 듣지 않고 스스로 그것을 이해할 수 있기 위해서는 어느 정도까지는 발달된 이해력과 계발된 지력이 필요하다고 말합니다. 저는 미개하거나 야만적인 사람들에 관해 이야기하는데, 당신은 제게 철학자들을 끌어다 댑니다. 저는 참된 신에 대한 관념을 갖게 되려면 다소의 철학을 지닐 필요가 있다고 말하는데, 당신은 몇몇 이교도 철학자들이 참된 신에 대한 관념을 갖게 되었다는 것을 인정하는 성 바울의 말을 인용합니다. 저는 그런 무지한 사람은 영원히 신에 대한 정확한 관념을 스스로 가질 수 없다고 말하는데, 당신은 교육받은 사람들은 신에 대한 정확한 관념을 가질 수 있다고 말합니다. 따라서 바로 이 근거에서만 저의 견해는 당신에게 더할 나위 없이 터무니없게 보입니다. 아니 그럼, 법학 박사는 박사이기 때문에 자기 나라의 법을 틀림없이 잘 알 것이고, 글을 모르는 아이는 글을 모르기 때문에 그 법을 모를 수 있었다고 가정하는 것이 터무니없는 일인가요?

어떤 저자가 계속 반복해 말하기를 원치 않아 어떤 주제에 대해 자신의 견해를 한 번 명확히 밝혀놓았다면, 같은 견해에 대해 논할 때마다 매번 똑같이 근거를 댈 의무는 없습니다. 그의 글들은 각 글들 서로에 의해 설명되며, 그가 체계를 갖추고 있다면 뒤에 쓴 글들은 앞에 쓴 글들을 전제로 하게 됩니다. 저는 항상 그렇게 하려고 노력했고, 또 그렇게 했습니다. 문제가 되고 있는 이 경우와 관련해서는 특히 그랬습니다.

당신은 이런 주제들을 다루는 사람들과 마찬가지로, 인간은 완전히 형성된 이성을 가지고 태어나기에 그것을 사용하기만 하면 된다고 생각합니다. 그런데 그렇지가 않습니다. 왜냐하면 인간이 습득하게 되는 것들 중 하나이며, 가장 늦게 습득하게 되는 것들 중 하나이기까지 한 것이 바로 이성이기 때문입니다. 인간은 육체의 눈뿐만 아니라 정신의 눈으로도 보는 법을 배우지만, 정신의 눈으로 학습하는 것은 육체의 눈으로 학습하는 것보다 훨씬 오래 걸립니다. 왜냐하면 정신적인 대상들의 관계는 거리로 측정되지 않고 평가에 의해서만 존재하기 때문이며, 우리의 일차적인 욕구, 즉 육체적인 욕구는 그 같은 정신적인 대상들에 대한 너무도 흥미로운 검토를 가능케 하지 않기 때문입니다. 두 대상을 동시에 보고 그것들을 비교하는 법을 배워야 합니다. 나아가 다수의 대상들을 비교하고 서서히 원인으로 거슬러 올라가며 결과 속에서 원인을 추적하는 법을 배워야 합니다. 따라서 적합하고 균형적이며 조화롭고 정리된 생각을 얻기 위해서는 아주 많은 비교가 필요합니다. 동류 인간들의 도움을 받지 못하는, 자기에게 필요한 것을 마련하는 데만 계속 골몰하는, 그래서 매사에 자기 자신의 생각에만 빠져 있는 인간은 그쪽으로 발전하는 것이 아주 느립니다. 그리하여 그는 늙어 죽을 때까지 유치한 이성에서 벗어나지 못합니다. 당신은 정말 그런 식으로 자라난 수많은 아이들 가운데 단 한 명이라도 신을 생각하는 아이가 있으리라고 믿으십니까?

우주의 질서는 그것이 아무리 감탄스러워도 만인의 눈을 똑같이 사로잡지는 못합니다. 사람들은 그 질서를 감지하게 해주는 지식을 결여하고 있거나 자기가 보는 것을 검토하는 법을 배우지 못했다면 그에 대해 거의 주의를 기울이지 않습니다. 그것은 무감각도 무의사(無意思)도 아닙니다. 그것은 무지이고 정신의 무기력입니다. 그런 사람들은 조금의 성찰에도 피곤해합니다. 서재에 묻혀 사는 사람이 조금의 육체노동에도 피곤해하는 것처럼 말입니다. 그들은 신의 소산과 자연의 경이로움에 대해 말하는 것을 들었습니다. 그들은 들은 말들을 되뇌지만 거기에 담긴 관념과 똑같은 관념으로 이해하지 않습니다. 그래서 그들은 사려 깊은 사람을 그의 창조주에게 끌어올려 주는 그 모든 것에 대해 거의 감동을 받지 않습니다. 그런데, 우리 가운데 교육을 많이 받은 사람들이 여전히 그렇게 우둔한데, 어렸을 때부터 타인에게서 아무것도 배우지 못하고 자기 자신 속에 빠져 있는 그런 가엾은 사람들은 어떻겠습니까? 당신은 카프라리아[15] 사람이나 라플란드[16] 사람이 우주의 운행과 사물의 생성에 대해 많이 사색한다고 생각하십니까? 그래도 그들은 국가라는 집단을 이루고 살면서, 신에 대한 어떤 대략적인 개념이나마 얻는 데 도움을 주는,

습득되어 공유된 많은 생각들을 가지고 있습니다. 그들은 어떻게 보면 자기들의 교리 문답서를 가지고 있는 것이지요. 그러나 숲 속을 혼자 어슬렁거리며 돌아다니는 미개인은 신에 대한 개념을 전혀 갖고 있지 않습니다.[17] 당신은 그런 인간은 존재하지 않는다고 말씀하시겠지요. 좋습니다. 하지만 그런 인간이 존재한다는 가정은 해볼 수 있습니다. 삶에서 지적인 대화를 나눠본 적이 전혀 없고, 먹을거리를 찾고 먹고 잠자는 데 시간을 모두 쓰는 그런 사람들은 분명히 존재합니다. 우리는 그런 사람들, 예컨대 에스키모인 같은 사람들을 어떻게 생각해야 하지요? 신학자들은 또 어떻게 생각해야 합니까?

그러므로 저의 견해는 이렇습니다. 자연의 수중(手中)에서 나온 상태 그대로의 발달도 교육도 계발도 없는 인간 정신은 스스로 신에 대한 숭고한 관념에 도달할 수 없지만 우리 정신이 계발되어감에 따라 그 관념이 우리에게 생겨난다는 것, 생각하고 성찰한 모든 사람의 눈앞에서는 신이 그의 피조물들 속에 모습을 드러낸다는 것, 신은 자연 풍경 속에서 식견 있는 사람들에게 모습을 드러낸다는 것, 통찰력 있는 눈을 가진 사람이라면 그 자연 풍경 속에서 눈을 감지 않는 한 신을 보지 않을 수 없다는 것, 무신론 철학자들은 누구나 악의 있는 추론가들이라는 것, 또는 그들의 오만이 맹목적이라는 것, 그러나 소박하고 진실할지라도 어리석고 무지한 그런 사람들이나 잘못된 생각도 없고 악덕도 없는 그런 정신은 본의 아닌 무지로 인해 자신의 창조주에게 거슬러 올라가지 못해 신이 무엇인지 이해하지 못한다는 것입니다. 그 무지 때문에, 그가 그의 마음이 승낙하지 않은 어떤 결함에 대해 처벌받을 수는 없겠지만 말입니다. 이런 사람들은 양식(良識)이 없지만, 전자의 무신론 철학자 같은 사람들은 양식을 갖기를 거절합니다. 따라서 제가 보기에 이 두 경우는 차이가 아주 큽니다.

당신이 인용한 성 바울의 말을 이 견해에 적용해보세요. 그러면 그것이 이 견해를 반박하기는커녕 뒷받침해준다는 것을 알게 되실 겁니다. 당신은 또 그 말이 단지 자칭 지혜로운 사람들을 비난하는 것임을 알게 되실 겁니다. 신에 관해 알려진 것은 모두 자신들을 통해서 알려지게 한, 우주 창조 때부터 행해진 만물에 대한 고찰 덕분에 신의 불가시적인 것을 볼 수 있게 된, 그러나 신의 영광을 찬미하지도 신께 감사하지도 않고 그저 자신의 추론을 자랑하는 데 여념이 없는 그 자칭 지혜로운 사람들 말입니다. 이렇게 그들은 전혀 변명의 여지 없이 우둔하면서도 스스로를 지혜로운 사람이라 일컬으면서 어리석은 인간이 되어버렸습니다. 이러한 근거에서 그 철학자들에 대한 사도 바울의 비난, 즉 참된 신을 찬양하지 않았다는 비난은 저의 제안에는 전혀 적용될 수 없고, 오히려 제게 아주 유리한 결과를 가져올 뿐입니다. 이러한 근거는 신을 믿지 않는 철학자는 누구든 잘못을 범하는 것이다. 왜냐하면 자기가 계발한 이성을 잘못 사용하기 때문이고, 자기가 거부하는 진리들을 수긍할 수도 있기 때문이다*라는 저의 말을 확인해주는 것입니다. 이러한 근거는 결국, 성 바울의 그 말을 통해서, 당신이 저를 전혀 이해하지 못했다는 것을 보여주는 것입니다. 당신은 제가 말하지도 생각하지도 않은 것을 제가 말했다고, 또 사람들이 타인의 영향력에 기초해서만 신을 믿는다고 제가 알고 있다고 간주하시는데,** 그것은 완전히 잘못 짚으신 겁니다. 그와 반대로 저는 스스로 신을 이해할 수 있는 경우와 타인의 도움에 의해서만 신을 이해할 수 있는 경우를 구별했을 뿐입니다.

게다가 당신이 하신 그 비판이 옳을지라도, 그리고 또 당신이 제 견해를 확실하게 반박할지라도 단지 그 때문에 저의 견해가 당신의 표현처럼 더할 수 없이 터무니없어지지는 않을 것입니다. 사람들은 틀릴 수는 있

---

* 《에밀》 제2부 350쪽.
** 보몽 씨는 이에 대해 말할 때도 적절히 표현하지 못한다. 그러나 이것은 성 바울의 말에 근거한 그의 텍스트에 부여할 수 있는 유일하게 합리적인 견해다. 그리고 나는 내가 이해할 수 있는 것에 대해서만 답할 수 있다. (그의 교서 in-4 10쪽, in-12 XVIII쪽을 보라.)

지만 그렇다고 꼭 터무니없는 상태까지 가는 것은 아니기 때문이고, 오류라는 것이 꼭 터무니없는 것은 아니기 때문입니다. 당신을 존경하기에 저는 거친 말을 자제하겠지만, 만일 독자가 그런 말을 끼워 넣을 수 있게 된다면 그건 제 잘못이 아닐 것입니다.

대개 당신은 제대로 알지도 못하고 비난하시기에, 당신의 중대하고 잘못된 비난은 점입가경입니다. 당신은 신의 분명한 존재를 부인했다며 저를 부당하게 비난하신 뒤, 더욱더 부당하게도 제가 신의 단일성을 의심했다고 비난하십니다. 그뿐만 아니라, 당신은 그 점에 대해 논쟁에 들어가는 수고까지 하고 계십니다. 평상시의 당신과는 다르게 말입니다. 당신의 교서에서 유일하게 옳은 부분은, 제가 하지 않은 터무니없는 말을 당신이 반박하시는 부분입니다.

당신이 비난하시는 구절은, 보다 정확히 말해 당신이 제 말이라며 끌어다 대시는 구절은 다음과 같습니다. 독자가 당신의 수중에 들어가 있는 저를 볼 필요가 있기에 옮겨봅니다.

그는 자기 목소리를 대신하는 가상의 인물로 하여금 다음과 같이 말하게 한다.[*] "나는 우주가 강력하고 현명한 어떤 의지에 의해 다스려지고 있다고 생각한다. 내게는 그것이 보인다. 더 정확히 말해, 그것이 느껴진다. 그것을 아는 것은 내게 중요한 일이다. 그런데 이 우주는 처음부터 있어온 것일까, 아니면 창조된 것일까? 만물에는 단 하나의 원리가 있을까? 두 개, 아니면 여러 개의 원리가 있을까? 그렇다면 그 원리들의 본질은 무엇일까? 나는 그런 것들에 대해 아무것도 모른다. 그렇다고 해서 내게 무슨 상관이 있을까?……[**] 나는 내 이기심을 건드릴 수는 있지만 내 행동에는 무용한, 내 이성을 초월하는 문제들은 단념하겠다."

***

[*] 교서 in-4 10쪽, in-12 XIX쪽.

[**] 이 말줄임표는 이 구절을 완화시켜주는 두 행("그러한 지식에 흥미가 있어짐에 따라 나는 그것을 얻기 위해 노력하겠다.")이 생략되었음을 보여주고, 보몽 씨가 그 행들을 옮겨 적고 싶어 하지 않았다는 것을 보여준다. 《에밀》 제3부 61쪽을 볼 것.

말이 나온 김에 지적하자면, 당신이 사부아 보좌신부를 가공의 또는 가상의 인물이라고 부르시는 것이 이번이 두 번째입니다. 죄송하지만, 어떻게 그렇게 알고 계시는지요? 저는 제가 알고 있는 것을 긍정했는데, 당신은 당신이 알지 못하는 것을 부정하십니다. 둘 중에 누가 경솔합니까? 저는, 사람들이 신을 믿는 사제가 거의 없다고 알고 있다는 것을 인정합니다. 하지만 그것이 그런 사제가 전혀 없다는 것을 뜻하지는 않습니다. 당신의 말씀을 인용해보겠습니다.

도대체 이 경솔한 저자는 무슨 말을 하려는 것인가?…… 그에게는 신의 단일성이 그의 이성을 초월하는 쓸데없는 문제로 보인단 말인가? 마치 복수(複數)의 신이 터무니없는 것들 가운데 가장 터무니없는 것이 아니라는 듯이 말이다. 테르툴리아누스[18]는 '복수의 신은 신의 부재나 마찬가지다'라고 단호하게 말했다. 하나의 신을 인정하는 것은, 다른 모든 존재를 하위에 둔 하나의 독립된 최고의 존재를 인정하는 것이다.* 그러므로 그는 신이 여럿 있다는 것을 전제하는 것이다.**

그런데 누가 신이 여럿이라고 말했다는 것입니까? 아, 대주교 예하! 당신은 정말 제가 그런 어리석은 말을 했기를 바라시겠지요. 당신은 굳이 저를 비난하는 교서를 발간하는 수고를 하지 않으셔도 되었을 것입니다.

저는 제가 왜 그렇게 여겨지는지도, 어찌하여 그렇게 여겨질 수 있는지도 모릅니다. 그런데 그렇게 말하며 잘난 체하는 많은 사람들은 그 점에 대해 저보다 더 모릅니다. 하지만 저는 오직 제1원인만이 있다는 것을 압니다. 모든 것이 명확히 동일한 목적에 협력하고 있기 때문입니다. 그러므로 저는 만물을 통치하는 최고의 단일 의지와 만물을 실행시키는

---

* 테르툴리아누스는 여기에서 초기 기독교회의 교부들과 아주 유사한 궤변을 늘어놓고 있다. 그는 '신'이라는 말을 기독교도들의 관점에서 정의한 뒤 이교도들의 모순을 비난한다. 왜냐하면 이교도들은 그의 정의와는 반대로 여러 신을 인정하기 때문이다. 테르툴리아누스의 궤변을 너무나 부적절하게 인용하기 위해 내가 범하지도 않은 오류를 내가 범한 것으로 만들 필요까지는 없었다.
** 교서 in-4 11쪽, in-12 XX쪽.

최고의 단일 권능이 있다는 것을 인정합니다. 저는 그 권능과 의지를 동일한 존재에게 속하는 것으로 여깁니다. 왜냐하면 둘보다는 하나로서 더 잘 이해되는 그것들의 완벽한 일치 때문이고, 또한 이유 없이 그 존재들을 증식시키지는 말아야 하기 때문입니다. 우리가 보는 악조차 절대적인 악이 아니어서, 악은 선과 직접 맞서는 대신에 선과 함께 우주의 조화에 기여합니다.

하지만 만물은 두 개의 관념으로 뚜렷하게 구별됩니다. 즉, 만들어내는 것과 만들어지는 것으로 구별됩니다. 그런데 그 두 관념은 어떤 정신적인 노력 없이는 동일한 존재 안에 통합되지 못하며, 그 관념들의 작용도 한쪽이 다른 쪽의 대상이 됨을 상정하지 않고는 거의 생각할 수 없습니다. 게다가 우리는 서로 구분되는 두 실체, 즉 정신과 물질, 생각하는 것과 연장(延長)되는 것을 가지고 있는 게 분명합니다. 그리고 이 두 관념은 한쪽이 없어도 아주 잘 이해됩니다.

그러므로 만물의 근원을 이해하는 데는 두 가지 방식이 있습니다. 하나는 살아 있는 원인과 죽은 원인, 발동하는 원인과 발동되는 원인, 능동적인 원인과 수동적인 원인, 작용인과 도구적 원인 등 다양한 두 원인에 의해 이해하는 것이고, 다른 하나는 존재하는 모든 것과 만들어진 모든 것의 유래가 되는 단일 원인에 의해 이해하는 것입니다. 이 두 견해에 대해 아주 오래전부터 형이상학자들이 논쟁해왔는데, 두 견해 모두 인간의 이성이 믿을 만한 것이 되지 못했습니다. 우리가 보기에는 물질이 영원히 필연적으로 존재하는 것은 어려운 일이지만, 물질이 창조되는 것은 조금도 어려운 일이 아닙니다. 어느 시대에나 이 주제에 대해 성찰한 많은 사람과 철학자들은 이구동성으로 창조의 가능성을 인정하지 않았습니다. 아마도, 자기 이성을 권위에 진심으로 복종시킨 듯이 보이는 아주 소수를 제외하고는 말입니다. 그런데 그 진심은 자기 이익과 안전과 평온이라는 동기에 기초한 것이어서 진의가 매우 의심스러우며, 사실 뭔가를 걸지 않는 한 확보될 수 없을 것입니다.

만물에는 변치 않는 단 하나의 원리밖에 없다고 가정하면 그 원리는 본질적으로 단일한 것이어서, 물질과 정신으로 이루어져 있지 않고 단지 물질이거나 단지 정신입니다. 보좌신부가 추론한 근거에 따르면, 그 원리가 물질이라고 생각할 수는 없고, 설령 그것이 정신일지라도 정신에 의해 물질이 생명을 얻었다고 생각할 수는 없습니다. 왜냐하면 그러면 창조를 생각해야 할 것이기 때문입니다. 그런데 단지 의지 행위에 의해서 무가 유로 변할 수 있다고 이해하게 하는 이 창조 관념은, 명백하게 모순적이지는 않은 모든 관념들 중에서 인간의 정신으로 이해하기 가장 어려운 관념입니다.

그 선량한 사제는 이러한 어려움으로 인해 양편 사이에서 우유부단하지만, 순수하게 사변적인 회의에 전혀 동요하지 않습니다. 그 회의가 현세에서의 자신의 의무에 전혀 영향을 끼치지 않기 때문입니다. 결국, 현세에서 존재들이 어떻게 살아가고 있는지, 제가 어떤 의무를 다해야 하는지, 무엇 때문에 제게 그런 의무가 부과되었는지 제가 알기만 한다면 그 존재들의 근원을 설명하는 것이 제게 무슨 상관이 있겠습니까?

그런데 만물에 대해 두 원리를 가정하는 것*이 —— 하지만 보좌신부는 이런 가정을 하지 않았습니다 —— 두 신을 가정하는 것은 아닙니다. 마니교도들과 같은 그 능동적인 두 원리 또한 가정하지 않는 한 말입니다. 하지만 어쨌든 그것은 보좌신부의 견해와는 전적으로 반대되는 견해로, 보좌신부는 최고의 영적인 존재 하나만을, 능동적인 단 하나의 원리만을, 결과적으로 단 하나의 신만을 아주 확실히 인정합니다.

---

* 두 실체밖에 모르는 사람은 두 원리밖에 상상하지 못한다. 인용된 부분에 첨가된 '또는 여럿'이라는 말은 거기에서 일종의 허사일 뿐으로, 적어도 그 원리의 수보다는 그 원리의 본질을 이해하는 것이 더 중요함을 이해시키는 데 도움이 된다.

저는 세계의 창조가 〈창세기〉에 대한 우리의 해석에 명확히 진술되어 있기에, 세계의 창조를 확실히 인정하지 않는 것은 성경의 권위를 인정하지 않는 것은 아닐지라도 적어도 우리의 성경 해석의 권한을 인정하지 않는 것임을 분명히 인정합니다. 그런데 보좌신부로 하여금 그러한 회의를 품게 하는 것도 바로 그러한 권한입니다. 그러한 권한 없이는 아마도 그러한 회의를 품을 수 없을 테니까요. 그 두 원리*의 공존은 우주가 어떻게 이루어져 있는지를 더 잘 설명해줌으로써 여러 난제들 중에서 특히 악의 근원에 대한 난제처럼 그 공존 없이는 풀기 힘든 난제를 제거해 주기도 하는 것 같습니다. 또한, 우리에게 '창조했다créa'라고 번역되는 말에 모세가 정확히 어떤 의미를 부여했는지 알기 위해서는 히브리어를, 심지어 모세 시대의 히브리어를 완전히 이해할 필요가 있을 것입니다. 이 말은 너무도 철학적이어서, 애초에는 오늘날 우리가 우리 교부들의 교리에 기초해 부여하는 대중적으로 잘 알려진 뜻이 부여되지 않았습니다. 그 뜻은 이미 그리스 철학의 문제들에 물든 70인 역(譯) 그리스어 성경을 수정할 수도 있었고 심지어 그것과 어긋날 수도 있었습니다. 시대에 따라 의미가 변하는 말, 고대의 저자들이 그 말에 부여한 개념이 아닌데도 그들이 그 말에 그 개념을 부여한 것처럼 주장되는 그런 말만큼 드문 것도 없습니다. 'Grec'라는 말이 우리가 그것에 부여하고자 하는 그런 의미를 가졌었는지는 그리 확실치 않습니다. 'Latin'이라는 말이 우리의 의미와 동일한 의미를 갖지 않았었다는 것은 확실합니다. 왜냐하면 모든

---

* 이 물질의 영원성 문제는 우리 신학자들은 너무도 외면하지만, 플라톤의 견해와 덜 동떨어진 교부들은 별로 외면하지 않았음을 지적하는 것이 좋을 듯하다. 유스티누스[19], 오리게네스[20] 등은 말할 것도 없고 알렉산드리아의 클레멘스[21]는 그의 성경 주석인 《개요》에서 너무도 확신을 보여서 이 때문에 포티우스[22]는 그 책이 왜곡되어 전해졌기를 바랄 정도다. 그러나 동일한 견해가 클레멘스의 《잡기(雜記)》에 다시 나타나며, 거기에서 그는 헤라클레이토스[23]의 견해를 찬성하며 차용한다. 이 교부는 그 책 제5권에서 실제로 단 하나의 원리를 세우려고 노력하는데, 그것은 그가 물질의 영원성을 인정하면서도 물질에 영원성이라는 명사를 허용하지 않기 때문이다.

창조의 가능성을 단호히 부인하는 루크레티우스[24]가 우주와 우주의 부분들의 형성을 설명하면서 이 말을 자주 사용하기 때문입니다. 마지막으로, 보조브르 씨[25]는 창조라는 개념이 고대 유대교 신학에서는 전혀 발견되지 않는다는 것을 증명했습니다.* 그러므로 대주교 예하, 당신은 너무도 학식이 높은 분이시니 성경을 무한히 중시하는 많은 사람이 모세 이야기에서 우주의 절대적 창조를 인정하지 않았음을 모르시지 않을 것입니다. 이와 마찬가지로 신학자들의 전횡에 압도당하지 않는 보좌신부도 그들 못지않게 교리에 충실하지만, 만물에 영원한 두 원리가 있는지 아니면 단 하나의 원리가 있는지 충분히 의심해볼 수 있습니다. 그것은 순전히 문법적이거나 철학적인 토론일 뿐이어서, 거기에서 계시는 전혀 중요한 문제가 아닙니다.

어쨌든 우리 사이에 중요한 것은 그게 아니지만, 저는 여기서 보좌신부의 견해를 옹호하기보다는 당신의 잘못만 보여드리겠습니다.

당신은 제가 신의 단일성이 무익하고 이성을 초월하는 문제라고 생각하는 것처럼 주장하시는데, 틀렸습니다. 왜냐하면 당신이 비난하시는 그 글에서는 그 단일성이 추론을 통해서 확증되어 옹호되고 있기 때문입니다. 또한 당신은 저의 그 글이 여럿의 신이 존재함을 의미한다고 결론지으며 저를 공격하시기 위해 테르툴리아누스의 어떤 구절에 의지하시는데, 틀렸습니다. 왜냐하면 굳이 테르툴리아누스를 끌어다 댈 필요 없이 저 또한 그 글이 여럿의 신이 존재함을 뜻한다고 결론짓기 때문입니다.

당신은 이 때문에 저를 무모한 저자라고 부르시지만, 틀렸습니다. 왜냐하면 단정이 없는 곳에는 무모함이 없기 때문입니다. 한 저자를 단지 그가 당신보다 대담하지 못하다는 이유로 무모한 자라고 부르는 것은 이해될 수 없습니다.

---

* 《마니교의 역사Histoire critique de Maniche et du Manicheisme》 제2권.

마지막으로 당신은 제가 위대한 존재에 대한 관념을 복잡하게 하고 손상시켰다고, 신의 본질에 대해 제가 하지도 않은 공격을 했다고, 신의 단일성에 대해 제가 하지도 않는 의심을 했다고 저를 비난하면서, 신에게 인간의 정념을 부여하며 위대한 존재에 대한 관념을 명확히 하기는커녕 복잡하게 하고 손상시키는 그 이상한 교리들을 제가 정당화했다고 보시는데, 틀렸습니다. 만일 제가 그렇게 했다면 어떤 일이 일어났겠습니까? 비난하는 것은 자기를 방어하는 것이 아닙니다. 그런데도 방어 방법으로 오직 그릇되게 비난하는 것밖에 하지 못하는 인간은 분명 비난받아 마땅해 보입니다.

　당신은 같은 곳에서 저의 모순을 비난하시는데, 이 경우에도 앞의 비난만큼 근거를 잘 제시하고 계십니다. 당신은 이렇게 말씀하십니다. 그는 신의 본질이 무엇인지 모른다. 그러면서 곧바로 그는 그 최고의 존재가 예지와 권능과 의지와 선함을 지녔다는 것을 인정한다. 이는 곧 그가 신의 본질에 대해 알고 있다는 것이 아닌가?

　대주교 예하, 그 점에 대해 제가 당신께 해드릴 수 있는 말은 다음과 같습니다.

　"신은 예지의 존재다. 어떻게 그러한가? 인간은 영리하게 추론할 수 있다. 하지만 지고의 예지는 추론을 필요로 하지 않는다. 그것에게는 전제도 결론도 없다. 심지어 명제도 없다. 그것은 순전히 직관적이다. 지고의 예지는 존재하는 모든 것, 존재할 수 있는 모든 것을 똑같이 본다. 그것에게는 모든 장소가 하나의 점에 불과하고 모든 시간이 한순간에 불과한 것처럼 모든 진리가 하나의 관념에 불과하다. 인간의 힘은 수단들에 의해 작용하지만, 신의 힘은 스스로 작용한다. 신은 자신이 원하기 때문에 할 수 있다. 그의 의지는 곧 그의 힘이다. 신이 선함은 누가 봐도 자명하다. 그런데 인간에게서 선함은 그의 동류에 대한 사랑이지만, 신에게서 선함은 질서에 대한 사랑이다. 왜냐하면 바로 그 질서를 통해 신은 존재하는 모든 것을 존속시키고 각 부분을 전체에 연결하기 때문이다. 신은 정의롭다는 사실을 나는 믿어 의심치 않는데, 그것은 그의 선함이 낳은 한 결과다. 인간의 부정(不正)은 인간 자신의 소산이지 신의 소산이 아니다. 도덕적 무질서는 철학자들의 눈에는 신의 섭리에 대한 불리한 증언으로 비치지만 내 눈에는 오히려 신의 섭리를 증명하는 것일 뿐이다. 그런데 인간의 정의는 각자에게 속하는 것을 각자에게 돌려주는 것이지만, 신의 정의는 신이 각자에게 주었던 것에 대해 각자의 책임을 묻는 것이다.

만약 내가 완전히는 알지 못하는 신의 그 속성들을 차례차례 발견하게 된다면 그것은 당연한 결과에 의한 것으로, 내 이성의 바른 사용에 의한 것이다. 하지만 나는 그것들을 이해하지도 못하면서 긍정하니, 사실상 아무것도 긍정하지 않는 것이나 다름없다. 내가 아무리 나 자신에게 '신은 그런 거야. 나는 신을 느껴, 그 증거를 보여줄 수 있어'라고 말해도 소용이 없다. 왜냐하면 신이 어떻게 그러할 수 있는지 나도 잘 이해하지 못하기 때문이다.

요컨대 나는 신의 무한한 본질에 대해 숙고하려고 애쓸수록 그 본질을 더 이해하지 못한다. 그러나 신은 존재한다. 내게는 그것으로 족하다. 내가 신을 이해하지 못할수록 나는 그를 더 숭배한다. 나는 겸손하게 행동하며, 신에게 다음과 같이 말한다. '존재들의 존재여, 저는 당신이 존재하기에 존재합니다. 쉬지 않고 당신에 대해 명상하는 것은 제 근원으로 거슬러 올라가는 것입니다. 제 이성을 가장 적절하게 사용하는 방법은 당신 앞에서 이성이 무화되게 하는 것입니다. 당신의 위대함에 압도당하는 것, 그것이 곧 저의 정신적 황홀경이며 제 나약함의 매력입니다'라고 말이다."

이상이 저의 답변이며, 저는 이것이 반론의 여지가 없는 답변이라고 생각합니다. 지금 다시 위 구절을 따온 곳을 말씀드려야 합니까? 저는 이것을 당신이 모순적이라고 비난하시는 바로 그 부분에서 한마디도 빼지 않고 인용했습니다.* 당신은 저의 모든 적대자들과 마찬가지 방식으로 그 구절을 사용하고 계십니다. 그들은 저를 반박하기 위해서 제가 저 자신에게 한 반론만을 써먹을 뿐 저의 답변은 빼버립니다. 답변은 이미 완벽하게 준비되어 있습니다. 그들이 반박한 작품이 그 답변입니다.

대주교 예하, 이제 우리는 아주 중요한 논의로 향하고 있습니다.

당신은 저의 이론과 책을 비난한 뒤, 저의 종교 또한 공격하십니다. 그 가톨릭 보좌신부가 그의 교회에 대해 이의를 제기한다는 이유로 당신은 저를 저의 교회의 적대자로 간주하려 하십니다. 마치 어떤 견해에 이의를 제기하는 것이 그 견해를 포기하는 것인 양, 마치 인간의 모든 지식에 인간의 지식이 없는 양, 마치 기하학 자체에 기하학 지식이 없거나 아니면 기하학자들이 자기 기법의 확실성을 해치지 않으려고 그 지식을 말하지 않는 것을 계율로 삼고 있는 양 말입니다.

제가 미리 당신께 드려야 할 답변은, 종교에 대한 제 견해를 보통 때처럼 솔직하게 말씀드리겠다는 것입니다. 물론 그 견해는 이미 저의 모든 글에서 밝힌 바와 같고, 저의 입과 마음에서 늘 떠나지 않았습니다. 나아가 저는 왜 제가 보좌신부의 신앙 고백을 출판했는지, 왜 그토록 많은 아우성에도 불구하고 여전히 제가 그것을 그 시기에 출판한 저작들 중 가장 우수하고 가장 유익한 책이라고 생각하는지를 말씀드리겠습니다. 화형도 체포령도 제가 말을 바꾸게 하지는 못할 것입니다. 신학자들은 제게 겸손하라고 명령하지만 저로 하여금 거짓을 말하게 하지 못할 것이고, 철학자들은 저를 위선적이라고 비난하지만 저로 하여금 신을 믿지 않는다고 말하게 하지 못할 것입니다. 저는 제 종교에 대해 말씀드릴 것입니다. 왜냐하면 저는 종교를 가지고 있기 때문입니다. 저는 그 종교에 대해 소리 높여 말씀드릴 것입니다. 왜냐하면 제게는 그렇게 말할 용기

---

* 《에밀》 제3부 94쪽 이하.

가 있고, 또 그 종교가 인류의 종교가 된다면 인간의 행복을 위해 바람직할 것이기 때문입니다.

대주교 예하, 저는 기독교도입니다. 복음서의 교리에 의거한다면, 진심으로 기독교도입니다. 저는 사제들을 신봉하는 자로서의 기독교도가 아니라, 예수 그리스도를 신봉하는 자로서의 기독교도입니다. 저의 주님은 교리를 이해하기 어렵게 미묘하게 만들지 않으셨고, 의무를 많이 강조하셨습니다. 그분은 신앙 조항보다는 선행을 권장하셨고, 선량한 사람이 되기 위해 필요한 것만 믿으라고 명령하셨습니다. 그분이 율법과 선지자의 말을 요약하셨을 때, 그것은 신앙에 관한 것이라기보다는 선행에 관한 것이었습니다.* 그분은 직접 또는 사도들을 통해, 형제를 사랑하는 사람은 율법을 이행한 것이라기고 제게 말씀하셨습니다.**

기독교의 본질적 진리——이것은 모든 훌륭한 윤리의 토대가 됩니다——를 확신하고, 나아가 제 이성을 그 이성에 모호해 보이는 것으로써 동요시키지 않고 복음서의 성령으로 저의 마음을 함양하려 애쓰는, 또한 무엇보다도 신을 사랑하고 이웃을 자기 자신처럼 사랑하는 사람은 누구나 참된 기독교도라고 확신하는 저는 그런 사람이 되려고 노력합니다. 그래서 저는 교리의 그 모든 미묘한 말들과 바리새인들이 사용하는, 우리 의무를 복잡하게 만들고 우리 신앙을 혼란스럽게 만드는 그 많은 뜻 모를 말들을 모두 제쳐두고, 성 바울처럼 신앙 자체를 애덕 아래 두는 것입니다.**

지상에서 가장 분별 있고 가장 성스러운 종교 안에서 태어나 행복한 저는 여전히 제 사제들의 신앙에 누구 못지않게 애착을 갖고 있습니다.

---

* 〈마태복음〉 7장 12절.
** 〈갈라디아서〉 5장 14절.
*** 〈고린도전서〉 13장 2절, 13절.

그들처럼 저는 성경과 이성을 제 신앙의 규범으로 삼고 있습니다. 그들처럼 저는 인간들의 권위를 인정하지 않으며, 인간들의 방식이 진리라고 여길 때에만 그들의 방식에 복종합니다. 또한 그들처럼 저는 진심으로 예수 그리스도를 섬기는 이들, 신을 예찬하는 이들과 마음으로 결합하여 신도들 간의 교제 속에서 그분께 그분의 교회에 대한 경의를 표합니다. 그분의 교회의 구성원인 것, 그 구성원들이 함께 신께 드리는 예배에 참석하는 것, 그리고 그들 사이에서 '나는 형제들과 함께 있다'고 저 자신에게 말하는 것은 제게 위안이 되고 즐거운 일입니다.

수많은 주장에 넘어가지 않고 진실을 판단하면서, 신의 입장을 옹호하는 한 사람을 교회로부터 배제하지 않았던 그 훌륭한 목자에게 한없이 감사하는 저는 그분[26]의 참된 기독교적 애덕에 대한 감동적인 추억을 평생 간직할 것입니다. 저는 그분의 양 떼에 속하는 것을 언제나 자랑으로 여길 것이고, 저의 견해나 행위 때문에 그분의 양들이 빈축을 사게 되는 것을 원치 않습니다. 그러나 옳지 못한 사제들이 자신의 것이 아닌 권리를 가로채 저의 신앙에 대한 심판자로 자처하려 하고 제게 와서 '당신이 한 말을 취소하시오', '당신의 본심을 숨기시오', '이것을 해명하시오', '저것을 철회하시오'라고 거만하게 말한다면, 그들의 그 거만한 행동은 제게서 존경심을 이끌어내지 못할 것입니다. 그들은 저로 하여금 거짓되게 교리에 충실한 말을 하게 하지 못할 것이며, 제 생각이 아닌 것을 자기들 마음에 들도록 말하게 하지도 못할 것입니다. 만일 저의 진실성이 그들의 마음을 거슬러 그들이 저를 교회에서 제명하려 한다 해도, 저는 그러한 협박을 두려워하지 않을 것입니다. 그 협박을 실천에 옮기는 권한이 그들에게 있지도 않습니다. 그들은 제가 마음으로 신도들과 결합되는 것을 막지 못할 것이며, 만일 제가 선민의 반열에 올라 있다면 제게서 그 지위를 빼앗지도 못할 것입니다. 그들은 현세에서의 그런 위안들을 제게서 빼앗을 수는 있겠지만 뒤에 오는 내세에 대한 소망을 빼앗을 수는 없습니다. 그렇기에 저의 가장 강렬하고 진심 어린 바람은 바로 예수 그리스도를 그들과 저 사이의 중재자이자 심판자로 갖는 것입니다.

대주교 예하, 이상이 저의 진실한 견해로, 저는 아무에게도 그것을 규범으로 제시하지 않지만 저의 의견임을 밝힙니다. 이 견해가 사람들 마음에 드는 것이 아니라, 저의 마음과 이성을 변화시키는 유일한 주이신 신의 마음에 드는 것인 한 그 견해는 변하지 않을 것입니다. 왜냐하면 현재의 저와 제 생각이 미래에도 변함없이 지속되는 한 저는 미래에도 지금과 같이 말할 것이기 때문입니다. 고백하는데, 저는 자신의 이익이나 평안을 위해 믿을 필요가 있는 것을 믿거나 말할 필요가 있는 것을 말할 태세가 항상 되어 있는, 자기 책이 불태워지지 않고 자기에게 체포 영장이 발부되지만 않으면 자신이 꽤 양호한 기독교도라고 항상 확신하는 당신의 허수아비 기독교도들과는 아주 다릅니다.[27] 그들은 이런저런 문제를 고해해야 하고 또 그렇게만 하면 천국에 가기에 충분하다고 확신하는 사람처럼 삽니다. 그러나 저는 반대로 종교의 본질은 계율을 실천하는 데 있다고 생각하기에, 관대하고 인도적이고 자비롭고 덕 있는 사람이 되어야 하며 진실로 그러한 사람은 누구나 그로 말미암아 구원받기에 충분하다고 생각합니다. 게다가 저는 그들의 견해가 저의 견해보다 더 편리하다는 것을, 덕행에 의해서보다 생각에 의해서 신자가 되는 것이 훨씬 덜 힘들다는 것을 인정합니다.

그들이 늘 말하듯, 만일 저 혼자만 그런 견해를 간직한 것이 틀림없다면, 또 제가 용기를 내어 그 견해를 제 이름으로 출판했을 때 법을 어기고 공공질서를 어지럽힌 것이라면, 그것이야말로 제가 뒤에 가서 검토할 문제일 것입니다.[28] 그러나 대주교 예하, 그 이전에, 이 글을 읽으실 당신과 그 밖의 모든 사람이 진실을 사랑하는 한 사람의 견해 표명에 다소의 신뢰를 보내주시기를 빌며, 증거도 신빙성도 없이 자기 마음에서 나온 증언에만 기초해 저를 무신론자라는 등 무종교자라는 등 비난하는—— 제가 명명백백하게 보여주는 그토록 확실한 항의에도 불구하고——사람들을 본받지 말아주시기를 빕니다. 제가 보기에 저는 자기 생각을 숨기는 사람 같지는 않고, 그렇게 저의 생각을 숨긴다고 해서 제가 무슨 이득을 볼지 상상이 잘 되지 않습니다. 자기가 믿지 않는 것에 대해 그토록 자유롭게 자기 생각을 말하는 사람은 자기가 믿는다고 말하는 것에 대해 진실성을 지닌다고 보면 틀림없습니다. 그러므로 그의 말과 행동과 글이 늘 그 점에 대해 일치할 때에는, 그가 거짓말을 한다고 감히 단언하는 사람은 누구나 틀림없이 그 자신이 거짓말을 하는 것입니다.

저는 항상 홀로 사는 행운은 갖지 못했습니다. 저는 온갖 부류의 사람들과 교제했습니다. 온갖 지위의 사람과 온갖 종파의 신앙인들, 온갖 이론을 주장하며 독자적인 사고를 하는 사람들을 보았고, 귀족과 평민들, 자유사상가들, 철학자들을 보았습니다. 제게는 신뢰할 만한 친구들도 있었고 그렇지 못한 친구들도 있었습니다. 저는 정탐꾼들과 적의를 가진 사람들에게 둘러싸여 있었고, 그들이 제게 한 악행으로 미루어 세상은 저를 미워하는 사람들로 가득 차 있습니다. 저는 그들 모두에게 그들이 어떤 사람들이든 종교에 대한 저의 신념에 대해 자기들이 아는 바를 대중에게 표명하기를 요청합니다. 사람들이 가장 많이 모이는 교제에서든, 가장 친밀한 교제에서든, 즐거운 식사 시간에든, 머리를 맞대고 내밀하게 나누는 대화에서든, 만일 그들이 언젠가 저 자신과 다른 저를 발견했다면 말입니다. 그들이 토론이나 농담을 하고자 했을 때 그들의 논거나 농담이 잠시라도 제 생각을 흔들어놓았다면, 그들이 제 견해가 바뀌는 현장을 목격하거나 제가 마음속 깊은 곳에 뭔가를 숨기고 있음을 간파하거나 제게서 거짓말이나 위선을 조금이라도 발견했다면, 어느 때든 그들에게 그것을 말해보라고 하세요. 그들에게 모든 것을 폭로하라고 하세요. 그들에게 제 베일을 벗기라고 하세요. 저는 그것에 동의하며, 그렇게 하기를 간청합니다. 우정 때문에 비밀을 지켜줄 필요는 없습니다. 그들에게 소리 높여 말하라고 하세요. 그들이 제게 바랐던 제 모습이 아니라 그들이 아는 있는 그대로의 제 모습에 대해서 말입니다. 그들에게 양심에 따라 저를 판단하라고 하세요. 저는 두려움 없이 제 명예를 걸겠습니다. 그렇기에 저는 그들의 말을 결코 거부하지 않을 것을 약속합니다.

제가 종교를 가지고 있지 않다고 비난하는 사람들은 제가 종교를 가질 수 있으리라 생각지 못해서 그러는 것인데, 가능하면 그들 사이에서만이라도 의견 일치를 보라고 하세요. 어떤 사람들은 제 저서들에서 무신론의 이론만 발견하고, 또 어떤 사람들은 제가 제 저서들에서 신을 찬미하지만 마음속 깊은 곳에서부터 신을 믿지는 않는다고 말합니다. 그들은 제 글이 신성 모독적이고 제 견해가 위선적이라고 비난합니다. 그런데 만일 제가 사람들 앞에서 공공연하게 무신론을 설파한다면 저는 위선적인 인간이 아닌 셈이며, 제가 전혀 갖지 않은 신앙을 가진 체한다면 신성 모독을 가르치는 것이 아닌 셈입니다. 모순되는 비난들을 늘어놓을 때 중상모략은 스스로 드러납니다. 그런데 악의는 맹목적이고, 감정은 사리를 따지지 못합니다.

사실, 저는 별로 성실하지 않은 그토록 많은 사람들이 자랑하는 그런 신앙을, 아무것도 의심하지 않는 신앙, 믿으라는 것을 사양하지 않고 다 믿는 그런 신앙을, 그 신앙이 해결해주지 못하는 반박들을 모른 체하거나 숨기는 그런 확고한 신앙을 가지고 있지는 못합니다. 저는 그들처럼 계시에서 확증을 보는 행운은 못 가졌습니다. 제가 계시를 긍정적으로 규정한다면 그것은 제 마음이 그쪽으로 향하기 때문이고, 거기엔 제게 위안을 주는 것 외에는 아무것도 없기 때문이며, 그것을 부인하면 어려운 점이 더욱더 많아질 것이기 때문이지 그 계시가 증명된 것으로 보이기 때문은 아닙니다. 제게는 그것이 확실히 증명된 것으로 보이지 않거든요. 저는 아주 깊은 지식을 요하는 증명을 이해할 만큼 유식하지는 않습니다. 이의와 회의를 공개적으로 제기하는 제가 위선자라니, 이런저런 것을 확고하게 믿는다고 줄곧 말하는 그토록 단호한 모든 사람들, 그렇다고 저보다 더 나은 증거를 갖고 있는 것도 아니면서 모든 것을 너무도 믿는 그 사람들, 끝으로 대부분 저보다도 학식이 많지 않아 저의 난제들을 해결해주지도 못하면서 이의와 회의를 제기했다며 저를 비난하는 사람들이 진실한 사람들이라니, 재미있지 않습니까?

뭣 때문에 제가 위선자가 되겠습니까? 위선자가 되어서 무슨 이득이 있겠습니까? 저는 모든 사적인 이해관계를 비난했기 때문에 온갖 지위에 있는 사람들에게 악감정을 샀습니다. 저는 신과 인류의 입장을 옹호했을 뿐인데, 누가 그런 것에 관심이나 갖습니까? 제가 그것에 대해 한 이야기는 일말의 파문도 불러일으키지 않았고, 단 한 사람도 그 이야기에 대해 제게 고마워하지 않았습니다. 만약 제가 공개적으로 무신론에 찬성하는 뜻을 표명했다면 독신자들이 이렇게까지 제게 고통을 주지 않았을 것이고, 보다 덜 해로운 다른 적들도 이처럼 비밀리에 제게 일격을 가하지 않았을 것입니다. 만약 제가 공개적으로 무신론에 찬성하는 뜻을 표명했다면 사람들은 훨씬 더 조심스럽게 저를 공격했을 것입니다. 다른 사람들이 저를 옹호할 것이고 저 자신이 복수를 결심할 것이라고 생각하면서 말입니다. 그러나 신을 경외하는 사람은 두려워할 만한 대상이 아니므로 그의 결심도 두려운 것이 아닙니다. 그는 혼자이거나 아니면 거의 혼자이기에, 누가 그에게 큰 고통을 가하더라도 이에 대해 복수할 생각을 못할 거라고 사람들은 확신합니다. 만약 제가 교회와 결별해가며 공개적으로 무신론에 찬성하는 뜻을 표명했다면, 그것은 성직자들에게서 저를 계속 공격할 수단과 저에 대한 그들의 모든 사소한 횡포 수단을 단번에 제거해버리는 셈이 되었을 것입니다. 저는 그토록 많은 부적절한 비난을 받지 않았을 것이고, 사람들은 제가 쓴 것에 대해 그토록 신랄하게 비난하는 대신에 제 생각을 반박해야 했을 것입니다. 그것이 정말이지 그리 쉬운 일은 아니지만 말입니다. 끝으로, 만약 제가 공개적으로 무신론에 찬성하는 뜻을 표명했다면 사람들은 처음에는 조금 공개적으로 욕을 해댔겠지만, 곧 모든 다른 사람들에게 그러듯 저를 그냥 놔두었을 것입니다. 대주교 예하의 사람들은 저를 검열하지 않았을 것이고, 그들 각자는 저를 용서할 생각은 없었겠지만 저를 파문당한 자로 취급하지는 않았을 것입니다. 그리하여 제가 세상과 서로 주고받을 것이 없었을 것입니다. 이스라엘에서 성녀 같은 사람들이 제게 익명의 편지들을 쓰지 않았을 것이고, 그녀들의 애덕이 종교적 중상으로 표출되지 않았을 것입니다. 그녀들은 제가 흉악범이고 끔찍한 괴물이라는 것을, 어떤 선량한 영혼이 저를 요람에서 질식사시켰다면 세상이 너무도 행복했으리라는 것을 공손하게 제게 단언하는 수고를 하지 않았을 것입니다. 성실한 사람들은 또 그들대로 저를 신에게 버림받은 사람으로 보아 저를 올바른 길로 되돌리기 위해 고민하지도, 제게 고통을 주지도 않을 것입니다. 그들은 저를 이쪽저쪽에서 잡아당기며 괴롭히지 않을 것이고, 지루한 훈계로 저를 무겁게 짓누르지 않을 것이고, 저로 하여금 그들의 성가심을 저주하면서도 그 열의를 찬양하지 않을 수 없게 하지 않을 것이며, 저를 지겨워 죽을 지경으로 만들도록 소명 받았음에 감사해하지도 않을 것입니다.

대주교 예하, 만일 제가 위선자라면 저는 미친 사람일 겁니다. 자기가 사람들에게 요구한 것을 배신하려 하는 것은 대단히 미친 짓이니까요. 만일 제가 위선자라면 저는 어리석은 사람일 겁니다. 자기가 택한 길이 현세에서 오직 불행으로 이어질 뿐이며, 그 길에서 어떤 이점을 발견할 수 있더라도 스스로 모순을 범하지 않고는 그 이점을 이용할 수 없다는 것을 모를 만큼 아주 어리석어야 하니까요. 사실, 저는 아직 늦지 않았습니다. 사람들을 잠시 속이려고 하기만 하면 됩니다. 그러면 저의 모든 적들이 제 발밑에 엎드릴 것입니다. 저는 아직 늦지 않았습니다. 그러므로 저는 아직 오래 견뎌낼 수 있습니다. 또한 저는 저에 대한 사람들의 생각이 바뀌는 것을 다시 볼 수 있을 것입니다. 그러나 만일 제가 무슨 수를 써서든 명예와 행운을 얻게 된다면, 그때 저는 확실히 위선자가 될 것입니다.

진실을 사랑하는 사람의 영광은 이런 것과는 다른 평판에 결부돼 있습니다. 일단 목표에 대한 생각이 서면, 그는 무슨 말을 하든 그 목표를 지향합니다. 진실하게 사는 것에만 관심 있는 사람에게는 거짓말을 하고 싶은 마음이 생기지 않으며, 양식 있는 사람치고 가장 확신이 들 때 가장 단순한 방법을 택하지 않는 사람은 없습니다. 저의 적들은, 모든 것에 진실하고 이 시대를 포함한 많은 세기의 저자들 중 유일하게 솔직하게 글을 쓰고 또 자기가 생각한 것만을 말한 저자로서의 명예를, 아무리 욕을 하며 빼앗으려 해도 빼앗지 못할 것입니다. 그들은 풍문과 중상모략으로 잠시 저의 평판을 더럽힐 수는 있겠지만, 조만간 그 평판이 그것들을 물리칠 것입니다. 왜냐하면 그 풍문과 중상모략은 터무니없는 것으로 바뀌는 반면에 저는 언제나 변함이 없을 것이기 때문입니다. 그러니 저는 제 솔직함만으로도 그들을 항상 난처하게 만들 수 있습니다.

그런 솔직함은 대중에게는 적절치 않다! 진실이라고 다 말해도 되는 것은 아니다! 모든 양식 있는 사람이 다 당신처럼 생각한다 해도 대중이 그렇게 생각하는 것은 좋지 않다! 이상이 사람들이 사방에서 목청 높여 제게 하는 말입니다. 만일 당신과 제가 당신의 집무실에서 머리를 맞대고 있다면, 당신도 제게 그렇게 말씀하실지 모릅니다. 그 사람들은 그러합니다. 그들은 옷을 바꿔 입듯이 말을 바꿉니다. 그들은 실내복을 입고 있을 때만 진실을 말하고, 예복을 입고 있을 때는 거짓말밖에 할 줄 모릅니다. 그들은 사람들 면전에서 기만적이고 위선적일 뿐만 아니라, 대중 앞에서 감히 자기들처럼 기만적이고 위선적이지 않은 사람은 누구나 양심을 버리고 응징하는 것을 부끄러워하지 않습니다. 그런데 진실이라고 해서 다 말해도 되는 것은 아니라는 그 원리가 정말 옳습니까? 그것이 옳다면, 또한 잘못된 생각이라고 해서 다 없애도 되는 것은 아니라는 말입니까? 사람들이 행하는 모든 미친 짓이 너무도 성스러워서 존중하지 않을 것이 아무것도 없다는 말입니까? 그 자체로는 진실일지라도 적용상의 결함이 있을 수 있는 믿기 어렵고 모호한 원리를 제게 법칙으로 내놓기 전에 바로 이런 것들을 먼저 검토하면 좋았을 것입니다.

대주교 예하, 저는 여기서, 저를 비난하는 사람들에 대한 답변으로서, 제가 늘 사용하는 방법으로 제 생각의 내력을 밝히고 싶을 뿐입니다. 저는 저의 생각 전부를 다시 한 번 밝히는 것만이 제가 한 모든 말을 가장 잘 변호할 수 있는 방법이라고 생각합니다.

저는 사람들을 관찰할 수 있게 되면서부터 사람들의 행동을 유심히 바라보았으며, 사람들의 말을 유심히 들었습니다. 그러고 나서, 그들의 행동과 말이 전혀 일치하지 않는다는 것을 알게 되어 그 이유를 연구했습니다. 저는 그들에게 '실제'와 '외관'은 '행동'과 '말'처럼 별개의 두 사항으로서, 이 후자의 다름이 전자의 다름의 원인이며, 따라서 후자의 다름의 원인을 계속 연구해볼 필요가 있음을 알게 되었습니다.

저는 그 원인을, 그 어떤 것에 의해서도 파괴되지 않는 본성과 모든 점에서 완전히 상반되지만 줄곧 그 본성에 큰 영향력을 행사하면서 끊임없이 자기 권리를 주장하는 우리의 사회 질서 속에서 발견했습니다. 저는 그 모순을 그것이 유발한 결과들 속에서 주의 깊게 관찰해보았는데, 그 모순 하나만으로도 인간의 모든 악덕과 사회의 모든 악행과 불행이 설명된다는 것을 알게 되었습니다. 그로부터 저는, 선천적으로 악한 인간을 전제해야만 인간의 악의 기원과 그 악의 발달을 짐작할 수 있는 것은 아니라고 결론 내렸습니다. 이러한 생각은 저를 사회 상태état civil 속에서 관찰되는 인간 정신에 대해 탐구하도록 이끌었습니다. 그래서 저는 지식과 악덕의 발달은 항상 동일한 동기에서 이루어진다는 것을 발견했습니다. 물론 개인들이 아닌, 집단을 이루어 사는 사람들 속에서 말입니다. 저는 항상 이 둘을 철저하게 구별했는데, 이는 저를 공격한 사람들 어느 누구도 생각해보지 못한 것이었습니다.

저는 책 속에서 진실을 찾아봤지만 기만과 오류밖에 발견하지 못했습니다. 저자들의 견해를 들어봤지만 그들이 사람들을 능숙하게 속이는 사기꾼들일 뿐임을 알게 되었습니다. 그들에게는 자신의 이익 이외에 다른 법칙이 없고, 자신의 평판 이외에 다른 신이 없습니다. 그들은 자신이 원하는 대로 자신을 대우해주지 않는 지도자들을 즉각 비난하고, 자신에게 이익이 되는 부정을 즉각 찬양합니다. 대중 앞에서 말하도록 허락받은 사람들의 말에 귀 기울여봄으로써, 저는 그들이 권력자들의 마음에 드는 것만 용감하게 말하거나 말하려 한다는 것을, 또한 약자에게 훈계를 늘어놓는 것에 대한 보상을 강자에게서 받는 그들은 약자에게는 의무밖에, 강자에게는 권리밖에 말할 줄 모른다는 것을 알게 되었습니다. 대중들에 대한 모든 교육은 그 교육을 주도하는 사람들이 거짓말을 함으로써 이익을 얻는 한 언제나 거짓말을 향할 것이고, 진실이라고 해서 다 말해도 되는 것이 아님은 그저 그들에게 해당되는 이야기일 뿐입니다. 무엇 때문에 제가 그런 사람들의 동조자가 되겠습니까?[29]

존중해야 할 편견들이 있다고요? 그럴 수 있겠지요. 그렇지만 모든 것이 정상일 때나 혹은 편견을 바로잡아주는 것 역시 제거하지 않고는 그 편견을 제거할 수 없을 때 그러한데, 그때 사람들은 선을 위해 악을 그냥 놔둡니다. 그런데 모든 것이 호전될 수밖에 없는 상황일 때도 편견이 너무 존중할 만한 것이어서 그것을 위해 이성, 미덕, 정의, 진리가 인간에게 행할 수 있는 모든 선을 희생해야 합니까?[30] 저는 모든 유익한 문제에 대해 진실을 말하겠다고 약속했습니다. 그것이 제가 아는 분야인 한에서는 말입니다. 그것은 제 능력이 닿는 만큼 지켜야 했던 약속이고, 아마도 저 대신 다른 사람이 지킬 수는 없을 약속입니다. 왜냐하면 누구나 모두에게 헌신할 의무가 있지만 누구도 다른 사람을 대신해 희생을 치를 수는 없기 때문입니다. 아우구스티누스는 이렇게 말했습니다. 숭고한 진리는 내

것도 당신 것도 그의 것도 아니고 우리 모두의 것으로, 우리에게 일치협력해 그 진리를 떠벌릴 것을 단호히 촉구한다. 우리가 그 진리를 다른 사람들에게 전하지 않음으로써 그 진리가 우리에게 무용한 것이 되게 하지 않기 위해서다. 왜냐하면 신이 우리 모두가 향유하기를 바라는 소중한 것을 혼자 가로채는 사람은 누구나 자기가 사람들에게서 훔친 것을 바로 그 가로챔에 의해 잃게 되기 때문이고, 진리를 저버린 대가로 자기에게서 오류만 발견하게 되기 때문이다.*

인간은 어중간하게 배워서는 절대 안 됩니다. 그들이 여전히 오류에 빠져 있어야 한다면 왜 차라리 그들을 무지한 상태로 내버려두지 않는 것입니까? 그렇게 많은 학교와 대학이 그들이 알아야 할 중요한 것을 가르쳐주지 않는다면 다 무슨 소용이 있습니까? 당신들의 성직자회(會)와 아카데미와 그토록 많은 학술 단체의 목적이 도대체 무엇입니까? 국민들을 속이고 그들의 이성을 손상시켜서 진실에 이르는 것을 막는 것입니까? 거짓말 선생들이여, 당신들이 그들을 가르치는 체하는 것은 그들을 속이기 위해서입니다. 당신들은 또 암초 위에 등대를 세워 배를 유인하는 그 강도들처럼 국민들을 파멸시키기 위해 그들에게 불을 밝혀줍니다.

이것이 바로 제가 펜을 들었을 때 생각한 것으로, 펜을 놓을 때도 이 생각을 바꿀 이유가 없습니다. 저는 공교육이 없앨 수 없는 근본적인 결점 두 가지를 항상 보아왔습니다. 하나는 교육자들의 기만이고, 다른 하나는 피교육자들의 맹목적인 수용입니다. 만일 감정 없는 사람들이 편견 없는 사람들을 가르친다면 우리의 지식은 보다 더 한정되겠지만 보다 더 안전할 것이고, 이성이 늘 유지될 것입니다. 그런데 어쨌든 공적인 사람들의 이해타산은 늘 변함이 없겠지만, 국민들의 편견은 확실한 근거가 전혀 없기 때문에 변하기 쉬울 것입니다. 그 편견들은 변질될 수 있고, 변할 수 있으며, 늘어나거나 줄어들 수 있습니다. 그러므로 교육이 어떤 영향

---

* 아우구스티누스,《고백록》, 제12권 25장.

력을 발휘할 수 있는 것은 오직 바로 그러한 측면에서이고, 진리를 사랑하는 사람이 지향해야 하는 것도 바로 그러한 측면인 것입니다. 그는 국민들을 더 이성적으로 만들기를 기대할 수는 있어도, 국민들을 통치하는 사람들을 더 정직한 사람들로 만들기를 기대할 수는 없습니다.

저는 정치와 마찬가지로 종교에서도 그 같은 허위를 보았으며, 그에 대해 훨씬 더 분개했습니다. 왜냐하면 정부의 악덕은 단지 지상에서만 신민들을 불행하게 만들 수 있지만, 신앙의 오류들은 불우한 사람들에게 어디까지 해를 끼칠 수 있을지 모르기 때문입니다. 저는 사람들이 신앙 고백을 하고 교리를 따르고 예배에 참석하지만 그것들을 믿지 않으며, 그 모든 것이 그들의 마음과 이성에 전혀 스며들지 않아 그들의 행위에 영향을 거의 미치지 않는다는 것을 알게 되었습니다. 대주교 예하, 당신께 솔직하게 말씀드려야겠습니다. 참된 신앙인은 이 모든 거짓 꾸밈들을 그대로 받아들이지 않습니다. 그는 인간이 합리적인 종교를 필요로 하는 생각하는 존재이며 인류를 위해 만들어진 도덕을 필요로 하는 사회적 존재임을 압니다. 그러니 먼저 그런 종교와 그런 도덕을 찾아봅시다. 그것은 모두에게 관련된 일일 것입니다. 그리고 나서 국가적 처방들이 필요할 때 그 처방들의 근거와 그 처방들의 관계, 그리고 그 처방들의 적합성을 검토해봅시다. 인간에 관한 것을 먼저 말하고 나서 시민에 관한 것을 말하도록 하지요. 무엇보다, 자기의 얀센파 교리를 세우기 위해 모든 자연법이나 인간들을 서로 결합하는 모든 의무를 추방하고자 하는——서로 결합하는 기독교도와 이교도가 공통되는 계율이 전혀 없어서 서로에게 아무런 의무가 없도록 하겠다는 생각에서——당신의 졸리 드 플뢰리[31] 씨처럼 하지는 맙시다.

그러므로 저는 서로 다른 종교들을 검토하고 비교하는 두 가지 방법을 살펴보겠습니다. 하나는, 그 종교들의 기반이 되는 자연적 혹은 초자연적 사실들에 관해서든 아니면 신과 그 신이 우리에게 바라는 숭배에 대해 이성이 우리에게 제시하는 관념들에 관해서든, 그 종교들 안에 있는 진실과 거짓에 따라 검토, 비교하는 것입니다. 다른 하나는, 지상에서의 그 종교들의 세속적이고 도덕적인 결과에 따라, 이를테면 그 종교들이 사회와 인간에게 행할 수 있는 선이나 악에 따라 검토, 비교하는 것입니다. 이두 가지 검토를 방해하려는 목적에서, 이 둘, 즉 사회와 인간은 언제나 조화를 이룬다고, 가장 참된 종교는 마찬가지로 가장 사회적이라고 판단하는 것으로 시작하지는 말아야 합니다. 문제가 되는 것은 바로 그것이기 때문입니다. 그러니 이 문제를 다루는 사람은 불경한 사람이고 무신론자라고 덮어놓고 외치지 말아야 합니다. 왜냐하면 믿는 것과 믿는 것의 결과를 검토하는 것은 별개의 문제이기 때문입니다.

그렇지만 만일 인간이 사회에 적합하게 만들어졌다면 가장 참된 종교역시 틀림없이 가장 사회적이고 가장 인간적일 것이라고 저는 인정합니다. 왜냐하면 신은 우리가 그분이 만드신 대로 있기를 원하시기 때문입니다. 그러므로 그분이 우리를 악하게 만들어놓은 것이 사실이라면, 악하기를 그만두려는 것은 신께 복종하지 않는 것일 겁니다. 그뿐만 아니라, 종교는 신과 인간 사이의 관계로 간주되기에 인간의 행복을 통해서만 신에 대한 찬양에 이를 수 있습니다. 왜냐하면 그 관계의 한쪽인 신은 인간이 그분을 위해서나 아니면 그분을 거슬러서 행할 수 있는 모든 것을 본성상 초월하기 때문입니다.

그러나 이 의견은 아무리 개연성이 있다 해도 연대기적 설명과 그 설명에 대립되는 사실들로 인해 큰 반대에 부딪히기 쉽습니다. 유대인들은 출현할 때부터 다른 모든 민족의 적이었기에, 자신들이 받은 엄명에 따라 일곱 이방인 나라를 섬멸하는 것으로 자신들의 입지를 정하는 일을 시작했습니다. 모든 기독교인은 종교 전쟁을 치렀는데, 전쟁은 인간을 해칩니다. 그러므로 모든 종파가 박해자이자 피박해자였는데, 박해는 인간을 해칩니다. 여러 종파는 독신(獨身) 생활을 찬양하는데, 독신 생활은 인류에게 너무도 해로워서* 그것이 지켜진다면 인류는 멸망할 것입니다. 이것은 판단의 증거는 되지 못할지언정 검토할 근거는 되어주기에, 저는 이러한 검토가 허락되기만을 요청했습니다.

저는 지구상에 좋은 종교가 하나도 없다고 말하는 것도 아니고, 그렇게 생각하지도 않습니다. 저는 지배적이거나 지배적이었던 종교들 중에 좋은 종교, 인류에게 잔혹한 고통을 주지 않은 종교는 하나도 없다고 말하는 것입니다. 이는 틀림없는 사실입니다. 모든 종파가 형제 종파들에 고통을 주었고, 모든 종파가 사람의 피를 신께 제물로 바쳤습니다. 대립의 원인이 무엇이건 대립은 존재합니다. 그 대립을 제거하고자 하는 것이 죄입니까?[32]

애덕은 인명을 살상하지 않습니다. 이웃에 대한 사랑은 이웃을 살육하게 하지 않습니다. 그러므로 인간을 구원하려는 열의는 박해의 원인이 결코 아닙니다. 이기심과 교만이 바로 그 원인입니다. 어떤 종교가 합리적이지 못할수록, 사람들은 더욱 그것을 폭력으로 수립하려고 합니다. 무분별한 교리를 주장하는 자는, 사람들이 감히 그 교리를 있는 그대로 보

---

* 금욕과 순결에는 용도가 있다. 심지어 인구를 위한 용도도 있다. 자제하는 것은 언제나 훌륭한 일인데, 그런 이유들에서 순결의 상태는 크게 존중받을 만하다. 하지만 그렇다고 해서 자연을 어기고 자연의 목적에 반하면서 평생 그 상태를 유지하는 것이 훌륭하고 칭찬할 만한 일일 리 없다. 사람들은 젊은 기혼녀보다 결혼 적령기의 젊은 처녀를 더 존경하지만, 노처녀보다는 가정의 어머니를 더 존경한다. 그리고 그것은 아주 이치에 맞는 일인 것 같다. 태어나면서부터 결혼하지 않듯이 너무 어릴 때 결혼하는 것은 적절하지 않기 때문에 모두가 지녀야 했고 존경해야 했던 순결은 필요성과 유용성, 가치와 명예를 지니지만, 그것은 결혼할 때 그 모든 순수를 적절하게 내려놓기 위해서다. 그들은 어리석고도 의기양양한 태도로 이렇게 말한다. "뭐라고! 독신자들이 결혼을 권장한다고! 정작 자신들은 왜 결혼을 하지 않는 건데?" 아아! 왜냐고? 그 자체로는 너무도 신성하고 너무도 달콤한 어떤 상태가 당신들의 관습에 의해 불행하고 터무니없는 상태가 되어버렸는데, 그러한 상태에서는 사기꾼이나 바보가 되지 않고는 거의 살 수가 없기 때문이다. 폭정이여, 몰상식한 법이여! 우리는 너희가 지구상에서 우리의 의무를 다하지 못하게 한 것을 비난한다. 바로 우리를 통해서 자연의 외침이 너희의 잔혹함에 맞서 일어선다. 어떻게 감히 너희는 우리를 불행에 몰아넣고서 그 불행이 우리 때문인 양 자연으로 하여금 우리를 비난하게까지 하는가?

는 것을 용납하지 않습니다. 그래서 그때 이성은 범죄 중 가장 큰 범죄가 됩니다. 그러니 어떤 값을 치르더라도 사람들에게서 이 무분별한 교리를 제거해야 합니다. 사람들은 이 교리를 갖지 않은 것으로 비치는 것을 부끄러워하기 때문입니다. 따라서 불관용과 모순은 원천이 같습니다. 사람들을 끊임없이 위협하고 두렵게 해야 합니다. 만일 당신이 잠시라도 사람들을 이성의 지배하에 둔다면 당신은 진 것입니다.

이 이유 하나만으로도, 그런 망상에 빠져 있는 자들에게 종교에 대해 숙고하는 법을 가르치는 것은 그들에게 아주 좋은 일을 하는 것입니다. 그것은 그들에게 인간의 의무에 다가가게 해주는 것이며, 불관용에서 비수(匕首)를 제거하는 것이며, 또한 인간에게 그들의 모든 권리를 되돌려주는 것이기 때문입니다. 그러나 사제들의 권위에 어떤 영향력을 남겨둔다면 광신에 무기를 돌려주어 더욱 잔혹해질 수단을 제공하게 될 것이므로, 모든 인간에게 공통되는 보편적 원리로 거슬러 올라가야만 합니다.

평화를 사랑하는 사람은 책에 의지하지 말아야 합니다. 그것은 아무것도 끝낼 수 없는 방법입니다. 책은 끝없는 논쟁의 원천입니다. 여러 민족의 역사를 훑어보세요. 책을 갖지 않은 민족은 전혀 논쟁을 하지 않습니다. 당신은 사람들을 인간의 권력의 노예로 만들기를 원하십니까? 어떤 사람은 증거에 더 가까이 있을 것이고 또 어떤 사람은 증거에서 더 멀리 있을 것이기에, 그들은 그 증거의 영향을 서로 다르게 받을 것입니다. 그렇기에 세상에서 가장 완벽한 선의가 있더라도, 세상에서 가장 훌륭한 판단력이 있더라도 그들이 동의하기란 불가능할 것입니다. 논거에 대해 논증하지 마세요. 언어적 표현을 믿지 마세요. 인간의 언어는 그렇게 명증하지 못합니다. 신께서도 만약 우리에게 인간의 언어로 말씀하셨다면 우리 사이에 논쟁을 불러일으키지 않을 말씀은 하나도 없을 것입니다.

인간의 언어는 인간의 작품인데, 인간의 지적 능력은 한정되어 있습니다. 인간의 언어는 인간의 작품인데, 인간은 거짓말쟁이입니다. 어떤 언쟁도 끼어들 수 없을 만큼 명증하게 표현되는 진실이란 없는 것과 마찬가지로, 아무리 서툰 거짓말일지라도 근거를 끌어다 댈 수 있는 것입니다.

어떤 사람이 자정에 와서 지금이 낮이라고 소리친다고 가정합시다. 그러면 사람들은 그를 비웃을 것입니다. 하지만 그 사람에게 자기 패거리를 만들 시간과 자금을 주어보세요. 조만간 그의 지지자들은 그가 옳은 말을 했다고 당신께 기어코 증명해 보일 것입니다. 결국 그들은 이렇게 말할 것입니다. 그가 낮이라고 말했을 때 지구의 어떤 곳은 낮이었다고 말입니다. 이보다 더 확실한 것은 없겠지요. 또 어떤 사람들은 대기에는 언제나 빛의 입자가 있다는 것을 밝히면서 다른 관점에서 보면 밤도 낮이라는 것은 분명한 사실이라고 주장할 것입니다. 능란한 사람들이 가담하기만 한다면, 그들은 당신께 한밤중에 태양도 보여줄 것입니다. 모두가 이 명백함에 굴복하지는 않을 것입니다. 경험에 따르면, 토론은 전쟁이나 잔학 행위로 악화될 수도 있습니다. 어떤 사람들은 설명을 원할 것이고, 또 어떤 사람들은 전혀 원하지 않을 것입니다. 어떤 이는 그 주장을 비유적 의미로 받아들이려 할 것이고, 또 어떤 이는 본래의 의미로 받아들이려 할 것입니다. 어떤 사람은 '그가 자정에 지금이 낮이라고 말했지만, 밤이었다'고 말할 것이고, 또 어떤 사람은 '그가 자정에 지금이 낮이라고 말했기에, 낮이었다'고 말할 것입니다. 각자 상대방이 기만적이라고 비난할 것이고, 상대방이 우긴다고만 생각할 것입니다. 마침내 그들은 서로 싸우다가 서로를 죽일 것이고, 도처에서 피가 흘러넘칠 것입니다. 그러다가 새로운 당파가 마침내 승리를 거두면, 밤이 낮이라고 증명될 것입니다. 모든 종교 전쟁의 역사가 거의 그렇습니다.

새로운 종교들은 대부분 광신에 의해 확립되고 위선에 의해 유지됩니다. 따라서 그 종교들은 이성에 반하며, 당연히 미덕에 이르게 하지 못합니다. 열광과 흥분은 추론을 하지 못하기에, 그것들이 지속되는 한 모든 것이 그대로 받아들여져서 사람들은 교리에 대해 거의 따지지 않습니다. 게다가 그것은 너무나 편리합니다! 교리를 따르기란 너무도 쉽지만 도덕을 실천하기란 너무도 어렵기에, 사람들은 쉬운 쪽으로 뛰어들어 큰 신앙심이라는 장점으로 선행을 벌충합니다. 그러나 어쨌든 광신은 언제까지나 지속될 수는 없는 광적인 상태입니다. 광신에는 정도의 차이는 있지만 다소 길고 다소 빈번한 발작이 따르며, 휴지 기간도 있어서 이 기간 동안에는 사람들이 차분하지요. 바로 그때 자신으로 돌아온 그들은 그토록 많은 터무니없는 말에 속박되어 있는 자신을 발견하고 크게 놀랍니다. 그렇지만 종교에는 규율이 있어서, 형식이 정해져 있고 계율이 확립돼 있고 위반자는 벌을 받습니다. 그러니 누가 혼자서 그 모든 것을 반박하고, 자기 나라의 법을 거부하고, 조상의 종교를 부인하겠습니까? 누가 감히 그렇게 하겠습니까? 사람들은 묵묵히 순응합니다. 그러는 것이 이롭기 때문에 그들은 앞사람의 견해를 그대로 물려받아 취합니다. 그러므로 사람들은 다른 사람들과 같이 행동합니다. 특히 사람들 앞에서 존경하는 척하는 것에 대해 제멋대로 조롱하는 행동만 아니라면 말입니다. 대주교 예하, 대부분의 종교에서, 특히 당신의 종교에서 대다수가 바로 이처럼 생각하는데, 바로 이것이 그들의 도덕과 행동 사이의 모순들의 관건입니다. 그들의 믿음은 겉치레일 뿐이고, 그들의 품행도 그들의 신앙과 다름이 없습니다.[33]

무엇 때문에 어떤 사람이 다른 사람의 믿음을 검열하고, 국가가 시민들의 믿음을 검열하는 것일까요? 사람들의 믿음이 그들의 도덕을 결정하고, 사람들의 내세에 대한 생각이 현세에서의 그들의 행동을 좌우한다고 추정하기 때문입니다. 그렇지 않으면 그들이 믿는 것이든 믿는 체하는 것이든 무슨 상관이 있겠습니까? 종교의 겉치레는 종교를 갖지 않게 하는 데나 쓸모 있습니다.

사회에서 각자는 타인이 자기가 공정해야 한다고 여기는지 알아볼 권리가 있고, 주권자는 각자가 어떤 근거에서 그러한 의무를 지는지 검토할 권리가 있습니다. 그뿐만 아니라 국가의 형태들이 고수되어야 합니다. 이에 대해 저는 많이 주장했습니다. 그러나 도덕과 전혀 관련이 없고 행동에 전혀 영향을 미치지 않으며 법을 위반하는 경향이 전혀 없는 견해들에 관해서는 각자가 주인으로서 판단할 뿐입니다. 그러니 아무도 타인에게 자기 사고방식을 받아들이라고 명령할 권리가 없고, 그런 명령으로 얻을 이득도 없습니다. 예를 들어, 만일 권력이 주어지기까지 한 어떤 사람이 제게 와서 성경이 한마디도 언급하고 있지 않은, 그렇지만 그토록 많은 훌륭한 수도사들로 하여금 공의회의 결정 사항들을 지키게 하고 그토록 많은 사람들로 하여금 고통을 겪게 한 그 삼위일체의 위격(位格) 문제에 대한 견해를 묻는다면, 저는 그것을 전혀 이해하지도 못하고 이해하고 싶지도 않다고 말하고 나서 최대한 예의 바르게 당신의 일이나 잘하라고 간청할 것입니다. 그런데도 그가 끈질기게 묻는다면, 그쯤에서 저는 그를 포기할 것입니다.

이것이 바로 종교 논쟁을 통해 일정하고 공정한 어떤 것을 수립함에 있어서 바탕이 될 수 있는 유일한 원리입니다. 그렇지 않을 경우 저마다 문제가 되는 것을 제기함으로써 어떤 것에 대해서도 결코 의견의 일치를 보지 못할 것이고, 삶에 대해서도 의견의 일치를 보지 못할 것입니다. 그리하여 종교는 사람들을 행복하게 만들어주어야 함에도 불구하고 끊임없이 큰 불행만 가져다줄 것입니다.[34]

그러나 종교들이 오래될수록 종교들의 목적은 시야에서 멀어집니다. 미묘한 말들이 많아지고, 사람들은 모든 것을 설명하고 모든 것에 대해 판정을 내리고 모든 것을 이해하려 합니다. 교리는 끊임없이 세련되어지지만 도덕은 계속 더 쇠퇴해갑니다. 확실히 〈신명기〉의 정신으로부터 《탈무드》나 《미슈나》[35]의 정신까지는 거리가 멀며, 복음서의 정신으로부터 교서[36]에 대한 논쟁들까지도 거리가 멉니다! 성 토마스 아퀴나스는 세월이 흐르면서 신앙 조항이 늘어났는지를 묻고* 그렇다고 말합니다. 즉, 교부들은 신앙 조항을 더하고 더하기 때문에, 사도들이나 예수 그리스도가 말한 것보다 더 많은 신앙 조항을 알고 있습니다. 성 바울은 어렴풋하게밖에 알지 못하고 부분적으로밖에 알지 못한다고 고백하는데 말입니다.** 정말로 우리의 신학자들은 그것보다 더 많이 나아갔으므로, 모든 것을 이해하고 모든 것을 알며 성경의 모호한 부분을 우리에게 분명히 설명해줍니다. 또한 그들은 불확실하고 애매했던 것에 대해 자신들의 생각을 표명합니다. 그들은 늘 그렇듯이 겸손하게, 성경의 저자들이 쓴 것을 이해시키는 데는 자기들의 도움이 크게 필요했고 자기들이 없었으면 성령의 뜻이 분명하게 전달되지 못했으리라고 우리가 느끼도록 만듭니다.

사람들은 인간의 의무는 보지 않고 사제들의 견해와 그들이 벌이는 하찮은 논쟁들에만 신경을 쓰게 되어, 어떤 기독교도에게 신을 경외하는지가 아니라 교리에 충실한지만을 묻습니다. 사람들은 그에게 가장 무용하고 흔히 가장 난해한 문제들에 대한 교서에 성호(聖號)를 긋게 하는데, 성호를 긋기만 하면 끝이어서 그 밖의 것은 더 이상 알아보지도 않습니다. 게다가 그는 교수형 당할 일만 아니라면 자기 좋을 대로 살 수 있습니다. 그의 품행은 아무래도 상관이 없고, 교리는 안전합니다. 종교가 그러할 경우, 종교가 사회에 무슨 유익한 일을 하며 인간에게 무슨 이점을 주겠습니까? 종교는 인간들 사이에서 온갖 종류의 대립과 불화와 전쟁을 야기하고 그 모호한 말들 때문에 서로를 목 졸라 죽이게 하는 데 이용될 뿐입니다. 그러니 그토록 잘못 이해된 종교를 갖기보다는 아예 갖지 않는 편이 더 나을 것입니다. 가능하면 종교가 그 지경까지 타락하지 못하도

---

* 《신학대전*Summa Theologiae*》 제7항 1, 제2부 2편.
** 〈고린도전서〉 13장 9절, 12절.

록 막읍시다. 그래서 화형대와 형벌의 쇠사슬에도 불구하고 인류에게 크게 공헌했다고 자신합시다.

인류가 자기들을 분열시키는 싸움에 싫증이 나서 그 싸움을 종식시키고 모든 민족이 공유하는 종교를 결정하기 위해 서로 모인다고 가정해 봅시다. 분명 각 민족은 자기네 종교를 유일하게 참된 종교, 유일하게 합리적이고 증명된 종교, 신의 마음에 들고 인간에게 유익한 종교로 제시하는 것으로 시작하겠지요. 하지만 그 근거가 그런 점들에 대해 설득력이 없다면, 적어도 다른 종파들의 입맛에 맞지 않다면, 각 종파는 자기 목소리밖에 내지 못할 것입니다. 그렇게 되면 다른 모든 종파들이 힘을 합쳐 그 종파에 반대하리라는 것 또한 확실합니다. 이런 식으로 토의는 전복될 것이고, 한 종파가 제시하면 다른 모든 종파가 거절할 것입니다. 그렇게 해서는 결코 동의에 이를 수 없습니다. 이런 유치한 언쟁으로 많은 시간을 낭비하고 나면 양식 있는 사람들이 타협책을 모색하리라 생각할 수 있습니다. 그들은 타협을 위해 회중(會衆)으로부터 모든 신학자들을 추방하기를 제안할 것입니다. 그들로서는 이 사전 절충이 얼마나 불가결한 것인지 이해시키기 어렵지 않을 것입니다. 이 적절한 일이 행해지면, 그들은 사람들에게 '당신들이 어떤 원리를 받아들이지 않는 한 당신들의 의견이 일치되는 일은 있을 수 없다. 내가 옳기에 당신이 틀렸다고 말하는 것은 누구도 설복시킨 적 없는 논거다'라고 말할 겁니다.

"여러분은 신의 마음에 드는 것이 무엇인지에 대해 말씀하시는군요. 바로 그게 문제입니다. 어떤 종교가 가장 신의 마음에 드는지를 우리가 안다면 우리 사이에 논쟁은 더 이상 없을 겁니다. 여러분은 또한 인간에게 유익한 것에 관해 말씀하시는데, 그건 다른 문제입니다. 그 문제에 대해서는 인간이 판단할 수 있습니다. 그러니 그 유익함을 원리로 삼은 다음, 이 원리에 가장 가까운 교리를 수립하도록 합시다. 그렇게 하면 인간들이 가능한 한 진실에 다가가리라 기대할 수 있을 것입니다. 피조물들에게 가장 유익한 것은 창조주를 가장 기쁘게 하는 것이라고 가정해야 하기 때문입니다.

먼저 우리 사이에 어떤 공통점이나 유사성이 있는지, 우리가 서로에게 중요한 인물인지를 알아봅시다. 유대인 여러분은 인류의 기원에 대해 어떻게 생각합니까? '우리는 인류가 동일한 하나의 창조주에게서 태어났다고 생각합니다.' 그러면 기독교도 여러분은요? '우리도 그 점에 대해서는 유대인들과 생각이 같습니다.' 그러면 터키인 여러분은요? '우리도 유대인들이나 기독교도들과 생각이 같습니다.' 이것만으로도 이미 만족스럽습니다. 인간은 모두가 형제이므로 그에 걸맞게 서로 사랑해야 합니다.

그렇다면 이제 그들 모두의 공통의 창조주는 누구에게서 생명을 얻었는지 말씀해보세요. 그분이 스스로 형성되지는 않았을 테니까요. '하늘과 땅의 창조주에게서지요.' 유대인들과 기독교도들과 터키인들은 그 점에 대해서도 동의합니다. 이 정도만 해도 아주 대단한 것입니다.

그러면 창조주의 작품인 이 인간은 단일 존재입니까, 아니면 복합적 존재입니까? 그는 유일한 실체로 이루어졌습니까, 아니면 여러 실체로 이루어졌습니까? 기독교도들이여, 대답해보세요. '인간은 두 실체로 이루어졌습니다. 하나는 죽음을 면할 수 없는 실체이고, 다른 하나는 죽을 수 없는 실체입니다.' 그러면 터키인 여러분은요? '우리도 같은 생각입니다.' 그러면 유대인 여러분은요? '우리 성경의 표현에서처럼 예전에는 그 점에 대한 우리 생각이 매우 불분명했으나, 에세네파[37] 사람들이 우리에게 명확히 해주었습니다. 그래서 우리는 그 점에 대해서도 기독교도들과 생각이 같습니다.'"

이렇게 신의 섭리에 대해, 내세의 구조에 대해, 인류의 정연한 질서에 본질적인 모든 문제에 대해 질문들을 던질 때 모두에게서 거의 똑같은 답변을 얻게 된 이 사람들은 그들에게 다음과 같이 말할 것입니다(사람들은 그곳에 더 이상 신학자들이 없다는 것을 기억하고 있을 겁니다).

"친구들이여, 여러분은 무엇 때문에 불안해합니까? 여러분은 모두 자신들에게 중요한 것에 대해 서로 동의하고 있는데 말입니다. 여러분이 그 외의 것들에 대해 견해가 다르다 한들 제가 보기에 그것은 별로 문제가 되지 않습니다. 이 얼마 안 되는 신앙 조항을 가지고 보편적인 종교를 만드세요. 이를테면 인간적이고 사회적이며, 사회를 이루어 살고 있는 사람이라면 모두가 받아들이지 않을 수 없는 종교를 말입니다. 만일 어떤 사람이 그 종교에 반하는 교의를 세우면 사회에서 추방해버리세요. 사회의 기본법의 적들을 추방해버리듯이요. 여러분이 동의하지 않는 나머지 것들과 관련해서는 각자의 개인적인 믿음을 가지고 국가의 종교를 만드세요. 그리하여 마음으로부터 진실하게 그 종교를 믿으세요. 그러나 다른 민족들이 그 종교를 받아들이게 하려고 애쓰지는 마세요. 신은 그러기를 요구하시지 않는다는 것을 믿으세요. 다른 민족들을 당신들의 법에 복종시키는 것이 옳지 않은 만큼 그들을 당신들의 견해에 복종시키는 것도 옳지 않기 때문이며, 제게는 선교사들이 정복자들보다 더 현명해 보이지 않습니다.

여러분의 여러 교리들을 따르되, 그것들이 아주 잘 증명된 것이라고 생각하지 마세요. 그렇지 않으면 여러분에게는 그 교리들을 있는 그대로 보지 않는 사람은 누구나 기만적이라고 보일 테니까요. 여러분의 증거들을 검토하고는 그것들을 부인하는 모든 사람들을, 그들이 그랬다는 바로 그 이유로, 불신앙으로 인해 처벌받을 고집불통이라고 여기지 마세요. 이성, 진실에 대한 사랑, 진실성이 당신들을 위해서만 존재한다고 생각하지 마세요. 하여간 사람들은 명백한 사실을 인정하려 들지 않는다고 낙인찍은 자들을 언제나 적으로 대하는 경향이 있을 것입니다. 사람들은 오류를 동정하지만 완고함은 증오합니다. 여러분의 근거를 선호하세요, 좋습니다. 그렇지만 당신들의 근거를 따르지 않는 사람들에게는 그들의 근거가 있다는 것도 알아두세요.

여러분이 믿는 각 종교의 창시자들을 모두 존경하세요. 각자는 자기 생각에 따라 자기 종교에 바쳐야 할 의무를 다하세요. 하지만 다른 사람들의 종교를 멸시하지는 마세요. 종교 창시자들은 위대한 천재성과 위대한 덕목을 가지고 있었는데, 그 점은 언제나 존경받을 만합니다. 그들은 스스로 신의 사자(使者)라고 말했는데, 그럴 수도 있고 그렇지 않을 수도 있습니다. 그 다양성을 일률적으로 평가할 수도 없고, 증거들이 하나같이 다 이해 범위를 벗어나기 때문입니다. 그러나 그 창시자들이 설령 신의 사자가 아니더라도 그들을 너무 경솔하게 사기꾼으로 취급해서는 안 됩니다. 신에 대한 지속적인 숙고와 미덕에 대한 열의가 그들의 숭고한 영혼 속에서 통속적인 생각들의 천박한 교육 질서를 어디까지 깨뜨릴 수 있었는지 누가 알겠습니까? 너무도 고양된 정신 상태에서는 균형 감각을 잃어서 사물을 더 이상 존재하는 모습 그대로 보지 못합니다. 소크라테스는 자기가 허물없는 정신을 가지고 있다고 생각했고, 사람들은 그점에 관해서는 감히 그를 위선적인 인간이라고 비난하지 않았습니다. 우리가 민족의 창시자들과 국가의 은인들을 한 개인보다 덜 정중하게 대하겠습니까?

이뿐만 아니라, 여러분 사이에는 여러분의 종교를 선택하는 것에 대한 더 많은 논쟁이 있습니다. 그 종교들은 모두 훌륭합니다. 계율에 의해 규정되는 한, 본질적인 종교를 품고 있는 한은 말입니다. 그 안에 본질적인 종교가 없다면, 그 종교들은 나쁜 종교들입니다. 종교의 형식은 종교의 조직이지 종교의 본질이 아니며, 자기 나라에서 조직을 결정하는 것은 주권자의 소관입니다."

대주교 예하, 저는 이처럼 추론하는 사람이라면 신성을 모독하는 사람이나 불경한 사람이 전혀 아닐 거라고 생각했습니다. 오히려 그는 사람들에게 공정하고 합리적이고 유익한 평화의 수단을 제안할 것이라고 생각했습니다. 그렇다고 해서 그가 다른 사람들처럼 자기의 개인적인 종교를 갖지 않는 것은 아니며, 또한 그 종교에 진심으로 충실하지 않은 것은 아니라고 생각했습니다. 참된 신앙인은 이교도 역시 한 인간이고 신사가 될 수 있음을 알기에, 그의 운명에 관심을 기울여도 죄가 되지 않습니다. 그가 자기 나라에 외부의 종교가 들어오는 것을 막는 것은 정당합니다. 그러나 이를 위해 자기처럼 생각하지 않는 사람들을 비난하지는 말아야 합니다. 왜냐하면 너무도 무모한 판단을 말하는 것은 스스로를 나머지 인류의 적으로 만드는 일이기 때문입니다. 저는 신학적 관용이 아니라 세속적 관용을 인정해야 한다는 말을 끊임없이 들어왔습니다만, 제 생각은 이와 정반대입니다. 저는, 선행을 하는 사람이라면 그가 삶에서 진심으로 믿는 종교가 어떤 것이든 그 안에서 구원받을 수 있다고 생각합니다. 그러나 그렇다고 해서 한 나라에 주권자의 허락도 없이 외부 종교들을 정당하게 들여올 수 있다고는 생각하지 않습니다. 왜냐하면 이는 신께 직접 불복종하는 것은 아닐지라도 법에 불복종하는 것이고, 법에 불복종하는 사람은 신께도 불복종하기 때문입니다.

일단 한 나라에 정착되었거나 용인된 종교를 폭력으로 소멸시키는 것은 부당하고 야만적인 일이며, 주권자가 그 종교의 신도들을 학대하는 것은 그 자신에게 해를 끼치는 일이라고 생각합니다. 새로운 종교를 믿느냐, 배내 종교를 믿느냐는 아주 다릅니다. 전자의 경우만 처벌 대상이 되기 때문입니다. 여러 종교가 정착되도록 내버려두어서도 안 되지만, 일단 정착된 종교를 금지해서도 안 됩니다. 왜냐하면 자식이 아버지의 종교를 따르는 것은 전혀 잘못이 아니기 때문입니다. 박해자들은 공공의 안녕이라는 논거에 완전히 적대적입니다. 종교는, 지배적인 진영이 약한 진영을 괴롭히려 할 때나, 약한 진영이 편협하게 원칙에 입각한 나머지 그 누구하고든 평화롭게 살 수 없을 때 외에는 한 국가에 결코 불화를 야기하지 않습니다. 그런데 모든 합법적인 종교는, 이를테면 본질적인 종교를 품고 있는, 따라서 신도들이 인종(忍從)하며 평화롭게 사는 것만을 요구하는 그런 모든 종교는 절대로 반란이나 내란을 일으키지 않았습니다. 자신들을 방어해 박해자들을 물리칠 필요가 있을 때 외에는 말입니다. 신교도들은 프랑스에서 자기들이 괴롭힘을 당할 때를 제외하고는 절대로 무기를 들지 않았습니다. 사람들이 그들을 평화롭게 살도록 내버려두기로 결정할 수 있었다면 그들은 무기를 들지 않고 평화롭게 살았을 것입니다. 저는 신교가 그것이 생겨났을 때 법에 위반됨에도 불구하고 정착할 권리는 없었다고 솔직하게 인정합니다. 그러나 이 종교가 아버지로부터 자식들에게 전해져 프랑스 국민의 일부가 믿는 종교가 되고 군주가 낭트 칙령을 통해 그 일부 국민과 엄숙하게 교섭했을 때, 그 칙령은 양편의 동의 없이는 취소될 수 없는 불가침의 계약이 된 것입니다. 이리하여 그 이후 신교는 프랑스에서 합법적인 것이 되었다고 저는 생각합니다.

그렇지 않았다면 신교도들은 재산을 챙겨 왕국을 떠나든지 지배적인 종교에 복종하며 왕국에 머물러 살든지 둘 중 하나를 택할 수밖에 없는 곤란한 상황에 처했을 것입니다. 그런데 그들에게 그들이 처하고 싶어 하지 않는 상태에 머물도록 강요하는 것은 그들이 존재하면서 동시에 존재하지 않기를 원하는 것이고, 그들에게서 자연권조차 빼앗는 것이고, 그들의 결혼을 무효화하는 것*이며, 그들의 자녀들을 사생아라고 선언하는

---

* 불우한 사람 칼라스Calas의 사건과 관련해 툴루즈 의회에서 제정한 법령은 신교도들끼리의 결혼을 비난한다. 결혼은 신교도들에 따르면 비종교적인 행위일 뿐이므로 형식과 효력에 있어서 왕의 의사에 전적으로 복종해야 한다.

  신교도들에 따르면 결혼은 비종교적인 행위이므로, 신교도들은 결혼을 가톨릭교의 행위로 간주하는 왕의 의사에 복종해야 한다. 신교도들은 결혼을 하려면 당연히 가톨릭교도가 되어야만 한다. 그들에 따르면 결혼은 비종교적인 행위이기 때문이다. 이상이 툴루즈 의회 의원들의 추론 방식이다. 프랑스는 너무도 넓은 왕국이어서 프랑스인들은 인류가 자신들의 법 아닌 다른 법을 갖고 있지 않을 거라는 생각에 젖어 있었다. 그들의 의회와 법원은 자연법이나 국제법에 대해 아무런 생각이 없는 것 같았다. 게다가 그 큰 왕국에는 대학과 콜레주와 아카데미가 그토록 많고, 쓸데없는 것이 너무도 많이 너무도 중요한 것처럼 가르쳐지면서 정작 자연법 강좌는 단 하나도 없다는 사실 또한 지적해야겠다. 그들은 유럽에서 유일하게 그 공부를 아무짝에도 쓸모없는 것으로 간주한 국민이다.

것이며…… 있는 사실만 말해도 한이 없으니, 입을 다물겠습니다.

적어도 이것만은 말할 수 있습니다. 국익만을 고려한다면 프랑스 신교도들의 지도자들을 모두 제거한 것은 아마도 잘한 일이라는 것입니다. 그러나 거기서 멈춰야 했습니다. 정치적 원칙들은 상황에 따라 적용되고 구별되어야 합니다. 사람들은 대립을 예방해 더 이상 대립을 염려할 필요가 없도록, 대립을 야기하는 큰 요인들을 자신에게서 제거합니다. 지도층에 대귀족도 귀족 계급도 아닌 진영이 있다면, 프랑스와 같은 왕국에서 그 진영이 무슨 고통을 줄 수 있을까요? 종교 전쟁이라 불리는, 당신들이 이전에 벌인 모든 전쟁들에 대해 검토해보세요. 그러면 궁중과 대귀족들의 이익이 원인으로 작용하지 않은 전쟁은 하나도 없음을 알게 되실 겁니다. 내각의 음모로 국사를 혼란에 빠뜨려놓고는 지도자들은 신의 이름으로 국민을 선동합니다. 하지만 상인들과 농민들이 어떤 음모와 책동을 꾸밀 수 있겠습니까? 하인과 주인만을 원하는, 그리하여 평등을 모르거나 혐오하는 나라에서 그들이 어떤 행동을 취해 한 진영을 선동하겠습니까? 만약 어떤 상인이 군대를 일으키자고 제안한다면 영국에서라면 그의 말에 귀 기울이는 사람들이 있겠지만 프랑스에서라면 그는 언제나 사람들의 웃음거리가 되고 말 것입니다.*

만일 제가 왕이라면요? 말도 안 됩니다. 장관이라면요? 더욱더 그렇습니다. 그러나 제가 프랑스의 권력자라면 이렇게 말하겠습니다. 우리 모두는 일자리와 공직을 지향하고, 올바르지 않게 행동할 권리를 매수하고자 합니다. 파리와 궁정이 모든 것을 집어삼킵니다. 그 가엾은 사람들이

---

* 이처럼 지도자들이 없는 민족으로 하여금 무기를 들게 하는 유일한 경우는, 박해자들 때문에 절망에 빠져 이제 선택할 수 있는 것이라고는 죽는 방법밖에 없다고 여겨질 때이다. 금세기 초의 카미자르 전쟁[38]이 그랬다. 그때 사람들은 멸시받는 쪽 사람들이 절망에서 얻는 힘에 매우 놀랐다. 그것이야말로 박해자들이 사전에 계산하지 못한 것이다. 하지만 이런 전쟁들은 너무도 많은 피의 대가를 치르므로 그 전쟁들이 불가피한 상황에 이르기 전에 그에 대해 충분히 숙고해봐야 할 것이다.

지방의 빈 곳을 채우게 내버려둡시다. 그들이 상인이라면 계속 상인으로 남아 있게 내버려두고, 경작자라면 계속 경작자로 남아 있게 내버려둡시다. 그들은 자기 직업을 떠날 수 없다면 그 직업을 최대한 이용할 것입니다. 그들은 우리 모두가 벗어나고자 애쓰는 개인적인 상황들 속에서 우리의 직업을 대신하여, 모든 것이 우리로 하여금 내버리게 하는 상업과 농업을 발전시킬 것입니다. 그들은 우리의 사치를 자극할 것이기에, 그들은 일을 하고 우리는 즐길 것입니다.

이 계획은 비록 사람들이 따르는 계획들과 마찬가지로 공정하지 않더라도 적어도 더 인간적일 것이고, 그렇기에 분명 더 유익할 것입니다. 국민을 불행하게 만드는 것은 폭정이나 지도자들의 야심보다는 그들의 편견과 근시안적인 안목입니다.

저는 일종의 연설을 옮겨 적는 것으로 마치겠습니다. 제 주제와 어느 정도 관련이 있고, 주제에서 한참 벗어나지 않을 것입니다.

수라트의 한 파르시[39]가 이슬람교도 여인과 몰래 결혼했다가 발각되어 체포되었는데, 이슬람교를 받아들이기를 거부해 사형을 언도받았습니다. 그가 형장으로 가기 전에 재판관들에게 다음과 같이 말했습니다.

"이런! 당신들은 제 목숨을 빼앗고자 하는군요! 그래, 무엇 때문에 저를 처형하려는 것입니까? 저는 당신들의 법보다는 오히려 저의 법을 어겼습니다. 저의 법은 저의 심정에 호소하며 가혹하지 않습니다. 저의 죄는 저의 형제들에게 비난받는 것으로 벌을 받았습니다. 도대체 제가 무슨 당신들에게 죽어 마땅할 짓을 했다는 겁니까? 저는 당신들을 가족처럼 대했기에 당신들 중의 한 자매를 택한 것입니다. 저는 그녀에게 신앙의 자유를 허락했고, 그녀도 자신을 위해 저의 신앙을 존중해주었습니다. 후회 없이 오로지 그녀만 바라본 저는 그녀를 저의 창조주가 요구하는 숭배의 매개자처럼 숭배했습니다. 저는 그녀를 통해서 인간이면 누구나 인류에게 이행해야 하는 의무를 다했습니다. 사랑이 제게 그녀를 주었고, 미덕이 제게 그녀를 소중하게 만들어주었습니다. 그녀는 결코 예속 상태에서 살지 않았고, 남편의 마음을 온전히 가졌습니다. 저의 과오는 저 못지않게 그녀에게도 행복을 가져다주었습니다.

있을 수 있는 과오를 벌하려고 당신들은 저를 위선자이자 거짓말쟁이로 만들려 했습니다. 당신들은 저로 하여금 제가 좋아하지도 않고 믿지도 않는 당신들의 견해를 믿는다고 억지로 말하게 했습니다. 마치 우리 법을 배신한 자는 당연히 당신들의 법 아래 놓여야 한다는 듯이 말입니다. 당신들은 저로 하여금 배신과 죽음 중 하나를 선택하게 했고, 저는 선택을 했습니다. 당신들을 속이고 싶지 않으니까요. 그래서 저는 죽습니다. 죽어야 하기 때문입니다. 저는 죽지만, 다시 살아나 또 다른 의인을 고무시킬 수 있을 것입니다. 저는 제 종교의 순교자로 죽으니, 제가 죽은 뒤에 당신들 종교의 일원이 될까 봐 걱정할 필요가 없습니다. 이슬람교도들의 나라에 다시 태어나 그들에게 인간적이고 관대하고 공정해지는 법을 가르쳐줄 수 있으면 좋으련만! 당신들은 우리의 신과 똑같은 신을 모시면서도——신이 둘일 수는 없기에——종교적 열의로 판단력을 잃어, 그 신을 모시는 사람들을 괴롭히니까요. 당신들은 오직 분별없음으로 인해 가혹하고 냉혹한 것이니까요.

당신들은 어린아이들 같아서, 당신들의 놀이에서 사람들에게 해를 끼칠 줄밖에 모릅니다. 당신들은 스스로를 박식하다고 여기는데, 신에 대해서는 아무것도 모릅니다. 당신들의 새 교리가 어느 시대에나 변함없이 숭배받으며 또 숭배받고자 하는 신에게 어울리는 것입니까? 신생 민족들이여, 당신들이 어떻게 감히 우리 앞에서 종교에 관해 말을 합니까? 우리의 종교 제례는 천체만큼이나 오래되었습니다. 따라서 최초의 태양 빛이 우리 선조들을 비추었고, 그들의 경의를 받았습니다. 위대한 자라투스트라[40]는 우주의 여명기를 보았고, 우주의 질서를 예언하고 기록했습니다. 그런데 당신들, 신생 민족들, 당신들이 우리의 예언자가 되겠다고요!

마호메트보다 스무 세기 전에, 이스마엘과 그의 아버지[41]가 태어나기 스무 세기 전에 이미 승려들은 아주 오래된 존재였습니다. 우리의 성전(聖典)은 이미 아시아와 세계의 율법이었고, 세 개의 대제국은 당신들의 선조들이 보잘것없는 처지에서 빠져나오기 전에 연달아 이미 우리 조상들에 의해 긴 존속을 마감한 상태였습니다.

편견을 가진 자들이여, 당신들과 우리 사이의 차이를 보세요. 당신들은 자기가 신자라고 말하지만, 야만인으로 삽니다. 당신들의 제도와 법과 신앙, 나아가 미덕까지도 인간을 괴롭히고 인간의 가치를 떨어뜨립니다. 당신들은 인간에게 우울한 의무밖에 명령할 줄 모릅니다. 단식, 절제, 극복 노력, 신체 훼손, 은거 생활 같은 의무들 말입니다. 당신들은 고통과 구속을 안겨주는 의무밖에 지울 줄 모릅니다. 당신들은 인간이 삶과 삶을 지속시킬 수단들을 증오하도록 만듭니다. 당신들의 아내들은 남자가 없는 상태이고, 당신들의 대지는 경작이 없는 상태입니다. 당신들은 동물을 먹고, 인간을 학살합니다. 당신들은 피와 살인을 사랑하고, 당신들의 모든 규칙과 제도의 제정 및 확립은 자연에 큰 타격을 주며, 인류의 품위를 떨어뜨립니다. 그리고 전제군주제와 광신이라는 이중의 명에 속에서 당신들은 인류를 그들의 왕들과 신들로 괴롭힙니다.

그런데 우리는 평화를 애호하는 사람들로, 숨 쉬는 것이면 어느 것에도, 심지어 우리 폭군들에게도 그 어떤 해도 끼치지 않으며, 그러고 싶어하지도 않습니다. 우리는 우리가 노력을 기울여 얻은 열매를 그들에게 양보하고도 후회하지 않습니다. 그들에게 유익하다는 것과 우리 의무를 다했다는 것에 만족하면서 말입니다. 우리의 많은 가축이 당신들의 방목장을 뒤덮습니다. 우리 손으로 심은 나무들이 당신들에게 열매와 그늘을 제공하고, 우리가 일구는 당신들의 땅이 우리의 수고에 의해 당신들을 먹여 살립니다. 그렇지만 소박하고 유순한 한 민족은 당신들이 가하는 훼손 아래서도 인구가 불어나며, 당신들은 아무것도 발견할 줄 모르는 그 공동의 어머니의 품에서 생명과 풍요를 얻습니다. 우리가 우리 행위의 증인으로 삼는 태양은 우리의 인내와 당신들의 부당함을 밝혀 보여줍니다. 태양은 뜨면서 우리가 올바로 행동하려 노력하는 것을 발견하며, 지면서 우리를 가족의 품으로 데려다 주어 또 다른 일을 준비하게 합니다.

신만이 진실을 압니다. 설령 그 모든 것에도 불구하고 우리가 우리 종교에서 잘못을 범한다 해도, 지상에서 좋은 일만 하는 우리는 지옥에 떨어지는 벌을 받고 지상에서 나쁜 짓만 하는 당신들은 신의 선택을 받는다는 것은 여전히 믿기 어려운 이야기입니다. 우리가 잘못에 빠지면, 당신들은 그 잘못을 당신들에게 유리하게 이용할 것입니다. 우리의 신앙심은 당신들을 살찌우지만, 당신들의 신앙심은 당신들을 쇠약하게 만듭니다. 우리는 파괴적인 종교가 당신들에게 끼치는 해악을 바로잡습니다. 그래요, 그러니 당신들에게 유익한 한 종교를 우리에게 남겨두세요. 언젠가 우리가 당신들의 종교를 택하게 되는 상황을 염려하세요. 그것이야말로 당신들에게 일어날 수 있는 가장 큰 불행이니까요."

대주교 예하, 저는 어떤 생각에서 〈사부아 보좌신부의 신앙 고백〉을 쓰게 되었는지, 그리고 어떤 동기에서 그것을 출판하게 되었는지에 대해 당신을 이해시키려고 노력했습니다. 저는 이제 당신이 어떤 점에서 그 보좌신부의 교리를 신성 모독적이고 반종교적이고 가증스럽다고 규정하시는 것인지, 당신이 거기에서 발견하시는 분노할 만하고 인류에게 해로운 것이 무엇인지를 여쭙습니다. 하지 말아야 할 말을 하고 공공질서를 어지럽히려 했다며 저를 비난하는 사람들에게도 마찬가지 말을 합니다. 무엇이 유익하고 무엇이 무익한지에 대해 별로 숙고해보지 않은, 막연하고 경솔한 비난을 통해서 말 한마디로 순진한 대중이 자신들이 호의적으로 대했던 한 저자에 대해 반감을 갖게 만들어버리는 사람들 말입니다. 사람들에게 그들이 잊고 있는 참된 신앙을 환기하는 것이 그들에게 아무것도 믿지 말라고 가르치는 것입니까? 각자에게 자기 나라의 법을 참조케 하는 것이 질서를 어지럽히는 것입니까? 각 국민을 그 국민의 종교에 국한시키는 것이 모든 종교를 소멸시키는 것입니까? 사람들이 종교를 바꾸기를 원치 않는 것이 사람들이 갖고 있는 종교를 없애는 것입니까? 모든 종교를 존중하는 것이 종교를 통째로 무시하는 것입니까? 마지막으로, 한 종교가 다른 종교들을 증오하는 것이 그 종교에 그렇게도 중요한 일입니까? 그 증오가 없어지면 모든 것을 빼앗기는 것입니까?

그렇지만 권력을 쥐고 있는 사람들은 국민들이 자신들의 옹호자를 증오하도록 만들고 싶을 때 바로 이런 식으로 그들을 설득합니다. 냉혹한 자들이여, 당신들의 법령과 화장대(火葬臺)와 교서와 신문은 지금 저에 관해 국민들을 속이고 혼란스럽게 만들고 있습니다. 그들은 당신들의 아우성을 믿고 저를 괴물 같은 존재로 여기고 있지만, 당신들의 그 아우성은 결국 멈추게 될 것이고, 저의 책들은 당신들의 바람과 달리 살아남아서 당신들에게 수치를 줄 것입니다. 편견이 덜한 기독교도들은 당신들이 그 책에 있다고 주장하는 혐오스러운 말들을 놀라서 찾아보려 하겠지만, 거기서 자기들의 신의 윤리와 함께 평화와 화목과 애덕에 관한 가르침밖에 발견하지 못할 것입니다. 그들이 자신들의 사제들보다 더 공정한 사람이 되는 법을 거기에서 배웠으면 합니다! 그들이 거기에서 얻게 될 미덕들이 언젠가 당신들이 저에게 퍼부은 저주의 말에 대해 복수를 해주었으면 합니다![42]

세상을 분열시키는 이상한 종파들에 관한 반박에 대해서, 각자 자기 종파에 대해 덜 고집스럽게 집착하게 만들고 다른 종파들에 대해 증오심을 덜 갖게 만들 만큼, 그리고 또 너무도 감동적이고 너무도 당연한 이 고려에 의해 각자 관용과 부드러움을 갖게 만들 만큼 제가 그들에게 영향을 못 미칠 이유가 어디 있겠습니까? 이리하여 그들은 설령 다른 나라나 다른 종파에서 태어났을지라도 반드시, 자기들이 오류로 여기는 것을 진실로, 그리고 진실로 여기는 것을 오류로 여기게 될 것입니다! 분열시키는 견해보다 단결시키는 견해에 애착을 갖는 것이 사람들에게 매우 중요합니다! 그런데 이와 반대로 사람들은 자기들이 공동으로 갖고 있는 것에는 등한하면서 이상한 견해들에는 일종의 집착을 갖고 열중합니다. 그들은 그 견해들이 덜 합리적으로 보일수록 더욱더 거기에 집착하며, 저마다 이성이 자기 진영에 거부하는 권위를 믿음의 힘으로써 보충하려 할 것입니다. 그렇기 때문에 그들은 우리는 관심을 기울이지만 자신들은 전혀 거들떠보지 않는 모든 것에 대해 사실상 동의하면서, 자신들이 가장 이해하지 못하고 이해할 필요도 전혀 없는 문제들에 대해 서로 언쟁하고 억지를 부리고 괴롭히고 학대하고 싸움질을 하면서 인생을 보냅니다. 그 문제들에 대한 해결들을 차곡차곡 쌓아놓지만 허사이며, 그 문제들의 모순들을 알 수 없는 말들로 덧칠해보지만 허사입니다. 해결해야 할 새로운 문제들과 새로운 언쟁거리들이 매일 쏟아져 나올 테니까요. 각각의 견해는 무한한 분지(分枝)를 가지고 있기 때문이고, 저마다 자기의 별 볼일 없는 생각에 고집스럽게 집착해 조금도 중요하지 않은 것을 중요하게 여김으로써 진짜 중요한 것은 무시해버리기 때문입니다. 만일 누군가 그들에게 그들이 해결하지 못하는 반대를 제기하면——쌓아 올린 그들의 견해 더미에 비추어 그러한 제기는 매일 더 쉬워질 것입니다——그들은 어린애들처럼 분해합니다. 그리고 그들은 진실보다는 자기 진영에 더 애착을 갖고 있고 성실하기보다는 교만하기 때문에, 자신들이 가장 증명하기 어려워하는 것에 대해 누가 조금이라도 의심하는 것을 용서하지 않습니다.

저 자신의 이야기는 어떤 다른 이야기보다 더 오늘날의 기독교도들에 대한 사람들의 판단이 어떠한지를 잘 보여줍니다. 그런데 저 자신의 이야기는 그러한 판단에 대해 믿을 수 없을 정도로 많은 것을 말해주기 때문에, 분명 언젠가는 사람들로 하여금 완전히 반대되는 판단을 하게 할 것입니다. 그리고 오늘날 저의 동시대인들에게 불명예가 되는 것이 분명 언젠가는 명예로운 것이 될 것입니다. 그래서 저의 책을 읽게 될 소박한 사람들은 이렇게 말하며 감탄할 것입니다. '이런 책이 불경하다 하여 불 태워지고 저자가 범죄자로 소추당하는 시대가 있었다니, 그 시대는 정말 완벽한 시대였겠지요! 물론 그 시대에는 모든 저작에서 최고로 숭고한 신앙심이 넘쳐흘렀고, 지상은 성자들로 뒤덮여 있었겠지요!'[43]

그러나 다른 책들도 남을 것입니다. 예를 들면, 같은 세기에 성 바르톨 로메오를 칭찬하는 프랑스 사람도 있었는데,[44] 잘 아시겠지만 성직자였 습니다. 그런데도 의회나 고위 성직자들은 그에게 싸움을 걸 생각조차 하지 않았습니다. 따라서 두 책의 윤리와 두 저자의 과오를 비교해보면, 사람들은 더 겸손하게 말할 수 있을 것이고 또한 다른 결론을 끌어낼 수 있을 것입니다.

가증스러운 교리는 범죄와 살인에 이르게 하고 광신자를 만드는 교리 입니다. 아! 체제에 불의와 폭력을 야기하고 신의 관용으로부터 그 불의 와 폭력이 생겨나게 하는 것보다 더 가증스러운 것이 세상에 뭐가 있습 니까? 저는 여기서 당신을 불쾌하게 만들 수도 있을 비교는 삼가겠습니 다. 대주교 예하, 그렇지만 만일 프랑스가 사부아 보좌신부의 종교를 믿 었다면, 신을 경외하게 하고 인간을 사랑하게 하는 그토록 겸허하고 순 수한 그 종교를 믿었다면, 철철 흐르는 피가 그토록 자주 프랑스의 들판 을 뒤덮지는 않았으리라는 것을 인정하십시오. 그토록 상냥하고 그토 록 명랑한 이 국민은 툴루즈의 종교 재판*에서 성 바르톨로메오의 날에

---

* 스페인의 성자인 도미니쿠스가 거기에 깊이 관여한 것은 사실이다. 같은 수도회의 한 저자에 의하 면, 그 성자는 알비 종파에 적대적인 설교를 했지만, 애덕을 베풀어 그 신앙에 헌신적인 독실한 사 람들을 자기편으로 끌어들였고, 그들은 신의 말씀이라는 검으로는 정복할 수 없는 이단자들을 육 체적으로, 그리고 실제 검으로 척결하는 데 신경을 썼다(Ob caritatem, praedicans contra Albi- enses, in adjutorium sumsit quasdam devotas personas, zelantes pro fide, quae corporaliter

이르기까지, 알비 종파의 전쟁에서 루이 14세 때의 용기병(龍騎兵)을 이용한 신교도 박해에 이르기까지, 그토록 많은 박해와 학살에서 잔인성을 드러내며 다른 국민들을 놀라게 하지는 않았을 것입니다. 안 뒤 부르 Anne du Bourg 참사관이 신교도들에 대한 온정적 태도를 지지했다고 해서 교수형에 처해지지는 않았을 것입니다. 메랭돌과 카브리에르의 주민들이 엑스 의회의 법령에 의해 사형에 처해지지는 않았을 것이며, 우리의 눈에 무죄인 칼라스가 형리들에게 고문을 당한 뒤 형거(刑車)에 묶여 죽지는 않았을 것입니다. 대주교 예하, 이제 당신의 견책과 그 견책의 이유에 대해 재론해봅시다. 우리에게 신의 말씀을 증언해주는 것, 우리가 모르는 말로 우리에게 신의 말씀을 증언해주는 것은 언제나 인간들이라고 사부아 보좌신부는 말합니다. 이와 반대로, 때때로 우리는 신이 우리에게 인간의 말을 증언해주기를 매우 바랄 텐데, 그러면 분명 신은 적어도 그토록 의심스러운 대변자의 목소리를 이용하지 않고 우리에게 직접 말씀을 전할 수 있으셨을 겁니다. 사부아 보좌신부는 신의 말씀을 증명하기 위해 그토록 많은 인간들의 증언이 필요한 거냐고 불평하면서, 신과 나 사이에 얼마나 많은 사람들이 있는지!*라고 말합니다.

당신은 이렇게 반박하고 있습니다. 그 불평이 합당하려면, 계시는 그것이 각 개인에게 나타나지 않았을 때부터 이미 허위라고 결론 내릴 수 있어야 할 것이다. 또 이렇게 말할 수 있어야 할 것이다. '신이 내게 직접 말하지 않으셨을 때부터 신은 다른 사람들이 신이 하신 말씀이라고 보증하는 그 말씀을 믿으라고 내게 요

---

illos Haereticos gladio materiali expugnarent, quos ipse gladio verbi Dei amputare non posset). 안토니우스 제넨시스Antonius Senensis, *Chronicon fratrum ordinis praedicatorum*, P. III. tit. 23. c. 14. §2. 이 애덕은 사부아 보좌신부의 애덕과는 별로 닮지 않았다. 그러므로 그 애덕은 전혀 다른 가치를 지닌다. 하나는 체포 영장을 발부하게 하지만, 다른 하나는 그것을 주장하는 사람들을 신성하게 한다.
* 《에밀》 제3부 141쪽.

구하실 수가 없다.'*

정반대로, 그 불평은 계시가 진실임을 믿을 때에만 할 수 있는 것입니다. 만일 당신이 계시가 거짓이라고 가정하신다면, 신이 이용한 수단에 대해 무슨 불평을 하시겠습니까? 신은 아무것도 이용하지 않았는데 말입니다. 당신에게 사기꾼의 거짓말에 대해 해명할 의무가 신께 있습니까? 당신이 속아 넘어가신다면 그건 당신 잘못이지 그분의 잘못이 아닙니다. 그런데 자기 수단들을 선택하는 주인이신 신께서 특히 우리의 깊은 지식과 매우 심도 있는 토론을 요하는 수단을 선택하신다면 보좌신부가 "그렇지만 살펴보자. 검토해보고 비교해보고 증명해보자. 오, 신께서 이런 일들을 전혀 하지 않아도 되게 해주셨다면 내가 진실함이 덜한 마음으로 그분을 섬겼을까?"**라고 말하는 것이 잘못일까요?

대주교 예하, 당신의 소전제는 감탄할 만합니다. 그것 전체를 여기에 옮겨 적어야 합니다. 저는 당신이 쓰신 그대로 인용하고 싶습니다. 그것이야말로 저의 가장 심술궂은 짓일 것입니다.

그런데 기독교의 계시에 관한 사건 이전에도 이미 의심하는 것이 터무니없는 그런 수많은 사건들이 있지 않은가? 도대체 그 저자는 인간들의 증언이라는 방법 아닌 어떤 방법으로 그 스파르타, 아테네, 로마를 알았단 말인가? 그는 이 도시 국가들의 법과 풍속과 영웅을 얼마나 자신 있게 찬양했는가? 그와, 그 사건들에 대한 기억을 보존한 역사가들 사이에는 얼마나 많은 사람들이 있는가!

주제의 중요성이 덜하고 당신에 대한 저의 존경심이 덜하다면 저는 아마 이런 식의 추론을 제 독자들을 조금 즐겁게 해줄 기회로 삼을 테지만, 저는 제가 다루는 주제와 제 이야기 상대인 분에게 적절한 어투를 망각하지 않으려 합니다. 저의 답변이 싱거워질 위험이 있지만, 저로서는 당

---

* 교서 in-4 12쪽, in-12 XXI쪽.
** 《에밀》 제3부 141쪽.

신이 틀렸음을 보여주는 것으로 충분합니다.

　그러므로 부디 인간의 사건들은 인간의 증언에 의해 증명되는 것이 당연하다고 생각해주시기 바랍니다. 그것들은 다른 어떤 방법으로도 증명될 수가 없는 것이어서, 저는 오직 당시에 살았던 저자들이 제게 말해주기 때문에 스파르타와 로마가 존재했음을 알 수 있는 것입니다. 그러기 위해서는 저와 저보다 훨씬 먼 과거에 살았던 타인 사이에 매개자들이 꼭 필요합니다. 그러나 신과 저 사이에 왜 그런 매개자들이 필요합니까? 왜 신과 저 사이에 그토록 멀리 떨어진 매개자들이 필요하며, 그 매개자들에게 또 다른 많은 매개자들이 필요합니까? 신이 장 자크 루소에게 말하기 위해 모세를 찾는 것이 간단하고 자연스러운 일입니까?

　게다가 스파르타가 존재했었다는 것을 믿는다고 영벌(永罰)을 받을 일도 없고, 그것을 의심했다고 영원히 불길에 던져지는 일도 없을 것입니다. 우리가 목격하지 못한 사건은 어떤 것이든 정신적인 증거에 의해서만 우리에게 확증될 뿐인데, 모든 정신적인 증거는 받아들여지는 데 정도 차이가 있습니다. 어떤 증거가 반박될 수 없게 되는 지점을 아주 정확히 지적할 줄 몰랐다는 이유 하나만으로 신의 정의가 저를 영원히 지옥으로 몰아넣는다고 제가 믿을 것 같습니까?

　세상에 증명된 이야기가 있다면 그것은 뱀파이어의 이야기일 것입니다. 그 이야기에는 부족한 게 전혀 없습니다. 조서, 명사회 자격증, 의사 자격증, 사제증, 사법관증 등 다 있습니다. 재판상의 증거는 가장 완벽한 것들입니다. 그럼에도 불구하고 누가 뱀파이어를 믿습니까? 그것을 믿지 않았다고 우리 모두가 영벌을 받겠습니까?

　티투스 리비우스[45]가 인용한 기적 가운데 많은 것이 의심 많은 키케로[46]까지 믿을 정도로 아무리 증명되었어도 저는 그 모든 것을 지어낸 터무니없는 이야기로 간주합니다. 그런데 이렇게 생각하는 사람이 분명 저 혼자만은 아닙니다. 지속적인 저의 경험과 다른 모든 사람들의 경험은 그 점에서 어떤 사람들의 증언보다 더 설득력이 있습니다. 만일 스파르타와 로마가 기적 그 자체였다면 그것은 정신적인 측면에서 기적이었으며, 라플란드에서 사람의 자연적인 신장을 4피트로 잡은 것이 잘못 생각한 것이라면 우리가 사람의 마음의 크기를 우리 주위에서 보이는 사람들의 마음의 크기를 바탕으로 잡는 것 역시 마찬가지로 잘못 생각한 것이겠지요.[47]

저는 지금 당신의 추론 그 자체를 계속 검토하고 있는 것이지 당신이 공격하시는 추론을 옹호하고 있는 것이 아님을 부디 잊지 말아주십시오. 이 점을 환기해드렸으니, 이제 당신의 논증 방법에 대해 감히 또다시 한 가지 가정을 해보겠습니다.

생 자크 거리에 사는 한 주민이 파리 대주교에게 와서 이런 이야기를 한다고 가정해봅시다. "대주교 예하, 저는 당신이 생 장 드 파리[48]의 천복(天福)도, 신이 원하여 그의 묘지에서 공공연하게 일으켰던 기적들도, 가장 문명화되고 가장 인구가 많은 파리의 풍경도 믿지 않으신다는 것을 압니다. 그러나 저는 그 성자가 자기 뼈가 묻힌 곳에서 직접 부활하는 것을 방금 보았다는 것을 당신께 증언해야 할 것 같습니다."

생 자크 거리의 그 사람은 이에 더하여, 그 같은 사건을 본 사람에게 충격을 줄 수 있는 모든 상황을 세세하게 이야기해줍니다. 그런 소식을 들으면 당신은 그것을 믿는지를 밝히기에 앞서 그것을 증언하는 사람에 대해, 즉 그의 신분과 견해, 고해 신부, 그리고 이와 유사한 다른 사항들에 대해 먼저 물으실 거라고 저는 확신합니다. 그런데 그의 태도와 말에서 그 사람이 보잘것없는 노동자라는 것을 알게 되고, 또 그가 당신에게 고해 증명서를 보여주지 않아도 그의 견해를 통해 그가 얀센파라는 것을 확인하게 되면 당신은 빈정거리는 태도로 이렇게 말씀하실 것입니다. "아하! 당신은 얀센파 광신도로군요. 생 장 드 파리가 부활하는 것을 봤다고요? 별로 놀랄 일도 아니네요. 당신은 다른 기적들도 수없이 봤잖아요!"

저의 가정은 계속됩니다. 아마 그는 계속 주장할 것입니다. 그는 자기만이 기적을 본 것이 아니라 두세 사람이 더 보았으며, 그가 다른 사람들에게 그 이야기를 해줬더니 그들 역시 그것을 봤다고 하더라고 당신에게 이야기할 것입니다. 이 점에 대해 당신은 그 모든 목격자가 얀센파였느냐고 물으실 것입니다. 그는 이렇게 대답할 것입니다. "그렇습니다, 대주교 예하. 그렇지만 상관없습니다. 그들은 수적으로 충분하고, 양식과 훌륭한 품행을 지닌 사람들입니다. 그러니 믿을 수 있습니다. 증거는 완벽하여, 우리의 진술은 그 사건이 진실임을 증명하는 데 모자람이 전혀 없습니다."

애덕이 덜한 다른 주교들은 경찰을 부르게 해서 기적을 보는 영광을 입은 그 훌륭한 사람을 경찰에게 넘기고는 하층민의 집들로 가서 신께 감사드릴 것입니다. 대주교 예하, 더 인간적이지만 쉽게 믿을 정도로 그렇게 순진하지는 않은 당신은 근엄하게 질책하신 뒤 단지 이렇게 말씀하실 것입니다. "나는 정직하고 양식 있는 두세 명의 목격자가 한 사람의 삶이나 죽음을 증언할 수 있다는 것은 알지만, 얀센파 한 사람의 부활을 확인하는 데 그런 사람이 얼마나 더 필요한지는 알지 못합니다. 내가 그것을 알게 될 때까지, 신도여, 가서 당신의 텅 빈 두뇌를 채우십시오. 나는 당신에게 단식을 면하게 해주겠지만, 이 때문에 당신에게 맛있는 수프를 만들어주어야 할 것입니다."

대주교 예하, 당신은 대략 이처럼 말씀하실 것이고, 당신과 같은 위치에 있는 다른 모든 현자들도 그렇게 말할 것입니다. 그로부터 저는 이런 결론을 내립니다. 즉 정신적으로 이해 가능한 차원에 있는 사실들을 확인하는 데 충분한 정신적인 증거들일지라도 다른 차원, 이를테면 순전히 초자연적인 차원의 사실들을 확인하는 데에는 충분하지 않다는 게 다른 모든 현자들의 생각이자 심지어 당신의 생각이라는 것입니다. 그에 대한

당신의 비유가 적절한지에 대한 판단은 당신 자신에게 맡기겠습니다.[49]

그렇지만 당신은 그러한 비유로부터 자신 있게 다음과 같은 결론을 끌어내며 저를 공격하십니다. 그러므로 그의 회의주의는 그의 회의가 가져다주는 이익에 기초하고 있을 뿐이다.* 대주교 예하, 만일 이 결론이 저에게 10만 리브르[50]의 연금이 보장되는 주교직을 제공해준다면, 당신은 저의 회의가 가져다주는 이익을 운운하실 수 있을 것입니다.

당신의 말을 계속 옮겨 적어보겠습니다. 다만 당신이 빼먹은 제 책의 구절들을 필요한 경우에는 복원시킬 것입니다.

그는 더 뒤에 가서 이렇게 덧붙인다. "어떤 사람이 우리에게 와서 이런 말을 했다고 해보자. 인간들이여, 나는 당신들에게 신의 의지를 전한다. 내 목소리에서 나를 보낸 자를 알아보라. 나는 태양에게 진로를 바꾸라고 명령하고, 별들에게 다르게 정렬하라고 명령하고, 산에게 평평해지라고 명령하고, 파도에게 높아지라고 명령하고, 대지에게 모습을 바꾸라고 명령한다. 이 기적들에서 자연의 지배자를 즉각 알아보지 못할 자가 누가 있겠는가?" 이런 생각을 표명하는 사람은 기적을 봐야만 기독교도가 될 수 있는 사람이라고 믿지 않을 자가 누가 있겠는가?

그 이상입니다, 대주교 예하. 저는 기독교도가 되는 데 심지어 기적도 필요로 하지 않으니까요.

그렇지만 그가 덧붙이는 말에 귀 기울여보라. "마지막으로, 공표된 교리에 대한 가장 중요한 검토가 남아 있다. 신이 이승에서 기적을 행한다고 말하는 자들은 악마도 때로 기적을 흉내 낸다고 주장하기 때문에, 우리는 아무리 잘 입증된 기적이라도 기적을 통해서는 이전보다 더 진전할 수 없다. 파라오의 마법사들은 심지어 모세의 목전에서 모세가 신의 엄명에 따라 보였던 것과 똑같은 증거를 감히 보여주었는데,[51] 모세가 없을 때 그들이 똑같은 자격으로 똑같은 권위를 갖지 못할 이유가 어디 있겠는가? 그렇기 때문에 기적을 통해 교리를 증명한 뒤에는 다시 교리

---

* 교서 in-4 12쪽, in-12 XXII쪽.

를 통해 기적을 증명해야만 한다. 악마의 작품을 신의 작품으로 간주할까 봐 걱정되니 말이다. 이와 같은 경우 악순환을 벗어나려면 어떻게 해야 하는가? 단 하나의 방법이 있는데, 추론으로 돌아가 기적을 버리는 것이다. 오히려 기적에 의지하지 않는 것이 더 나았을 것이다.'*

이것은 '내게 기적을 보여달라, 그러면 내가 믿을 것이다'라고 말하는 것과 같다. 그렇습니다, 대주교 예하. 그것은 '내게 기적을 보여달라, 그러면 나는 기적을 믿을 것이다'라고 말하는 것과 같습니다. 그것은 '내게 기적을 보여달라, 그래도 나는 여전히 믿지 않을 것이다'라고 말하는 것과 같다. 그렇습니다, 대주교 예하. 그것은 모세의 계율** 그 자체에 따라, '내게 기적을 보여달라, 그래도 나는 사람들이 그 기적들을 통해 지지하고자 하는 터무니없고 사리에 맞지 않는 교리를 여전히 믿지 않을 것이다'라고 말하는 것과 같습니다. 저는 이성에 반하는 가르침들과 관련해서는 신의 목소리를 인정하기보다는 차라리 마술을 믿을 것입니다.52

그것이야말로 적어도 아주 미세한 식별만으로도 빛을 잃을 수 있을 가장 초보적인 양식(良識)이라고 저는 말했습니다. 이 역시 저의 예측들 가운데 하나로, 그 예측은 다음과 같이 실현되었습니다.

어떤 교리가 확실한 계시에 기초한 참되고 신에게서 온 것이라고 인정될 때, 사람들은 기적을 판단하는 데, 즉 사기꾼들이 이 교리를 반박하려고 내세우는 이른바 기적이라는 것을 거부하는 데 바로 이 교리를 이용한다. 신에게서 온 것으로 공표되는 새 교리가 문제 될 때, 증거로서 기적들이 발생한다. 즉 신의 사자라는 자격을 갖는 사람이 신성의 증언 그 자체인 기적을 통해 자기의 임무와 설교를 입증한다. 따라서 교리와 기적은 종교에 대한 연구와 교육에서 사람들이 취하는 다양

---

* 이 뒤로는 보몽 씨를 본떠서 본문과 주석을 혼합하지 않을 수 없다. 독자는 《에밀》 제3부 145쪽 이하에서 서로서로를 참조할 수 있을 것이다.
** 〈신명기〉 13장.

한 관점에 따라 사용되는 논거들이다. 거기에는 추론의 오류도, 터무니없는 궤변이나 악순환도 없다.*

독자가 이에 대해 판단할 것입니다. 그러니 저로서는 단 한 마디도 보태지 않겠습니다. 저는 앞에서 때때로 제가 쓴 구절들로 답했지만, 여기서는 당신이 쓴 구절로 답하겠습니다.

도대체 그 저자가 자랑하는 철학적 정직성이라는 게 어디 있는가?

대주교 예하, 저는 철학적 정직성을 자랑한 적이 전혀 없습니다. 왜냐하면 그런 것을 모르기 때문입니다. 저는 기독교적 정직성에 관해서도 감히 그렇게 많이 언급하지 않습니다. 소위 우리 시대의 기독교도들이, 제가 그들을 거북스럽게 하는 반박들을 삭제하지 않는 것을 매우 불쾌하게 생각한 이후로는 말입니다. 그런데 무조건적인 정직성에 대해 말하자면, 여기에서 당신의 정직성과 제 정직성 가운데 어느 것이 더 찾기 쉬운지 묻습니다.

다루어야 할 점들이 갈수록 더 재미있어집니다. 그러니 계속 당신의 말씀을 옮겨 적겠습니다. 저는 이와 같이 중요한 토론에서 당신의 말씀을 한마디도 빠뜨리고 싶지 않습니다.

사람들은, 이 저자가 기독교의 계시를 증명하는 인간의 증언들이 지닌 권위를 떨어뜨리기 위해 대단한 노력을 기울였지만, 그래놓고 그 자신도 가장 적극적이고 가장 엄숙하게 그것을 따른다고 믿을 것이다.

틀림없이 맞는 말일 것입니다. 저는 성령을 드러내는 교리는 어떤 것이건 계시된 것으로 간주하기 때문입니다. 그러나 당신의 말씀 중 모호한 부분을 뺄 필요가 있습니다. 만일 그것을 따른다라는 구절에서 '그것'이 '기독교의 계시'와 관련된다면 당신의 말씀이 옳은데, '인간의 증언들'과 관련된다면 당신의 말씀이 틀리기 때문입니다. 어쨌든 저는 당신의 증언

---

* 교서 in-4 13쪽, in-12 XXIII쪽.

을 제가 모든 계시를 배척한다고 뻔뻔스럽게 말하는 사람들을 반박하는 것으로 받아들입니다. 계시를 인간 정신이 해결하기 어려운 것으로 여기는 것이 마치 계시를 배척하는 것인 양, 계시를 면하게 해주는 또 다른 대등하거나 우월한 증거들이 있어서 인간의 증언에 근거해 계시를 인정하지 않는 것이 마치 계시를 배척하는 것인 양 말입니다. 사실 당신은 믿을 것이다라고 조건법적으로 말씀하셨지만, 아래에 옮긴 당신의 말씀에서 볼 수 있듯이, 믿지 못하게 만든 특별한 이유가 사라질 때 믿을 것이다는 믿는다라는 뜻이 됩니다. 단정적인 증거로 시작합시다.

당신들을 납득시키는 동시에 진상을 알리기 위해 그의 작품의 이 부분을 인용할 필요가 있겠다. "고백건대 나는 성경의 위엄에 감탄하고 복음의 거룩함*에 감동한다. 철학자들의 책이 아무리 화려해도 성경 옆에 놓으면 초라할 뿐임을 보라. 그렇게 숭고한 동시에 순박한 책이 인간이 쓴 책이라고 말할 수 있을까? 그 책에 나오는 이야기의 주인공이 한 인간에 불과할 수 있을까? 거기에 광신자의 말투가 있는가, 아니면 야심에 찬 분파자의 말투가 있는가? 그의 품행은 얼마나 순수하고 다감한가! 그의 가르침에는 얼마나 감동적인 매력이 있으며, 그의 격언 속에는 얼마나 많은 고상함이 있는가! 그의 훈계에서는 얼마나 깊은 예지가 보이며, 그의 답변들 속에는 얼마나 큰 영감과 통찰력과 올바름이 있는가! 그는 자신의 정념에 대해서는 얼마나 큰 통제력을 보이는가! 나약함이나 과시 없이 행동하고 고통스러워하고 죽을 줄 아는 그런 인간, 그런 현자가 어디 있을까?** 플라톤이 자신의 의인

---

* 보몽 씨가 부주의로 내 책의 한 행에서 두 군데나 잘못 인용했기에 나는 여기에서 그것을 바꾸어놓는다. 그는 'la majesté des Écritures(성경의 위엄)'를 'la majesté de l'Écriture(성경의 위엄)'로, 그리고 'la sainteté de l'Évangile(복음의 거룩함)'을 'la sainteté de l'Écriture(성경의 거룩함)'로 옮겨놓았다. 이 잘못 인용한 부분은 사실 내가 비정상적으로 말하는 것처럼 보이게 하지는 않지만 아주 멍청하게 말하는 것처럼 보이게 한다.
** 하던 대로 나는 보몽 씨가 누락한 것을 채웠다. 그가 누락한 것이 기만적이어서 절대 아니고, 그 뒤와 연결될 말이 없을 경우 구문을 약화시키기 때문이다. 또한 나를 학대하는 자들이 내가 너무도 선량한 마음으로 종교를 위해 한 말을 모두 세심하게 제거하기에, 그런 부분을 발견하는 족족 복원

을 죄의 오명을 뒤집어썼지만 미덕의 모든 보상을 받을 자격이 있는 자로 상상해 묘사했을 때,[53] 그는 정확히 예수 그리스도를 묘사한 것이다. 모든 사제가 그렇게 느낄 만큼 그 모습이 너무도 닮아서 부인할 수가 없다. 소프로니코스의 아들[54]과 마리아의 아들[55]을 감히 비교하는 것은 얼마나 편견이 개입된 무분별한 일인가? 그 둘 사이의 거리는 얼마나 먼가! 고통도 추함도 없이 죽어간 소크라테스는 끝까지 자신의 인격을 어렵지 않게 지켰다. 그런데 만일 그런 평온한 죽음이 그의 삶을 명예롭게 하지 않았다면, 사람들은 그의 모든 재능에도 불구하고 그를 한낱 소피스트로밖에 여기지 않았을 것이다. 사람들은 그가 도덕을 발명했다고 말한다.[56] 그러나 그 이전에 다른 사람들이 도덕을 실천하고 있었으므로, 그는 단지 그들이 실천에 옮겼던 것을 글로 표현했을 뿐이며 그들의 실례들을 묶어 가르쳤을 뿐이다. 아리스티데스[57]는 소크라테스가 정의란 무엇인가에 대해 말하기 전에 이미 정의로웠다. 레오니다스[58]는 소크라테스가 조국을 사랑하는 것이 의무라고 말하기 전에 이미 자기 나라를 위해 목숨을 바쳤다. 스파르타인은 소크라테스가 절도를 칭송하기 전에 이미 절도를 지키고 있었다. 소크라테스가 미덕을 정의하기 전에 이미 그리스에는 덕 있는 인간이 많았다. 그런데 예수는 숭고하고 순수한 그 도덕을 어디에서 배웠을까? 그는 그 도덕을 누구에게서도 배우지 않고 스스로 가르쳤고, 그 도덕의 모범이 되지 않았던가?[59] 최고로 고조된 광신 속에서 가장 큰 지혜의 목소리가 들려왔고, 가장 영웅적이지만 소박한 미덕은 모든 민족 중 가장 비천한 민족을 명예롭게 만들었다. 친구들과 조용히 철학 문제를 탐구하면서 맞이한 소크라테스의 죽음은 인간이 바랄 수 있는 가장 평온한 죽음이다. 한 민족 전체로부터 모욕과 야유와 저주를 받으며 고통 속에서 숨을 거둔 예수의 죽음은 인간이 두려워할 수 있는 가장 끔찍한 죽음이다. 독배를 받은 소크라테스는 자기에게 그 독배를 가져다주며 눈물을 흘리는 사람에게 신의 가호가 있기를 빌었다. 끔찍하게 처형당한 예수는 자신을 악착스럽게 괴롭힌 사형 집행인을 위해 기도했다.

───────

하는 것이 바람직하기 때문이다.

그렇다. 소크라테스의 삶과 죽음은 현자의 삶과 죽음이지만, 예수의 삶과 죽음은 신의 삶과 죽음인 것이다.[60] 우리는 복음서의 이야기가 재미로 창작된 것이라고 말할 수 있을까? 아니다. 그것은 그렇게 창작될 수 있는 것이 아니다. 아무도 의심하지 않는 소크라테스의 행위들도 예수의 행위만큼 확실한 증거를 갖고 있지는 못하다. 결국 그것은 난제를 해결하지 않고 미루어놓는 일인 것이다. 단 한 사람이 그 복음서의 주제를 제공했다는 것보다, 의견을 같이하는 여러 사람이 함께 그 복음서를 만들었다는 것이 더 상상하기 어려운 일일 것이다. 유대인 저자들은 그 전에는 그 같은 어조나 윤리를 발견한 적이 없었다. 복음서는 너무도 위대하고 감동적이며 누구도 모방할 수 없는 진리의 특징들을 가지고 있으니, 복음서의 저자는 그 책의 주인공보다 더 놀라운 사람일 것이다."*

복음서의 진실함에 대해 이보다 더 확실한 경의를 표하기란 어려우리라.** 대주교 예하, 당신의 이러한 동의에 감사드립니다. 당신의 불공정성은 다른 사람들보다는 덜합니다. 이제 당신으로 하여금 믿는다 대신 믿을 것이다라고 말씀하시게 하는 소극적인 증거에 관한 문제로 들어갑시다.

그렇지만 저자는 인간의 증언이 있을 때에만 그것을 믿는다. 대주교 예하, 당신이 틀리셨습니다. 왜냐하면 저는 누가 제게 증명해주지 않아도 복음서와 그 복음서에서 제가 보는 숭고함에 따라 그것을 인정하기 때문입니다. 저는 제 손안에 복음서를 가지고 있으므로, 복음서가 있다는 것을 누군가 제게 확인시켜줄 필요가 없습니다. 다른 사람들이 이야기한 것을 그에게 이야기해주는 것은 언제나 사람들이다. 그런데 전혀 그렇지 않습니다. 복음서가 존재한다고 아무도 제게 이야기해주지 않습니다. 저는 저 자신의 눈으로 그것을 보기에, 세상 모든 사람이 그것이 존재하지 않는다고 주장할지라도 저는 그들이 거짓말을 하거나 틀렸다는 것을 아주 잘 알 수

---

* 《에밀》제3부 179쪽 이하.
** 교서 in-4 14쪽, in-12 XXV쪽.

있을 것입니다. 신과 그 저자 사이에는 얼마나 많은 사람이 있는가? 단 한 사람도 없습니다. 복음서는 판단을 하게 하는 증거물인데, 그 증거물이 제 손안에 있습니다. 어떻게 그것이 제 손안에 있든, 어떤 저자가 그것을 썼든 저는 거기에서 성령을 인정합니다. 그것은 최대한 직접적인데, 그 증거와 저 사이에 사람이 전혀 없기 때문입니다. 그런데 그 증거와 저 사이에 사람들이 있을 것이라는 관점에서 본다면, 그 성스러운 책과 그 책의 저자들과 그것이 집필된 시대 등등에 대한 연대기는 정신적인 증거가 인정된 곳에서 비판적 토론의 대상이 되기 시작됩니다. 바로 이것이 사부아 보좌신부의 답변입니다.

이처럼 그는 분명 자기모순에 빠져 있으며, 이처럼 그는 자기 자신의 고백으로 혼란에 빠져 있다. 저는 당신이 저의 모든 혼란을 즐기시도록 내버려두겠습니다. 그는 도대체 어떤 끔찍한 무분별에서 이렇게 덧붙일 수 있었는지 모르겠다. "이 모든 것 외에도, 복음서는 믿어지지 않는 사실들, 이치에 맞지 않는 사실들, 지각 있는 사람이라면 생각할 수도 인정할 수도 없는 사실들로 가득 차 있다. 이런 모든 모순 속에서 어떻게 해야 하는가? 언제나 겸손하고 신중해야 한다. 부정할 수도 없고 인정할 수도 없는 것은 묵묵히 존중하라.* 유일하게 진리를 알고

---

* 사람들이 이런 존중과 침묵을 갖도록 하기 위해서는 이렇게 그 존중과 침묵을 이용하는 이유를 누군가가 한 번쯤은 그들에게 말해줄 필요가 있다. 그 이유를 아는 사람은 이유를 말해줄 수 있지만, 그 이유에 대해 비판적이거나 그 이유에 대해 말하지 않는 사람들은 침묵을 지킬 수 있을 것이다. 대중에게 솔직하고 단호하게 말하는 것은 모두가 공통적으로 가지고 있는 권리이다. 그렇게 하는 것은 모든 유익한 것에 대해서는 의무이기까지 하지만, 다른 사람을 공개적으로 비판하는 것은 한 개인에게 거의 허락되지 않는다. 그것은 자신이 미덕과 재능과 지식에서 다른 사람보다 월등하다고 생각하는 일이기 때문이다. 이것이 내가 누군가를 비판하고 질책하는 일에 절대로 끼어들지 않는 이유이다. 나는 내 세기의 사람들에게 엄격한 진실을 말했지만 절대로 어떤 개인을 상대로 그것을 말하지 않았다. 혹시 내가 어떤 책들을 공격하고 거명했더라도, 나는 살아 있는 저자에게는 온갖 종류의 예의와 정중함을 가지고 말했다. 이에 대해 그들이 내게 어떻게 갚고 있는지는 사람들이 안다. 내게 겸손을 가르치기 위해 너무도 거만하게 자기를 과시하는 그 모든 훌륭한 분들은 그 가르침이 자기들이 따르기보다는 남에게 주는 데 더 적합한 것이라고 생각하는 듯하다.

있는 대존재 앞에서 겸손하라. 이것이 바로 내가 머물러 있는 본의 아니게 회의적인 태도이다." 그런데 회의적인 태도가 본의 아닐 수가 있는 것인가? 인간에 의해 창조될 수 없는 책의 교리에 복종하기를 거부하는데 말이다. 그 책이 너무도 위대하고 경이적이고 전적으로 모방 불가능한 진리의 특징들을 가지고 있는데 어떻게 그 책의 저자가 주인공보다 더 놀라운 사람인가? 바로 여기에서 불공정성이 스스로를 속였다고 말할 수 있다.*

대주교 예하, 당신은 아무 이유 없이 제가 불공정하다고 비난하면서 제가 자주 거짓말을 한다고 몰아붙이지만, 그 거짓말이라는 것에 대해 아무것도 증명하지 못하십니다. 저는 당신과는 정반대의 원칙을 갖고 있기에, 때때로 그것을 사용하는 것이 당연합니다.

사부아 보좌신부의 회의주의는 당신으로 하여금 그것이 본의가 아님을 부인하게 하는 바로 그 이유에 의해 본의가 아닙니다. 사람들은 복음서에 권위를 적게 부여하려 하지만, 만약 그 책의 윤리와 교리 속에서 빛나는 성령이 어떤 점에 대한 인간들의 증언에 누락된 모든 영향력을 그 책이 되찾도록 해준다면 그는 그전에 추론된 이유들에 의해 회의주의를 거부할 것입니다. 그러므로 그는 그 책에 포함된, 인간 정신이 이해할 수 있는 모든 경탄할 만한 사실들과 더불어 그 성스러운 책을 인정합니다. 하지만 그가 그 책에서 발견하는 지각 있는 사람이라면 생각할 수도 인정할 수도 없고 이치에 맞지도 않는 믿을 수 없는 사실들에 대해서라면, 그는 그 사실들을 이해하지도 거부하지도 못하고 묵묵히 존중하며, 유일하게 진리를 알고 있는 대존재 앞에서 겸손합니다. 이상이 그의 회의주의입니다. 그러니 그 회의주의는 분명 본의가 아닙니다. 어느 쪽에서도 반박할 수 없는, 이성을 망설이게 만드는 증거들에 기초하고 있기 때문입니다. 이 회의주의는 하늘의 일들로부터 자기가 이해할 수 있고 자기의 행위에 중요한 것들만

---

* 교서 in-4 14쪽, in-12 XXVI쪽.

을 알고자 하는, 배울 것이 없고 다툼만 불러일으키는 어리석고 무식한 문제들*
은 사도와 더불어 거부하는, 이성적이고 정직한 모든 기독교도의 회의주
의입니다.

먼저 당신은 제가 계시를 거부하고 자연 종교로 만족한다고 말씀하시
지만, 우선 저는 계시를 전혀 거부하지 않았습니다. 이어서 당신은 심지어
자연 종교도 인정하지 않거나, 아니면 적어도 자연 종교의 필요성을 인정하지 않
는다며 저를 비난하십니다. 당신이 내세우는 유일한 증거는 당신이 인용
하시는 다음 구절에 있지요. "설령 내가 잘못 생각하고 있더라도, 어쨌든
그것이 나의 솔직한 생각이다. 나의 그 잘못된 생각이 죄가 되지 않도록
하기 위해서는 이처럼 솔직하게 말하는 것으로 '충분하다'. 그러므로 마
찬가지로 당신이 잘못 생각하고 있더라도, 거기에는 죄가 없을 것이다."**
당신은 계속해서 다음과 같이 말씀하십니다. 다시 말해, 그에 의하면 사람들
이 진리를 소유하고 있다는 것을 확신하는 것만으로 충분하다. 이 확신은 아주 엄
청난 오류를 동반한다 할지라도 결코 비난의 이유가 될 수 없다. 무신론의 오류들
까지도 받아들이면서 자신이 믿는 바대로 말한다고 하는 사람을 여전히 현명하고
신심 있는 사람으로 간주해야 한다. 그런데 그것은 모든 미신과 모든 광신적인 이
론, 인간 정신의 모든 착란을 받아들이는 일이 아닌가?***

대주교 예하, 당신은 여기에서 "설령 내가 잘못 생각하고 있더라도, 어
쨌든 그것이 나의 솔직한 생각이다"라고 사부아 보좌신부처럼 말씀하실
수는 없을 것입니다. 왜냐하면 당신은 당연히 일부러 속음으로써 당신의
독자들을 속이고 싶어 하시기 때문입니다. 그래서 저는 응수하지 않고
증명에 들어가는데, 당신이 보다 면밀히 검토하도록 하기 위해서 그렇게

---

* 〈디모데후서〉 2장 23절.
** 《에밀》 제3부 21쪽. 보몽 씨는 '충분하다' 대신에 '내게는 충분하다'라고 써놓았다.
*** 교서 in-4 15쪽, in-12 XXVII쪽.

하는 것입니다.

〈사부아 보좌신부의 신앙 고백〉은 두 부분으로 이루어져 있습니다. 첫 부분은 두 번째 부분보다 길고 중요하며, 놀랍고 새로운 사실들로 많이 채워져 있는데, 저자가 최선을 다하여 현대 물질주의를 반박하고 신과 자연 종교의 존재를 확립하기 위해 마련된 것입니다. 자연 종교에 대해서는 당신도 사제들도 전혀 언급하지 않는데, 당신이 그것에 아주 무관심하시기 때문이고, 성직자의 이익이 안전하기만 하면 사실 신의 이익은 당신과 별 관련이 없기 때문입니다.

훨씬 짧고 반듯함과 깊이가 덜한 두 번째 부분은 일반적인 계시에 대한 회의와 이의를 제기하지만, 우리 계시의 순수성과 그 계시와 관련된 교리의 성스러움과 그 계시를 기획한 이의 아주 완벽한 숭고함에 대한 진정 어린 확신을 보여줍니다. 이 부분의 목적은 각자로 하여금 자기 종교 방식에 비추어 타인들이 그들의 종교에 불성실하다고 비난하는 일에 좀 더 신중을 기하게 하고, 각 종교의 증거들이 그 증거들에서 우리처럼 진리를 보지 못하는 자들을 죄인으로 취급할 만큼 모두에게 설득력 있지는 않다는 것을 보여주는 것입니다. 제가 매우 신중하게, 그리고 아주 존중하는 마음을 갖고 쓴 이 두 번째 부분만이 당신과 당국자들의 주의를 끌고 있습니다. 당신이 저의 추론을 반박할 방법은 화형대와 부당한 대우밖에 없었습니다. 당신은 의심스러운 것에 대한 의심은 악행으로 보면서, 참된 것에 대한 증명은 덕행으로 보지 않으셨습니다.

사실상, 종교에서 정말 본질적인 것을 다루고 있는 첫 부분은 과단성 있고 단호합니다. 저자는 망설이거나 주저하지 않습니다. 그의 양심과 이성이 그로 하여금 거역하지 못하고 결심하게 합니다. 그는 믿기에 단언하며, 아주 확신합니다.

이와 반대로 두 번째 부분에서는 그는 이제부터 검토해야 할 것은 지금까지와는 아주 다른 것이라고, 자신은 종교에서 불분명함과 의혹과 모호함밖에 보지 못하며 종교에 대해 회의와 불신밖에 갖고 있지 않다고, 자기 이야기에 이성의 권위만을 부여해야 한다고, 자신은 자기가 잘못 생각하고 있는지 어떤지 알지 못하기에 여기에서 자신의 모든 단정은 의심의 근거들일 뿐이라고 밝히는 것으로 시작합니다.* 그러므로 그는 자기의 반박과 반대와 의심을 제기합니다. 또한 그는 자신의 크고 강력한 믿는 동기를 제시하는데, 그 모든 논의로부터 주요 교리들에 대한 확신과 함께 다른 교리들에 대한 정중한 회의주의가 유래합니다. 이 두 번째 부분의 끝에서 그는 그 회의주의에 귀 기울일 때 요구되는 신중함에 대해 다시 역설합니다. 만일 내가 나 자신에 대해 더 확신을 가지고 있다면 나는 과단성 있고 단호한 어조를 썼을 거야. 하지만 나 역시 오류에 빠지기 쉬운 무지한 인간이니 내가 뭘 할 수 있었겠니? 나는 내 마음을 남김없이 너[61]에게 보여줬어. 내가 확실하다고 생각하는 것이든, 아니면 의심스러워하는 것이든 나는 그 상태 그대로 너에게 이야기해줬고, 내 의견은 단지 의견이라고 말해줬지. 나는, 의심하는 것에 대해서는 왜 의심을 하는지, 믿는 것에 대해서는 왜 믿는지 그 이유들을 네게 이야기해줬어. 이제 판단하는 것은 너의 몫이야.**

그러므로 같은 글에서 저자가 설령 내가 잘못 생각하고 있더라도, 어쨌든 그것이 나의 솔직한 생각이다. 나의 그 잘못된 생각이 죄가 되지 않도록 하기 위해서는 이처럼 솔직하게 말하는 것으로 충분하다라고 말할 때, 저는 상식과 진실함을 갖고 있는 모든 독자에게, 오류에 빠졌다는 의심이 들 수 있는 것이 첫 번째 부분에서인지 두 번째 부분에서인지, 저자가 확신하고 있는 부분은 어느 부분이고 주저하고 있는 부분은 어느 부분인지, 그 의심이 까닭 없이 신을 믿는 것에 대한 염려를 표출하는 것인지 아니면 계시에 대해 부당하게 회의를 갖는 것에 대한 염려를 표출하는 것인지 등을 묻

---

* 《에밀》 제3부 131쪽.
** 《에밀》 제3부 192쪽.

는 것입니다. 당신은 오로지 저를 죄인으로 만들려는 바람에서 가장 먼저 모든 이성의 적이 되셨는데, 이에 대한 다른 어떤 동기가 있으면 어디 한번 제시해보십시오. 대주교 예하, 저는 공정성과 기독교의 애덕이 어디 있는지를 말하는 것이 아니라, 양식과 인도적인 마음이 어디 있는지를 말하는 것입니다.

설령 당신이 보좌신부가 염려하는 바에 대해 착각하실 수 있었더라도, 당신이 인용하시는 본문만으로도 당신은, 비록 당신의 뜻은 아니겠지만, 그 착각에서 벗어났을 것입니다. 왜냐하면 그가 나의 그 잘못된 생각이 죄가 되지 않도록 하기 위해서는 이처럼 솔직하게 말하는 것으로 충분하다고 말할 때, 그는 그와 같은 오류가 죄가 될 수 있으며, 만약 자기가 믿는 바대로 행동한다면 그 죄가 자기 죄가 될 수도 있음을 인정하는 것이기 때문입니다. 그런데 만일 신이 없다면, 신이 있다고 믿는 것이 어떻게 죄일 수 있습니까? 설령 그것이 죄일지라도, 누가 그 죄를 뒤집어씌울 수 있습니까? 그러므로 여기에서 오류에 빠지는 것에 대한 염려는 자연 종교와는 관련이 없습니다. 따라서 보좌신부의 말은 당신이 그 말에 부여하시는 의미에서 보면 진짜 횡설수설에 불과할 것입니다. 그러므로 당신이 인용하시는 그 구절을 가지고 제가 자연 종교를 인정하지 않는다거나, 아니면 적어도 자연 종교의 필요성을 인정하지 않는다고 결론지을 수는 없으며, 이것도 당신의 말씀입니다만, 그 구절을 가지고 무신론의 오류들까지도 받아들이면서 자신이 믿는 바대로 말한다고 하는 사람을 여전히 현명하고 신심 있는 사람으로 간주해야 한다고 결론지을 수도 없습니다. 또한 마찬가지로 당신이 이 결론이 정당하다고 믿으신 것도 있을 수 없는 일입니다. 만일 그것이 증명되지 않는다면, 세상에 증명될 수 있는 것이 아무것도 없든지 아니면 제가 틀림없이 몰상식한 인간이든지 둘 중 하나일 것입니다.

신에 대한 사명임을 구실 삼아 비상식적인 말들을 지껄여서는 안 된다는 것을 보여주려고 보좌신부는 '계시를 받은 사람'——당신이 기독교도라 부르고 싶어 하시는——과 '추론을 좋아하는 사람'——당신이 불신앙자라 부르고 싶어 하시는——을 대면시켜서 그들로 하여금 그가 찬성하지 않을 뿐만 아니라 필경 그의 것도 아니고 저의 것도 아닌 그들 각자의 언어로 논쟁하게 합니다.* 그 점에 대해 당신은 저를 탁월한 기만자**라고 비난하시면서, 그 사실을 '계시를 받은 사람'의 말이 어리석음을 보여주는 것으로 증명하십니다. 그런데 만일 그의 말이 어리석다면 도대체 당신은 그를 어떤 점에서 기독교도로 인정하시는 것입니까? 그리고 또 만일 '추론을 좋아하는 사람'이 그 어리석음을 받아들이지 않는다면 당신은 어떤 권리에서 그를 불신앙자라고 비난하시는 것입니까? '계시를 받은 사람'이 지껄이는 어리석은 말에서 그가 가톨릭교도라고 결론 내리시는 겁니까? '추론을 좋아하는 사람'이 받아들이지 않는 그 어리석은 말에서 그가 불신앙자라고 결론 내리시는 겁니까? 대주교 예하, 당신은 그토록 걱정과 양식의 결여가 넘쳐나는 언어로 자신을 드러내지 않을 수도 있으셨을 것입니다. 아직은 교서를 내리시기 전이었으니까요.

당신은 만일 이성과 계시가 서로 대립되는 것이라면 신은 스스로에게 모순될 것임이 분명하다**고 말씀하십니다. 이로써 당신은 거기서 대단한 고백을 하신 겁니다. 왜냐하면 신은 스스로 모순되지 않는 것이 확실하기 때문입니다. 오 반종교자들이여, 당신들은 우리가 계시된 것으로 간주하는 교리들이 영원한 진리를 공격한다고 말하지만 그렇게 말하는 것으로는 충분하지 않다. 저는 당신의 이 견해를 받아들입니다. 더 이야기해보지요.

저는, 제가 어디에 이르게 될지 당신이 미리 간파하고 계시다고 확신합니다. 사람들이 알다시피 당신은 위험한 입장들에 대해서 그러듯이 이

---

* 《에밀》 제3부 151쪽.
** 교서 in-4 15쪽, in-12 XXVIII쪽.
.*. 교서 in-4 15쪽·16쪽, in-12 XXVIII쪽.

신비한 사건들에 관한 문제를 무시하십니다. 당신은 감히 거기에 발을 들여놓지 않으시지요. 그렇지만 당신은 저로 하여금 당신을 이 고통스러운 상황 속에 잠시 붙잡아두게 합니다. 저는 신중을 기해서 그 시간을 최대한 줄이도록 하겠습니다.

당신은 이성의 판단 자료로 이용되는 그 불변의 진리들 가운데 하나가 부분이 전체보다 작다는 것임을 인정하실 것입니다. 그리고 '계시를 받은 사람'이 당신에게 어리석음으로 가득 찬 말을 하는 듯이 보이는 것은 바로 그 반대를 주장했기 때문이었습니다. 그런데 화체(化體)에 관한 당신의 견해를 따른다면, 예수가 제자들과 최후의 만찬을 하면서 빵을 잘게 나누어 제자들에게 주었을 때 그는 분명 자기 손에 자기 육체를 온전히 가지고 있었습니다. 그러므로 만일 예수 자신이 그 축성된 빵을 먹어버렸다면——있을 수 있는 일이지요——그는 자기 입속에 자기 머리를 집어넣어 버린 셈입니다.

따라서 아주 분명하고 정확하게 부분이 전체보다 크고, 용기가 내용물보다 작은 것입니다. 대주교 예하, 이 점에 대해 어떻게 생각하십니까? 저는 당신을 궁지에서 구해낼 수 있을 만한 사람이라고는 코장 기사[62]밖에 모르겠습니다.

저는 당신이 아직도 성 아우구스티누스에게 기대신다는 것을 잘 알고 있습니다만, 마찬가지입니다. 그는 삼위일체[63]에 대해 이해할 수 없는 말들을 많이 늘어놓고는, 뒤에 가서 그 말들이 아무 의미가 없다는 것을 인정합니다. 그 교부는 솔직하게 이렇게 말합니다. 그런데 사람들은 무언가를 말하기 위해서가 아니라 벙어리로 남아 있지 않기 위해서 그렇게 자신의 생각을 표현한다.*

---

* Dictum est tamen tres personae, non ut aliquid diceretur, sed ne taceretur. 아우구스티누스, 《삼위일체에 관하여》 제5부 9.

대주교 예하, 모든 것을 다 검토해본 결과 저는 이 문제를 비롯한 다른 많은 문제에 대해 당신이 내릴 것으로 가장 확실시되는 결정은 동일한 이유에서 몽타제[64] 씨와 더불어 내리신 그 결정이라고 생각합니다.

《에밀》의 저자의 기만은 그가 어떤 자칭 가톨릭교도로 하여금 다음과 같이 말하게 하는 데서도 마찬가지로 목불인견이다.* "우리 가톨릭교도들은 교회의 권위에 대해 떠들썩하게 이야기하는데, 그 권위를 세우기 위해 다른 종파들이 직접 자기들의 교리를 세우기 위해 필요로 하는 것과 같은 그런 야단스러운 증거가 필요하다면, 교회의 권위에 대해 그렇게 떠들썩하게 말해봐야 무슨 이득이 있는가? 교회는 판정할 권리가 교회에 있다고 판정한다. 이것이야말로 얼마나 잘 입증된 권위인가?" 이 위선자의 말을 듣고서, 교회의 권위는 오직 교회 자체의 판정에 의해서 입증된다고, 교회는 '나는 내가 무오류적이라고 판정한다. 따라서 나는 무오류적이다'라는 식으로 행동한다고 믿지 않을 사람이 누가 있겠는가? 이는 중상적인 비난이다. 대주교 예하, 바로 이것이 당신이 단언하시는 바입니다. 이제는 당신의 증거들을 살펴봐야겠습니다. 어쨌든 당신은 정말 가톨릭 신학자들이 절대로 교회의 권위에 의해 교회의 권위를 확립하지 않았다고 감히 주장하시는 것입니까? 설령 그들이 그렇게 했더라도, 저는 그들에게 중상적인 비난을 퍼부어대지 않습니다.

기독교의 구조와 복음서의 정신, 인간 정신의 오류들 그 자체와 나약함은 예수 그리스도가 세운 교회가 무오류적이라는 것을 증명해주게 된다.** 대주교 예하, 당신은 우리를 속이지 않는 말로 우리에게 대가를 치르는 것으로 시작하십니다. 모호한 표현은 결코 논증을 하지 못하며, 증거로 사용되는 그 모든 것은 아무것도 증명해주지 못합니다. 그러니 곧바로 논증의 주요 부분으로 들어갑시다. 그것은 다음과 같습니다.

---

* 교서 in-4 15쪽, in-12 XXVI쪽.
** 교서 in-4 15쪽, in-12 XXVI쪽.

우리는 이 숭고한 입법자[65]가 언제나 진실을 가르쳤듯이 그의 교회도 마찬가지로 언제나 진실을 가르친다고 단언한다.*

그런데 증거라고는 그것밖에 확보하지 못한 당신이 어떤 분이십니까? 당신은 교회, 혹은 교회의 지도자가 아니십니까? 당신의 논증 방식을 보면, 당신은 성령의 도움을 많이 기대하시는 것처럼 보입니다. 그러니 당신이 하시는 말씀은 무엇이며 그 위선자가 한 말은 무엇입니까? 부디 직접 한번 생각해보십시오. 저는 끝까지 갈 용기가 없으니까요.

그렇지만 저는 당신이 그토록 크게 비난하시는 그 이의의 모든 힘은, 당신이 신경 써서 문제의 그 구절 끝에서 빼버린 바로 다음과 같은 문장에 있다는 것을 지적해야겠습니다. 거기에서 벗어나더라도 당신은 온갖 논의 속으로 다시 빠져들게 된다.**

실제로 여기에서 보좌신부가 추론하는 것이 무엇입니까? 여러 상이한 종교들 가운데 하나를 택하기 위해서는 다음 두 가지 중 하나가 필요하다고 그는 말합니다. 즉, 각 종파의 근거들을 이해하고 그것들을 비교하든가, 아니면 우리를 가르치는 사람들의 권위를 믿고 따르든가 해야 하는 것입니다. 그런데 첫 번째 방법은 별로 많지 않은 사람들만이 습득할 수 있는 지식을 상정하며, 두 번째 방법은 각자 타고난 종교 안에서의 각자의 신앙을 정당화해줍니다. 보좌신부는 그 예로 교회의 권위를 계율로 부여하는 가톨릭 종교를 듭니다. 그렇게 말하고 나서 그는 다음과 같은 두 번째 양도 논법을 세웁니다. 교회는 스스로에게 그 권위를 부여하고는 나는 내가 무오류적이라고 판정한다. 따라서 나는 무오류적이다라고 말해 악순환이라 불리는 궤변에 빠지게 되든가, 아니면 교회는 자신이 신에게서 그 권위를 받았음을 증명하므로, 교회가 정말로 그 권위를 받았음을 보

---

* 교서 in-4 15쪽, in-12 XXVI쪽. 이 부분은 바로 그 교서에서 읽힐 만한 가치가 있는 부분입니다.
** 《에밀》제3부 165쪽.

여주기 위해서 다른 종파들이 직접 자기들의 교리를 세우기 위해서 그런 것만큼이나 훌륭한 증거라는 도구를 필요로 하는 것입니다. 그러므로 교육의 용이함이라는 관점에서는 득이 되는 게 아무것도 없으며, 사람들은 신교도들에게서 교리의 진실을 검토하지 못하는 것과 마찬가지로 가톨릭교도들에게서 교회의 권위에 대한 증거들을 검토하지 못합니다. 도대체 어떻게 그들은 자기들을 가르치는 자들의 권위에 의지하지 않고 스스로 이성적으로 판정하게 될까요? 그런데 터키 사람들도 마찬가지로 그들 스스로 결정할 것입니다. 터키 사람들이 무엇 때문에 우리보다 더 비난받을 만합니까? 대주교 예하, 바로 그것이 당신이 반박하지 않으셨고, 또 사람들이 반박할 수 있을지 의심스러운 추론입니다.* 주교로서의 당신의 정직성은 기만적인 저자의 구절을 훼손함으로써 궁지에서 빠져나옵니다.

다행스럽게도 저는 이 지루한 작업을 마쳤습니다. 저는 당신의 논거와 인용과 비판을 한 걸음 한 걸음 따라갔기에, 당신이 저의 책을 비판하신 횟수만큼 당신이 틀리셨다는 것을 보여드린 것입니다. 정부에 관한 문제 하나만이 남았는데, 저는 정말 그 문제만은 면하게 해드리고 싶습니다. 민중들의 비참에 대해 한탄하고 그 비참을 느끼는 자가 당신으로부터 대중의 지복의 원천을 부패시킨다는 비난을 받을 때, 이와 같은 견해가 야

---

* 이것이 바로 나를 공격하는 사람들이 다루지 않으려고 조심하는 그런 반박들 가운데 하나다. 모욕과 극도로 과장된 말로 반박하는 것보다 더 편리한 방법은 없다. 사람들은 난처함을 안겨주는 것은 모두 쉽게 피한다. 따라서 이런 사실을 인정할 필요가 있다. 즉, 신학자들은 자기들끼리 하찮은 이유로 서로 말다툼을 하면서도 무지한 사람들을 이해시키는 데는 부족한 점이 많으며, 따라서 할 수 있는 한 최선을 다해 그 점을 보충해야 한다는 것이다. 그들은, 사람들이 스스로 더 나은 가정을 제시하지 못할 때 감히 거부하지 못하는 수많은 근거 없는 가정에 대해 서로 대가를 지불하고 있다. 그들이 신으로 하여금 자신들을 궁지에서 꺼내주기 위해 아버지에게서 아이에게로 전하게 했던 어떤 천부적 신앙——어떤 것인지는 모르겠지만——의 발명이 바로 그런 것이다. 그러나 그들은 그 알아들을 수 없는 말을 나중에 교부들과 논쟁하는 데 쓰려고 남겨둔다. 그들은 자기들이 그 알아들을 수 없는 말을 우리 같은 문외한들에게 사용할 경우 자기들이 비웃음을 당할까 봐 두려워할 것이다.

기하는 바를 의식하지 못하는 독자는 아무도 없을 것임에 틀림없으니까요. 만일《사회계약론》이 존재하지 않아서 제가 거기에서 상술한 중요한 사실들을 다시 논증해야 한다면, 당신이 저를 희생시키며 권력자들을 치켜세우는 말은 제가 증거로 끌어다 대는 사실들 가운데 하나가 될 것입니다. 그러면 저자의 운명은 훨씬 더 눈길을 끄는 또 다른 운명이 될 것입니다. 그 점에 대해서는 저는 더 이상 할 말이 없습니다. 저의 예만으로도 모든 것을 말씀드렸고 개인적 이익에 대한 집착이 유익한 진리를 더럽혀서는 결코 안 되기 때문입니다. 제가 후대에게 정당함을 증명해주는 자료로 전해주는 것은 다름 아닌 저에 대한 그 체포 영장과 학대자에 의해 불태워진 저의 책입니다. 저의 견해는 저의 글보다는 저의 불행에 의해 더 확증되었습니다.

대주교 예하, 저는 이렇게 당신이 저의 책을 비난하며 내세우시는 모든 주장을 검토해보았습니다. 당신의 주장 가운데 제가 검토하지 않고 넘어간 것은 하나도 없으며, 저는 당신이 어느 것 하나에서도 옳지 않다는 것을 보여드렸습니다. 저는 저의 근거들에 대한 사람들의 반박을 두려워하지 않는데, 그 근거들이 대부분 상식 수준에 머물러 있는 모든 반박을 능가하는 것이기 때문입니다.

그렇지만 제가 몇 곳에서 틀렸더라도, 아니 제가 끊임없이 틀렸더라도, 도처에서, 이를테면 오류들에서조차, 내용 속에 있을 수 있는 나쁜 점들에서조차 선에 대한 참된 사랑과 진리를 향한 열의가 느껴지는 책, 별로 단정적이지 않고 단호하지도 않은 저자가 독자들에게 그토록 자주 자기 생각들을 의심해보라고, 자기의 근거들에 대해 숙고해보라고, 그 근거들에 이성의 권위만을 부여하라고 주의를 주는 책, 평화, 온화함, 인내, 질서에 대한 사랑, 그리고 종교에 이르기까지 모든 면에서의 법 준수만을 열망하는 책, 끝으로 신의 입장이 너무도 잘 옹호되고 종교의 유익성이 너무도 잘 확증되고 양속이 너무도 존중되고 악덕에 이용될 터무니없는 수단이 아주 잘 제거되었으며 악의가 분별 있는 것으로 묘사되지 않은 반면에 미덕은 너무도 매력적인 것으로 묘사되어 있는 책, 그런 책은 충분히 관대한 대우를 받을 만하지 않습니까? 아아! 그 책에 설령 진실한 말이 단 한 마디도 없을지라도 그 책의 몽상들을 존중하고 소중히 여길 필요가 있을 것입니다. 선행을 하는 사람의 마음을 즐겁게 하고 살찌울 수 있는 아주 달콤한 공상들처럼 말입니다. 그렇습니다. 저는 서슴없이 이렇게 말하겠습니다. 만일 유럽에 진정으로 양식 있는 정부, 진정으로 유익하고 고결한 목적을 띤 정부가 단 하나라도 있다면 그 정부는《에밀》의 저자에게 공공연히 존경을 표했을 것이고, 그의 조각상을 세워주었을 것입니다. 저는 그 사람들을 너무도 잘 알기에 그들에게 감사의 마음을 기대하지 않았으나, 고백하건대 그들이 한 일을 예측할 만큼은 그들을 잘 알지 못했습니다.

당신이 저를 비난하시는 것이 합당하지 않다는 것을 증명해 보였으니, 이제는 당신이 저를 부당하게 비방하셨다는 것을 증명해야 합니다. 그러나 당신은 제 책에 과오가 있다고 뒤집어씌우시며 그 과오들에 근거해 저를 욕되게 하시니, 저의 소위 그 과오들이 당신의 과오일 뿐임을 보여준다면, 그 과오에 따르는 중상이 분명 저에 대한 것이 아님을 충분히 말해주지 않겠습니까? 당신은 저의 작품에 대해 아주 불쾌한 말씀을 퍼부으시는데, 그 말씀에 따르면 저는 가증스럽고 무모하고 불경하고 위선적인 인간입니다. 기독교의 애덕이여, 너는 예수 그리스도의 종들로 하여금 얼마나 끔찍한 언어를 입에 담게 하는가!

그러나 용감하게 저를 신성 모독자라고 비난하시는 당신은 사도들을 당신이 저에 대해 즐겨 퍼붓는 모욕적인 말의 공모자로 간주하시니, 도대체 당신은 무슨 일을 하시는 것입니까? 당신 말씀을 들으면, 사람들은 성 바울이 친절하게도 저로 하여금 저 자신을 생각해보게 하고 저의 탄생을 반그리스도의 탄생과 같은 것으로 예언하게 했다고 믿을지도 모릅니다. 그런데 죄송하지만, 성 바울이 그것을 어떻게 예언했습니까? 그것은 이렇습니다. 당신 교서의 서두 부분입니다.

친애하는 형제들이여, 성 바울은 이렇게 예언했습니다. '자기 자신만을 생각하는 거만하고 오만하고 신성 모독적이고 불경하고 중상모략적이고 교만으로 의기양양한 자들, 신보다 쾌락을 추구하는 자들, 타락한 정신과 왜곡된 신앙을 가진 자들이 사는 위태로운 시대가 도래하리라.'*

저는 물론 성 바울의 이 예언이 아주 잘 실현되었음을 부인하지 않지만, 그가 반대로 이런 사람들이 보이지 않는 시대가 도래하리라고 예언했다면, 고백건대 저는 그 예언에, 무엇보다도 그 예언의 실현에 훨씬 더 놀랐을 것입니다.[66]

너무도 잘 들어맞은 한 예언을 따라, 당신은 친절하게도 저의 초상을, 주교의 엄숙함으로 하여금 그와 정반대되는 점을 조롱하게 하는 모습, 그러나 제게는 아주 매력적으로 보이는 모습으로 만들어놓고 계십니다. 대주교 예하, 제게는 이 부분이 당신의 교서에서 가장 재치 있는 구절로 보였습니다. 누구도 이보다 더 유쾌한 풍자를 만들어내지 못할 것이며, 이보다 더 재치 있게 한 인간을 중상하지 못할 것입니다.

오류의 품에서(저는 젊은 시절을 당신의 교회에서 보낸 것이 사실입니다) 철학의 언어로 가득 찬 한 인간이(제가 어떻게 알지도 못하는 언어를 사용하겠습니까?) 교육되었다(그렇지만 아주 클 때까지는 아닙니다). 그러나 그는 진정한 철학자도 아니다(오! 동의합니다. 저는 제가 그런 칭호로 불릴 권리가 있다고 인정하지 않았기에 그런 칭호를 결코 동경하지 않았고, 물론 겸손해서 그것을 단념하는 것도 아닙니다). 많은 지식을 갖고 있지만(저는 제가 알고 있다고 생각한 많은 것들을 무시하는 법을 배웠습니다) 그 지식은 그에게 양식(良識)을 가져다주지 않았고(그 지식은 제게, 자신이 양

---

* 교서 in-4 4쪽, in-12 XVII쪽.

식 있는 존재라고 생각하지 않는 법을 가르쳐주었습니다), 되레 다른 사람들에게 어둠을 전파했다(무지의 어둠이 오류의 거짓된 빛보다 낫습니다). 상식 밖의 견해와 행위에 몰두하는 성격으로 인해(모든 사람들처럼 행동하고 생각하지 않으면 잃을 것이 많습니까?) 그에게서는 소박한 품행과 사치스러운 사고가 결합되어 있고(소박한 품행은 영혼을 고양시킵니다. 사치스러운 사고에 대해 말하자면, 저는 그게 뭔지 잘 모르겠습니다), 고대의 규범에 대한 열의와 새로운 규범을 세우려는 열정이 결합되어 있으며(우리에게는 고대의 규범보다 더 새로운 것은 아무것도 없습니다. 그러므로 그런 결합이란 없고 저는 그런 열정을 쏟지 않았습니다), 은둔의 무명과 모든 사람에게 알려지고픈 욕구가 결합되어 있다(대주교 예하, 당신이야말로 자기 주인공이 방에서 말하고 생각한 것까지 다 꿰뚫고 있는 소설 작가들 같습니다. 만일 그런 욕구 때문에 제가 펜을 들게 된 것이라면 왜 이토록 늦게 들었는지, 왜 그 욕구를 만족시키는 데 이토록 늦었는지 설명해주시겠습니까?). 사람들은, 그가 자신이 열중했던 학문을 스스로 매도하는 것을 보았다(그것은 제가 당신의 문필가들을 본받지 않으며 저의 글들에서는 진리의 이익이 저 자신의 이익에 앞선다는 것을 증명해줍니다). 또한 그가 복음서의 탁월함을 찬양하는 것을 보았다(언제나 진지한 열정을 갖고 그랬습니다). 하지만 그는 복음서의 교의를 파괴했다(그렇지 않습니다, 저는 사제들에 의해 파괴된 복음서의 애덕을 권장했습니다). 또한 그는 미덕의 고결함을 묘사하지만 자기 독자들의 영혼 속에서 되레 그것을 소멸시켰다(정직한 영혼들이여, 제가 당신들 내면의 미덕에 대한 사랑을 소멸시킨다는 것이 사실입니까!).

그는 인류의 선생으로 자처했지만 인류를 속였고, 대중의 충고자로 자처했지만 대중들 모두가 길을 잃게 만들었으며, 세기의 예언자로 자처했지만 세기를 타락시키고 말았다(저는 조금 전까지 당신이 그 모든 것을 어떻게 증명하셨는지 검토했습니다). 사회적 신분들 간의 불평등에 관한 저서에서(왜 사회적 신분입니까? 그것은 제 책의 주제도 아니고 제목도 아닙니다) 그는 인간을 짐승으로까지 격하시켰다(짐승 차원이든 아니면 악한 차원이든, 저와 당신 중에서 누가 더 인간을 드높이고 있습니까? 아니면 더 격하시키고 있습니까?). 더 최근의 한 저서에서는 그는 쾌락의 독을 주입했다(이런! 어째서 제가 쾌락의 매력을 방탕의 사악함과 바꾸지 못하겠습니까! 하지만 대주교 예하, 안심하십시오. 당신의 사제들은《신엘로이즈》를 견뎌내며, 예방약으로《알로이지아》[67]를 가지고 있습니다). 이 책에서 그는 종교 없는 자들의 제국을 세우려고 인류의 초기를 예로 끌어다 대고 있다(이런 부당한 비난에 대해서는 이미 검토했습니다).

대주교 예하, 당신은 저를 바로 이런 식으로 대하십니다. 사실, 이보다 훨씬 더 가혹하게 대하십니다. 저를 전혀 알지도 못하시면서 남의 말만 듣고 저를 그렇게 판단하십니다. 도대체 그런 태도가 당신이 옹호하시는 그 복음서의 윤리입니까? 당신이 당신의 양 떼를 제 책의 독으로부터 보호하고 싶어 하신다는 것을 인정합시다. 그런데 왜 저자에 대한 인신공격까지 하시는 겁니까? 당신이 그다지 기독교적이지 못한 행위로부터 어떤 효과를 기대하시는지 모르겠지만, 저는 그런 무기로 자기 종교를 방어하는 것은 덕 있는 사람들로 하여금 그 종교를 매우 의심하게 하는 일이라는 것을 알고 있습니다.

그렇지만 당신은 저를 '무모한 인간'이라고 부르십니다. 어째서 제가 그렇게 불려야 합니까? 저는 의심을 그것도 아주 조심스럽게 제시했을 뿐이고, 논거를 그것도 아주 존경을 표하며 제시했을 뿐이고, 아무도 공격하지 않았고, 그 누구의 이름도 거론하지 않았는데 말입니다. 대주교 예하, 그런데 당신은 어떻게 감히 당신이 언급하시는 사람을 공정함도 예절도 정중함도 없이 그토록 경박하게 대하십니까?

당신은 저를 불경한 인간으로 취급하시는데, 저의 어떤 불경한 언행을 근거로 저를 비난하시는 것입니까? 제가 신을 언급한 것은 그분께 그분이 당연히 받으셔야 하는 찬미를 드리기 위해서였을 뿐이고, 제가 이웃을 언급한 것은 모두가 신을 사랑하게 하기 위해서였을 뿐인데 말입니다. 불경한 사람이란 신을 인간의 욕망에 이용함으로써 신을 비열하게 모독하는 사람을 가리킵니다. 불경한 사람이란 감히 신의 대변인으로, 신과 인간의 중재자로 자처하면서 신께 돌아가야 할 존경을 자기 자신에게 요구하는 사람을 가리킵니다. 불경한 사람이란 지상에서 신의 권능을 행사하는 권리를 가로채 자기 마음대로 신으로 향하는 길을 열고 닫는 사람을 가리킵니다. 불경한 사람이란 교회에서 비방문(誹謗文)을 읽게 하는 사람을 가리킵니다…… 이런 소름끼치는 생각에 저의 피가 끓고 분노의 눈물이 저의 눈에서 흘러내립니다. 평화의 신의 사제들이여, 언젠가는 당신들이 감히 그분의 교회를 어떻게 사용했는지 그분께 보고해드려야 한다는 것을 의심치 마세요.

당신은 저를 사기꾼으로 취급하십니다! 이유가 무엇입니까? 당신의 사고방식에 대해 저는 이리저리 생각해봅니다. 그런데 제가 무슨 사기를 쳤습니까? 추론을 하거나 잘못 생각하는 것, 그것이 속이는 것입니까? 심지어 자기가 잘못 생각하고 있다는 것을 모른 채 타인을 속이는 궤변가조차, 아무리 이성을 남용할지라도 그 이성의 권위만을 따르는 한 아직 사기꾼이 아닙니다. 사기꾼은 타인들이 자기 말에 기초해 자기를 믿어주기를 바라고, 자기가 권위를 갖기를 원합니다. 사기꾼은 자기 이익을 위해 타인을 속이는 교활한 인간을 말하는데, 죄송하지만 이 일에서 제게 이익이 되는 것이 어디 있습니까? 울피아누스[68]에 따르면, 사기꾼이란 마력을 부리고 주술을 행하고 마귀를 쫓는 의식을 행하는 사람입니다. 그런데 분명코 저는 그런 것을 하나도 하지 않았습니다.

당신들 고위직 사람들은 얼마나 자기 멋대로 이야기를 늘어놓는지요! 당신들은 당신들의 권리밖에 인정하지 않고, 당신들이 강요하는 규범 이외의 규범은 인정하지 않으며, 공정할 것을 당신들의 의무로 삼기는커녕 당신들에게 인간적이어야 할 의무가 있다는 것조차 생각하지 않습니다.

당신들은 당신들의 불공정함에 대해 책임지는 법 없이 약자들을 심하게 괴롭힙니다. 당신들은 모욕이 폭력만큼은 고통을 주지 않는다고 생각합니다. 당신들의 이익이나 입장에 조금이라도 문제가 생기면, 당신들은 우리를 당신들 앞에서 먼지처럼 쓸어내 버립니다. 어떤 사람들은 체포 영장을 발부하거나 책을 불태워버리고, 또 어떤 사람들은 명예를 더럽히고 욕되게 합니다. 그럴 권리도 이유도 없으면서, 경멸의 태도도 보이지 않으면서, 심지어 화도 내지 않으면서, 오로지 자기들에게 도움이 된다는 이유만으로, 자신들의 길 위에 불우한 사람이 있다는 이유만으로 말입니다. 당신들은 우리를 모욕하더라도 아무 벌도 받지 않지만, 우리에게는 투덜대는 것조차 허락되지 않습니다. 만일 우리가 우리의 무고함과 당신들의 잘못을 보여주면, 당신들은 당신들에 대한 존경심이 없다며 우리를 다시 비난합니다.

대주교 예하, 당신은 저를 공개적으로 모욕하셨는데, 앞에서 저는 당신이 저를 중상하셨다는 것을 증명했습니다. 만일 당신이 저와 같은 일개 인이어서 공정한 법정에 당신을 소환할 수 있다면, 그리하여 저는 저의 책을 가지고 당신은 당신의 교서를 가지고 함께 출두한다면, 당신은 분명 그곳에서 유죄 판결을 받아, 당신이 공개적으로 모욕했던 것처럼 공개적으로 제게 사과할 것을 강요받았을 것입니다. 그러나 당신은 공정하지 않아도 되는 신분을 갖고 계신 반면에 저는 별 볼일 없는 신분의 사람입니다. 그렇지만 복음을 가르치시는 당신, 타인들에게 그들의 의무를 가르치기 위해 존재하는 고위 성직자이신 당신은 이 같은 경우 당신의 의무가 무엇인지를 아십니다. 저는 저의 의무를 다했습니다. 저는 이제 당신께 더 드릴 말씀이 없습니다. 그러니 입을 다물겠습니다.

1762년 11월 18일 모티에서
장 자크 루소.

보몽에게 보내는 편지의 단편들[69]

Fragments de la lettre à Christophe de Beaumont

1

그들은, 제게 계속 겸손하라고 말해 결국 제가 잘못하도록, 제 생각을 철회하도록, 제 생각이 아닌 것을 말하도록 몰고 가겠다는 생각을 절대로 하지 말아야 합니다.

편견과 편파성, 악의로 가득한 당신의 글은 비방문입니다. 그것은 견책이 아니라 풍자여서, 가장 공공연한 적이라도 그보다는 편견이 덜할 것입니다. 그 이상한 비난 문서인 당신의 교서를 읽는다면 저 자신도 제 책을 잘 알고 있지 않은 한 그 책에 대해 혐오감을 느낄 것입니다.

만일 제가 어떤 공화국을 세운다면, 저는 그 공화국에 종교와 평화가 있기를 바랄 것입니다. 그렇기에 저는 플라톤이 자기 공화국에서 시인들을 추방한 것처럼 저의 공화국에서 신학자들을 추방할 것입니다.

2

제각기 그[70]가 무방비 상태라고 여겨, 그에게 우르르 달려들어 마지막 발길질을 가하고 있습니다.

한 프랑스 가톨릭 작가[71]는 다른 많은 작가들과 마찬가지로 자기 저서들에서 저와는 달리 자유롭게 왕들과 당신의 교회에 대해 말했습니다. 사람들은 그의 책을 불태우거나 그에게 체포 영장을 발부하기는커녕 바로 이 때문에 그를 아카데미 프랑세즈 회원으로 받아들였는데, 그가 한 가엾은 외국인이 아니었음은 사실입니다.

대주교 예하, 저는 당신께 양식(良識)이 많이 필요하다는 것을 확인합니다. 저의 솔직함을 용서해주십시오. 제게는 당신의 교서가 깨달음 이전 상태인 것 같습니다.

3

그가 자기 머리를 자기 입에 넣었으니 결과적으로 부분이 전체보다 훨씬 컸다는 것이 확실하지 않습니까? 대주교 예하, 이 반론은 간단명료함을 넘어 서툴기까지 합니다. 그렇다 해도 만일 당신이 거기서 어떤 좋은 해답을 찾으신다면 죄송하지만 우리에게 좀 알려주십시오. 하지만 그 해답 역시 부디 간단명료하고, 복음에 부합하고, 변변치 못한 사람들도 이해하기 쉬운 것이었으면 합니다.

　당신은 단정적인 말 한마디로 그에게서 자유와 명예를 빼앗고 계시며 그의 목숨을 위험에 처하게 하고 계십니다.

　도대체 제가 철회해야 할 말이 뭐가 있습니까. 저는 종교에서 본질적인 모든 것인 신의 존재, 신의 속성, 신의 섭리 외에는 아무것도 긍정하지 않았는데, 사람들이 제가 철회하기를 바라는 것은 확실히 그런 것들은 아니겠지요. 그 밖의 모든 것에 대해서 저는 몇 가지 반론만을 제기했을 뿐입니다. 반론은 철회하는 것이 아니라 해결해야 하는 것입니다. 그런데 저는 만약 제가 저의 반론을 해결할 줄 알았다면 반론을 제기하지도 않았을 것입니다.

　사람들은 제가 모든 종교를 무시한다고 주장하는데, 이와 관련해 그들이 내놓는 단 하나의 증거는 제가 모든 종교를 존중한다는 것입니다. 저는 모든 종교를, 특히 자기 종교를 비웃고 모욕하고 무시하는 자가 아주 신심 깊은 자로 통하는 것을 보게 되리라는 희망을 접지 않고 있습니다.

4

　대주교 예하, 당신은 잘못 알고 계십니다. 틀린 것은 당신입니다. 당신의 교서에는 틀리지 않은 것이 하나도 없습니다. 그렇지만 여기서 제가 비난하는 것은 그 점이 아닙니다.
　틀리지 않는 것은 우리 마음대로 할 수 있는 일이 아니겠지요. 그러나 절제 있고 공정하게 행동하는 것은 우리 마음대로 할 수 있는 일인데, 당신은 왜 저에 대해서는 그렇게 행동하지 않으십니까?

요컨대, 인간의 구원자가 있었기에 인간을 극심한 고통의 장으로 끌고 갈 필요가 있고, 메시아가 인간을 구원하러 왔기에 인간을 박해할 필요가 있는 것입니다.

아니, 불의와 폭력을 체계화하고 그것들이 신의 너그러움에서 비롯되었다고 하는 것보다 가증스러운 일이 세상에 뭐가 있습니까. 그렇습니다, 그들이 인간들로 하여금 겪게 하는 그 고통들에 뻔뻔스럽게 신의 이름을 끌어들이는 자들은 모두 살 가치가 없는 괴물들입니다. 그런데 진짜 가증스러운 것은 바로 그들의 살육을 즐기는 교리들입니다.

5

당신은 제가 제기한 반론들에 대한 답변은 제시하지 못하면서 저를 인신공격하셨으며, 저를 학대함으로써 제 품위를 떨어뜨리리라 믿으셨지만, 당신 생각은 틀렸습니다. 당신은 저의 근거들을 약화시키지 못하셨고, 관대한 마음을 지닌 모든 이들이 저의 목숨에 관심을 갖게 만드셨으며, 저자에 대해 잘못 판단하면 그의 책에 대해서도 잘못 판단할 수 있다고 양식 있는 사람들이 생각하게 만드셨습니다. 당신은 저를 완전히 파멸시키려 하셨겠지만 오히려 저를 유명하게 만드셨습니다. 그렇습니다, 대주교 예하, 학대는 저의 품위를 떨어뜨리기는커녕 저의 영혼을 고양시키니, 저는 진리 수호를 위해 고통 받는 것을 영광으로 여깁니다.

설령 제가 욕설을 들을 만했을지언정 꼭 당신이 욕설을 퍼부으셔야 했습니까? 당신은 제가 제게 합당한 멸시를 당하도록 그냥 내버려두시기만 하면 되었습니다. 설령 제 글이 당신으로 하여금 항의의 펜을 들게 할 만했을지언정, 당신은 제 명예를 해치는 욕설까지는 하지 않으셔도 되었습니다. 그 욕설은 당신의 명예도 마찬가지로 해칠 테니까요. 제가 사기꾼이라고요. 가증스러운 인간이라고요…… 아니, 제가 그런 인간이라는 것을 어떻게 아십니까. 대주교 예하, 당신은 왜 그렇게 주장하시는 것입니까.

대주교 예하, 저는 당신이 제 책에 대해 발간하신 교서를 수많은 난폭한 비방 문서들——그것의 필자들은 저의 불운을 이용하여 핍박받는 저를 안전하게 제압합니다——과 조금도 혼동하지 않습니다. 저는 양식보다는 순수한 열의가 당신의 펜을 인도했고, 당신은 당신의 교회와 권위가 공격당했다고 보아 당신의 의무를 이행한다는 생각으로 신자들에게 위험을 알리신 거라고 믿습니다. 그런 생각으로 저는 당신의 교서를 읽었고, 당신이 거기서 정하신 선의의 목적에 부응하는 것 같지 않은 점들이 있음을 지적해야 할 의무가 제게 있다고 생각했습니다. 대주교 예하, 저는 당신의 존엄함에 대해, 그보다 훨씬 더 당신의 인격에 대해 제가 취해야 하는 존경심을 가지고 말씀드리겠습니다. 저는 한 주교에게 글을 쓰고 있다는 사실을 유념하면서 미문조의 문장도, 반대 명제도 사용하지 않을 것이기에, 당신이 이 글에서 제가 당신의 글에서 보았으면 했던 간결함을 발견하게 되시리라 기대합니다.

고백하는데, 어떻게 보면 당신 앞에 나서는 저를 상상하는 것이 놀랍지 않은 일이 아니며, 또한 저는 제네바 시민 장 자크 루소가 무슨 권리로 가톨릭의 고위 성직자에게 자기 글에 대해 해명해야 하는지 스스로 별로 납득하고 있지 못합니다. 그런데 사람들은 저를 더 낯선 것들에 익숙해지게 만들며, 너무 새로운 과제들이어서 어떤 정통한 심판자에게 답해야 할지, 얼마나 많은 심판자에게 답해야 할지 모를 과제를 매일 제게 부과합니다.

삼부회의 허가를 받아 네덜란드에서 한 제네바 시민의 이름으로 책 한 권이 출판됩니다. 이 책은 프랑스 왕국의 종교에 부합하는 것으로 여겨지지 않아 파리 의회에서 불태워지고, 전술한 제네바 시민이 진짜 그 책의 저자인지, 그가 그 책을 자기 책으로 인정하는지, 그 책을 인쇄하게 한 것이 바로 그인지에 대해 알아보는 절차도 없이 그에게 체포 영장이 발부됩니다. 저는 다른 나라들에서는 어떻게 했는지 말씀드리지 않겠습니다. 그것은 불가사의와도 같기 때문입니다. 바로 그와 동일한 사람이 여섯 달 전에는 당신이 비난하신 바로 그 글로 유럽에서, 심지어 당신 나라 사람들 사이에서도 다소 좋게 받아들여지기도 했고, 또한 그와 동일한 사람이 허약하게 겨우 목숨을 부지하며 전례 없이 가혹하게 이 나라 저 나라로 쫓겨 다니기도 했습니다. 사람들은 그 불운한 이에게 피난처를 거부했으며, 무신론자 스피노자도 아무 장애 없이 자기 책들을 출판하고 판매하면서, 자기의 반종교적인 학설을 공공연히 가르치면서 평화롭게 살다가 심지어 존경까지 받으며 죽은 바로 그 나라에서 그는 아마도 훨씬 더 가혹한 취급을 받았을 것입니다.

주교로서의 당신의 의무는 제가 제기한 난제들을 해결하는 것이지, 그 난제들을 제기했다고 제게 욕설을 퍼붓는 것이 아니었습니다.

그렇지만 대주교 예하, 당신은 틀린데다 그들을 오도하고 계시는데, 그 과오는 더 이상 사람들에게 아무래도 좋은 것이 아니며, 사제들과 신학자들이 그 과오에 관해 논쟁을 하게 될 수도 있습니다.

만일 제가 실제로 무신앙자, 사기꾼, 가증스러운 저자라면 당신은 증명도 않고 그런 말씀을 하시기보다는 그런 말씀 없이 그냥 그것을 증명하시는 게 나았을 것입니다.

우리의 최초의 아버지가 지은 죄 때문에 우리는 죄인이라고 당신은 말씀하십니다. 그런데 우리의 최초의 아버지는 왜 죄인이었습니까. 왜 당신이 설명하는 그의 죄의 이유가 원죄 없이는 그의 후손들에게 적용될 수 없으며, 왜 우리는 우리를 죄인으로 만들고 타고난 죄악으로 우리를 처벌 대상이 되게 만들면서 그 부당함을 신의 탓으로 돌려야 합니까. 우리 최초의 아버지는 죄인이어서 벌을 받은 것인데——그렇지 않은 우리처럼——말입니다. 원죄는 원죄 자체의 원리만 빼고 모든 것을 설명해줍니다. 그러니 그 원리를 설명하는 것이 중요합니다. 진짜 원죄는 우리의 육신입니다. 최초의 인간은 다른 원초적인 악 없이 죄를 지었기 때문입니다. 그는 법을 알면서 식견을 갖게 되었기 때문에 죄를 지었습니다. 성 바울이 말하듯이, 만일 그가 법을 알지 못했다면 죄를 전혀 짓지 않았을 테니까요.

만약 제가 소피스트라면 그 때문에 저는 사기꾼이 아닐 것입니다. 사람들은 단지 추론이 서툴러서 오류를 범하는 사람에게 사기꾼이라는 이름을 붙여주지는 않았습니다. 사기꾼은 자기 이득을 위해 타인을 속이는 사람인데, 죄송하지만 이 일에서 제게 이득이 되는 것이 뭐가 있습니까.

저는 제가 법 이외의 다른 주권자를 인정하지 않는다고 말씀드리고 싶습니다. 저는 자유롭게 태어났기에 법 이외의 지배자를 두고 있지 않으며, 항상 그렇게 살 것입니다. 제가 운 좋게 살 수 있게 된 나라들에서 군주에게 복종하는 것은 그가 저의 지배자이기 때문이 아니라 법이 그렇게 할 것을 명령하기 때문인데, 제게 복종을 강요하는 바로 그 법에는 복종의 한계와 조건도 마찬가지로 정해져 있습니다.

생피에르 사제[72]보다 더 헌신적이고 자기의 의무 범위를 잘 알았던 시민은 별로 없었습니다. 저는 의무 범위에 대해서는 그 사제만큼 많은 말을 하지 않았습니다.

저의 책은 아무리 유명해지더라도 아마 당신의 교서보다는 덜 알려지겠지만, 확실히 당신의 교서보다는 덜 해를 끼칠 것입니다.

설령 당신이 대주교가 아니어서 제가 당신을 대주교라 부르지 않는다 해도, 저는 아마 당신을 그 이름으로 부르는 사람들 어느 누구보다 더 진정으로 당신을 존경할 것입니다. 왜냐하면 저는 정직, 좋은 품행, 신앙심, 미덕을 그것들이 어디에 있든, 심지어 저의 적들에게 있을지라도 존경할 줄 알기 때문입니다.

대주교 예하, 저는 당신에게 맞서서 당신 앞에서 저를 방어해야 합니다. 이 논쟁을 하면서 저는 사람들 앞에서 이 동기가 사라지게 만드는, 거의 극복할 수 없는 어려움을 여러 번 느낄 것입니다.
당신과 저 사이에 단지 누가 맞고 누가 틀리며, 누가 부당하고 누가 모욕을 당했는지를 검토하는 것만이 문제라면, 그 검토는 순식간에 이루어질 것입니다.

대주교 예하, 저는 미문조의 문장을 전혀 사용하지 않았고 반대 명제도 전혀 준비하지 않았습니다. 모욕적인 언사와 욕설을 내뱉는 대신에 근거들을 제시했으며, 비록 제가 모욕당하고 학대받았지만, 그 근거들을 언급하면서 가시 돋친 말을 사용하지 않았습니다. 그럼에도 불구하고 저는 당신이 저를 중상모략하셨다는 제 생각을 증명했습니다. 당신은 사람들에게 의무를 가르쳐야 할 분이므로 이와 같은 경우에 당신의 의무를 모르지 않으실 것입니다. 저는 당신께 깊은 존경을 약속하는 것 말고는 더 이상 드릴 말씀이 없습니다.
설상가상으로 쫓겨 다니고 있는 저는 보잘것없고 외롭고 가난합니다. 만일 제가 5만 리브르의 연금을 받는다면 그 덕분에 저는 이미 꿋꿋하게 살아가고 있을 것이고, 당신께 제가 대단한 인물로 여겨져서 당신은 저에 대해 말씀하실 때 좀 더 절제된 언어를 사용하실 테지요. 그런데 제가 살고 있는 나라에서 당신은 아주 안전하게 저를 중상모략하고 모욕하고 공공연히 사기꾼이나 가증스러운 인물로 취급하실 수 있고, 언제든 당신 좋으실 대로 제게 모든 죄를 뒤집어씌우실 수 있지만, 어느 법정도 당신을 소환하지 않을 것이고, 당신께 당신이 제게 돌린 그 죄들의 이유를 밝히라고 요구하지 않을 것입니다. 그와 반대로 대중은 당신의 거짓말에도 불구하고 당신을 찬미하고 존경할 것이며 당신을 헌신적인 신앙의 옹호자, 진리의 애호자로 여길 것입니다. 추방당해 비탄 속에서 쫓겨 다니는 저는 당신의 말씀 때문에 대중이 혐오하는 대상이 되었음에도 저를 방어하기 위해 목소리를 높일 자유조차 없습니다. 그럴 때마다 무례한 인간이라는 둥 무모한 인간이라는 둥 제게 비난이 쏟아지기 때문입니다. 저의 목숨과 자유가 위태로워지건 말건, 저는 일개 서민일 뿐이어서 지켜야 할 명예를 가질 수 없지만, 당신은 고위직 사람으로서 신분, 권리, 특권을 지녔으므로 부당하다 해도 벌을 받지 않고, 약자들에게 결코 나쁜 짓을 할 수 없는 사람으로 통합니다. 대주교 예하, 저는 그런 어려움을 느낍니다. 아주 깊이 느끼지만, 저는 그것을 극복하여 적어도 한 번은 정의와 진실이 폭력과 광신에 대항해 할 수 있는 일을 시도할 것입니다. 따라서 저는 지금까지는 침묵을 지켰지만 이제 당신에게 맞서 감히 저를 방어할 것입니다. 왜냐하면 사형 집행인, 화형대, 사슬은 거짓도 진실도 똑같이 응수할 수 없는 반박들이지만, 욕설과 욕된 지칭들에 대해서는 증거와 근거를 대며 응수할 수 있기 때문입니다.

대주교 예하, 당신은 성 바울이 ……이 사는[73] 위태로운 시대가 도래하리라 예언했다고 우리에게 말씀하시는 것으로 시작하십니다.

예언은 보다 잘 입증된 적이 결코 없지만, 저는 만일 성 바울이 그런 사람들이 전혀 살지 않는 시대를 우리에게 예언했더라면 그 예언은 더 홀륭한 예언이 되었을 것이라고 생각합니다.

그러나 제게는 성 바울이 너무 궤변적인 추론들을 비유적인 언어로 장식해놓은 것 같아 보이는 만큼, 사람들이 그의 책을 왜곡해서 전한 것이 틀림없거나 아니면 그가 항상 계시를 받은 것은 아닌 것이 틀림없습니다.

실제로 성 베드로와 그가 일시적으로 불화한 것은 두 사람 다 상대방이 모든 것에서 성령의 인도를 받는다고 믿지는 않았음을 증명해주는데, 기독교도는 바로 그 점에서 의심을 가질 수 있으며 그러한 의심이 큰 잘못은 아닙니다. 왜냐하면 예수 그리스도는 복음서 어디에서도 성 바울이 계시를 받을 것이라고 말하지 않으셨기 때문입니다.

그들은 저의 주님을 십자가에 못 박았고, 저보다 더 가치 있는 한 사람을 질책했습니다.

그러므로 당신은 이미 비인간적이고 몰인정하시니, 적어도 당신이 공정하고 진실하신지를 따져봅시다.

그런데 당신은 당신이 죄를 가볍게 볼수록 벌을 가혹하게 만든다는 것을 생각해보셨습니까? 아담에게 자기의 모든 족속과 함께 현세에서 고통을 당하다가 죽은 뒤 내세에서도 영원한 불 속에서 영원히 고통스럽게 살도록 선고하는 것보다 그의 죄에 대해 가할 수 있는 더 끔찍한 벌은 없을 테니 말입니다. 바로 그것이 한 불쌍한 무지자(無知者)가 범한 잘못에 대해 자비로운 신이 내리신 벌입니까.

저는 제가 해야 할 일을 하겠습니다. 그래야 하기 때문입니다. 하지만 저는 한 무고한 자의 변호를 읽는 것이 아주 따분한 일임을 모르지 않습니다.

주지하다시피 저는 제가 다른 사람들에게 가한 고통 때문이 아니라 다른 사람들이 제게 가한 고통 때문에 적을 갖게 되었습니다.

현재 얀센파가 벌이고 있는 싸움은, 교리를 결정할 가톨릭교회의 권리를 확립하는 것만큼이나 그 교리가 가톨릭교회에 의해 결정된 것인지를 판정하는 것에서도 흔히 당신이 곤경에 빠지게 된다는 것을 증명해주지는 못합니다.

6

당신은 교육이 젊은이들이 나중에 회개하기에 유리하도록 하기 위해서 젊은이들을 무신앙자로 만드는 일부터 시작하는 것에 동의하시는 듯합니다. 그런데 죄지은 삶을 살고 나서 하는 그런 회개는 별로 성과가 없습니다. 그들은 현실에서 저지른 수많은 죄악을 생각으로만 행하는 몇 번의 선행으로 잊을 것이기 때문입니다. 죄악의 기념물들은 지상을 뒤덮지만, 죽어가는 자들의 회개는 그들과 함께 사라집니다.

당신은 용서의 길을 열심히 넓히신 나머지 용서받는 방편만 악인들에게 늘려주실 것입니다. 당신은 그들을 도우시겠지만, 악인들에게 그토록 염가로 하늘을 팔아봐야 소용이 없습니다. 당신은 당신을 속이고 그들을 속이는 것입니다. 제 생각에, 오래도록 저지른 중죄는 오래도록 행하는 선행에 의해서만 지워지며, 죽을 때 죄 사함을 받기 위해 서둘러 회개하는 자는 아무리 그러더라도 내세에서 그를 벌할 양심의 가책을 피하지 못합니다.

무언가를 말하기 위해서가 아니라 벙어리로 남아 있지 않기 위해서라고 성 아우구스티누스(《삼위일체에 관하여》 제5부 9)는 솔직하게 말합니다.

7

당신은, 사람들이 타인의 권위에 의해서만 신을 믿는다고 제가 주장하는 것처럼 말씀하십니다.

그들은 후천적으로 얻은 많은 관념들의 도움을 받아서 신에 대한 약간의 개략적인 관념을 얻습니다. 그런데 태어날 때부터 숲 속에서 홀로 돌아다니며 살고, 모든 시간을 먹을거리를 찾고 먹고 잠자는 데 사용하는 한 미개인을 가정해봅시다. 당신은 그 불쌍하고 불행한 인간이 이성의 빛에 눈을 감아버리고는 당신들의 삼위일체 개론을 스스로 생각해내지 못했다며 그가 영벌에 처해질 것이라고 뻔뻔스럽게 주장하실 겁니까.

이교도들에게도 자기들의 계시가 있습니다.
그들의 말을 믿는다면, 그들은 모든 유용한 지식을 신들에게서 얻습니다.

8

저는 《인간 불평등 기원론》에서 인간의 이성이 얼마나 천천히 점진적으로 발달하는지를 보여주었습니다. 그런데 도움 없이 사물의 제1원인으로 거슬러 올라가려면 아둔한 지적 능력으로는 안 된다는 것은 확실합니다. 바로 이것이 〈사부아 보좌신부의 신앙 고백〉의 그 문제 되는 부분에서 자연스럽게 드러나는 의미입니다. 그러므로 만약 저의 생각이 거기에 그 생각 그대로 명증하게 설명되지 않았다면, 당신이 거기에 부여하는 의미는, 당신이 공정하다면 저자의 것으로 간주하실 바로 그 의미가 아니라 저자 자신의 작품에 의해 밝혀지는 의미일 것입니다.

새로운 진리를 반박하기 위하여, 마치 모순 명제란 거짓인 것처럼, 마치 기하학에는 모순 명제 자체가 없는 것처럼, 마치 이 모순 명제들이 논증되지 않은 것처럼 어리석게도 모순 명제를 규탄하는 것은 잘못입니다.

9

저의 이성은 더 납득될 수 있겠지만 마음은 더 이상 확신하지 못할 것입니다.

계시에 대한 저의 믿음은 가장된 믿음, 기만적인 믿음이 전혀 아닙니다. 그것은 반론에 휘둘리게 될까 봐 반론에 대한 고찰을 거부하고 타인들에게 그 반론을 숨김으로써 그들을 속이려 애쓰며, 진리보다는 자기의 견해를 더 좋아해 사람들이 사물을 있는 그대로 보기보다는 자기가 묘사한 모습대로 보기를 원하는 어떤 인간의 맹목적인 편견이 아닙니다. 그런 야비한 책략은 저와는 거리가 멉니다.

10

저는 이런 생각을 해보았습니다. 숨김없이, 두려움 없이, 풍자나 아첨

없이 사람들에게 진실을 말해주는 사람, 사람들에게서 비루한 편견들을 근절함으로써 그들의 비천함의 원천을 고갈시키는 사람, 사람들이 오로지 잘 속아 넘어가기 때문에 악하고 오로지 무분별하기 때문에 불행하다는 것을 알려주는 사람, 사람들이 행복하고 선량하도록 태어났다는 것과 그러기 위해 그들이 해야 할 일이 무엇인지를 가르쳐주는 사람, 오, 이런 사람은 사람들에게 얼마나 좋은 일을 할 것인가 하고 말입니다.

저는 그런 사람이 되려고 노력했습니다. 용감하게 시도는 했습니다. 이 시도에서 가장 힘든 것은 용기입니다. 저는 젊은 시절에는 침묵을 지켰습니다. 분노를 야기하는 평판이 저의 마음을 조금도 괴롭히지 않았던 것입니다. 저는 비록 약간의 재능을 갖고 태어났지만 그것을 보여주기 위해 조금도 서두르지 않았고, 성년이 되어 성찰을 통해 그것을 훌륭하게 사용할 수 있기를 기다렸습니다. 저는 때가 된 것 같아 입을 열었습니다 다만 저 자신의 이익이 아니라 저와 동류인 인간들의 이익을 위해서였습니다. 저는 저자들의 통상적인 길을 결코 추구하지 않았고, 그들이 추구하는 영광도 보상도 갈망하지 않았습니다. 저는 제 글들을 할 수 있는 한 좋게 만드는 일이 아니라면 인기를 얻기 위한 어떤 일도 하지 않았습니다. 그들의 글만큼 어쩌면 저의 글에도 오류가 있을 것입니다. 그러나 확실히 제 글에서 더 많이 보이는 것은 유용하고 진실해지려는 진지한 욕구와 무사무욕, 선의일 것입니다. 바로 그것이 제가 열망한 영광인데, 저는 그 영광을 받을 만하므로 그 영광을 얻을 것입니다. 왜냐하면 대중의 잘못된 생각들에는 끝이 있기 마련이고 그들의 온갖 음모는 제게서 그 영광을 빼앗아 가지 못할 것이기 때문입니다.

저는 자유를 사랑하는데, 이보다 더 당연한 일은 없습니다. 저는 자유롭게 태어났기 때문입니다. 그렇기에 또 각자는 자기 나라의 정체(政體)를 사랑할 수 있으며, 만일 우리가 왕의 백성들이 공화국의 해악을 그토록 어리석고 무례하게 말하도록 내버려둔다면 그들이 우리가 왕정의 해

악을 그토록 정의롭고 이성적으로 말하도록 내버려두지 않을 이유가 뭐가 있지요? 저는 예속 상태를 증오하는데, 그것이 인류의 온갖 죄악의 원천이기 때문입니다. 폭군들과 그들의 아첨꾼들은 끊임없이 소리칩니다. '백성들이여, 불평 말고 그대들의 쇠사슬을 매라, 소중한 것들 가운데 가장 소중한 것은 평안이기 때문이다'라고 말입니다. 그들은 거짓말을 하고 있는 것입니다. 가장 소중한 것은 자유입니다. 예속 상태에서는 평화도 미덕도 없습니다. 법 이외의 다른 지배자를 갖는 사람은 누구나 악한입니다.

저는 정체들의 비밀을 파악해 대중들에게 보여주었습니다. 그들이 속박에서 벗어나도록 하기 위해서가 아니라――그들은 벗어날 수가 없습니다――, 예속 상태에서일지라도 다시 인간이 되도록 하기 위해서, 지배자에게 굴복하지만 아직 자신의 악덕에 굴복하지는 않도록 하기 위해서입니다. 그들은 더 이상 시민Citoyens일 수 없을지 몰라도 아직 현명한 사람일 수 있습니다. 노예 에픽테토스[74]는 그런 사람들 중 하나였습니다. 미덕의 법칙과 필연성의 법칙만을 인정하는 사람은 누구나 더 이상 사람들에게 굴복하지 않습니다. 그런 사람만이 유일하게 노예 상태에서도 자유로울 줄 알고, 선량하게 행동할 줄 압니다.

11

대중을 속이는 것이 바람직하다고 사람들은 말하는데, 누구에게 바람직하다는 거지요? 대중을 속이는 저자들, 백성을 괴롭히는 지배자들이겠지요. 저는 그런 사람들의 공범자로 취급받는 희생을 치르고 있습니다. 타인을 속이고 싶어 하는 사람은 누구나 제멋대로 하기를 원하는데, 저는 이보다 더 확실한 명제를 알지 못합니다. 존중해야 할 편견들이 있는 것이 사실이지만, 모든 것이 정상일 때나 아니면 편견을 바로잡는 것 역시 제거하지 않고는 그 편견을 제거할 수 없을 때 그러합니다. 사람들은 그때 선을 위해 악을 그냥 놓아둡니다. 그런데 모든 것이 호전될 수밖에 없는 상황일 때도 편견이 너무 존중할 만한 것이어서 그것을 위해 공정성, 이성, 미덕, 진리가 인간에게 할 수 있는 모든 선을 희생해야 합니까. 자기 주인의 집에 들어오는 도둑을 보고도 자기 휴식을 방해받지 않기 위해 도둑이 안심하고 도둑질을 하도록 그냥 내버려두는 불충한 하인에 대해 사람들은 뭐라고 말할까요. 그런 행동을 한 것에 대해 그로 하여금 대가를 치르게 하더라도 제 생각에는 그것이 그에게 큰 잘못을 하는 것은 아닐 것 같습니다.

대중을 무시하는 체해봐야 소용없습니다. 자기들이 대중보다 낫다고 생각하는 사람들보다 그 대중이 더 양식 있는데도, 마차와 하인들을 소유한 그런 바보는 길에서 보는 사람들에 대해 경멸하듯 말합니다. 물론 그 길에 최하층민만 있으면 그 바보에게는 더 편하겠지요. 대중은 사람들이 생각하는 것만큼 그렇게 잘 속아 넘어가지 않습니다. 만일 대중에게 억지로 속임수를 사용하면, 그 속임수는 별 소용이 없을 것입니다. 그러므로 그들을 내버려두는 편이 더 나을 것이고, 대중의 행복을 위한다며 경관들을 풀어 돈을 걷는 것보다 대중의 쾌락과 대중의 사기꾼들을 위해 돈을 아주 공개적으로 걷는 편이 더 나을 것입니다. 왜냐하면 대중은, 자기들을 무시하는 사람들이 대중의 행복을 위해 원하는 것이 결국은 대중의 행복을 희생하는 것임을 믿어 의심치 않기 때문입니다. 그러므로 이런 점에서 지켜야 할 비밀도 침묵해야 할 진실도 더 이상 없습니다. 말단 농민들조차 이런 점에 대해서는 고위 성직자들만큼이나 잘 알고 있습니다. 제 글은 그들에게 가장 힘센 자들의 불공정성에 대해 아무것도 가르쳐주지 않지만, 제 행위의 예는 이런 점에 대해 마음을 달래는 것을 가르쳐줄 수 있습니다. 정체들의 참된 힘은 인간의 비굴함 속에 있고 이 비굴함은 몇 가지 근원에서 유래하는데, 제 책들은 그것들을 파헤치지는 않겠지만, 만일 파헤칠 수 있다면 사람들에게 그들의 모든 입법자자 한 것보다 더 유익한 일을 할 것입니다. 사람들은 악에 젖어 있는 한 자기들의 악덕에 지배될 것입니다. 그들이 더 이상 악에 젖어 있지 않게 되면 더 이상 악덕에 지배되지 않게 되는 것이 사실이며, 그들은 덕 있는 사람이 될 것입니다. 그들이 악하면서 굴복하는 것과 선하면서 자유로운 것 중 어느 쪽이 낫습니까. 근엄한 행정관들이여, 답해보십시오. 하지만 분명하게 하십시오.

12

사람들은 제게, 공화국을 그토록 애호하면서 도대체 왜 항상 왕들의 나라에 살았느냐고 물어볼 것입니다. 이에 대해 저는 이렇게 대답하겠습니다. 자유를 사랑했기 때문에 왕국에서 살았다고 말입니다. 이 색다른 모순 명제가 이해될 수 있도록, 저의 옛 동국인(同國人)들에게 이에 대한 설명을 맡기겠습니다. 저는 또 이렇게 대답하겠습니다. 사람의 마음을 속박하는 것이라면 그 어느 것에도 신경 쓰지 않는 사람은 어디에 있든 자유롭다고 말입니다. 그를 어느 곳에 살게 내버려두든, 그는 의무와 필연성의 법칙 이외의 다른 법칙을 인정하지 않습니다.

결론은 저절로 주어집니다. 우리에게 그 결론을 끌어내는 수고를 면하게 해주세요.

사람들에게 말할 때 스스로 열정 없이, 진리에 대한 사랑 외의 다른 사랑 없이 자신감을 갖는 것, 그것은 분명코 제가 하지 않는 일이자 사람들에게 바라지도 않는 일입니다. 이와 반대로 저는 사람들이 제 마음 깊은 곳에서 저를 고무하는 자부심을 읽어내기를 정말 바랍니다. 저는 사람들이 제 마음 깊은 곳에서 선행을 하는 사람의 마음을 가득 채울 수 있는 가장 고상한 열정의 모든 힘을 보기를 정말 바랍니다. 저는 확실히 영광을 갈망하지만, 그것은 자신의 정확한 증언 이후에 오는 것으로 미덕에 가장 걸맞은 보상입니다. 그런데 제가 갈망하는, 당신과 제 모든 동시대인의 반대에도 불구하고 제가 얻게 될 그 영광은, 여론에 의해 만들어지지 않고 오로지 그 자체로부터 가치를 끌어내는 그런 영광입니다. 모든 편견은 바뀔 수 있어서, 우리는 국민 전체가 부를 경멸하고 정복자들을 몹시 싫어하는 것을 보았습니다. 우리는 훌륭한 재능을 가진 자들을 존경하지 않고 유익하게 이용하지도 않은 그런 국민들을 보았지만, 정의에 대한 열의를 존경하지 않고 참된 용기를 경멸하는 국민들은 결코 보지 못했으며, 정직과 선의를 아는 이상 그것들을 존경하지 않는 국민도 보지 못했습니다. 제 관심은 저 자신의 유익함보다는 다른 사람들에게 유익한 것을 말하는 것에 있는데, 제 시대의 모든 작가들 중 저만 유일하게 갖게 될 이 영광은 저를 그들 모두와 영원히 구별시킬 것이며, 제게 그들이 얻은 모든 이득 이상의 보상을 해줄 것입니다. 그들은 더 훌륭한 철학자, 더 재능 있는 사람일지도 모르며, 더 심오한 사상가, 더 정확한 추론가, 더 매력적인 작가일지도 모릅니다. 그렇지만 저는 제 원칙들에서 더 사심이 없을 것이고, 제 견해에 대해 더 진지하고 정직할 것이고, 더 풍자를 싫어할 것이며, 진리가 다른 사람들에게 유익할 때는 제 행운과 안전에 신경 쓰지 않고 진리를 말하는 데 더 대담할 것입니다. 그들은 연금, 일자리, 학술원 자리를 얻을 만한 자격을 가질 수 있겠지만 저는 욕설과 모욕밖에 받지 못할 것입니다. 그들은 훈장을 받겠지만 저는 비탄에 잠길 것입니다. 하지만 상관없습니다. 불운은 제 용기를 영광스럽게 할 것이고, 사람들은 제가 그런 불운을 당할 이유가 전혀 없다는 것과 제가 그 불운을 잘 견뎌냈다는 것, 제가 오로지 제 행실에 의해 모욕을 물리치고 근거들에 입각해 중상을 물리쳤다는 것을 알게 될 것이며, 저는 지금 제게 거주가 허락된 곳이 어디든 거기서 홀로일 것입니다. 또한 저는 우리를 속이는 자들과 공통된 것은 아무것도 원하지 않습니다. 그 대가로 돌아오는 대중의 호의까지도 말입니다. 저는 대중이 저를 미워한다는 것을 알고 있습니다만 그것은 그들의 잘못이 아닙니다. 그 증오는 여전히 대중의 압제자들이 만들어낸 작품이기 때문입니다. 그렇기에 대중이 미워하는 대상은 제가 아니라, 사람들이 그들에게 잘못 말해준 저의 모습인 것입니다. 잔혹한 자들, 탐욕스럽고 질투심 많은 자들, 당신의 교회령들, 당신의 화형대들, 당신의 교서들, 당신의 기관지들이 그들을 혼란케 하고 속입니다. 대중은 당신이 외쳐대는 소리를 듣고 저를 괴물 같은 존재로 여깁니다. 하지만 당신의 그 외침은 결국에는 그칠 것이고, 제 글은 당신의 수치로 남을 것입니다. 편견이 보다 덜한 기독교도들은 제 글에서 당신이 혐오스러운 내용이라고 주장하시는 부분들을 찾아보고는 놀랄 것입니다. 그들은 거기에서 주님의 도덕과 함께 화합, 애덕의 가르침밖에 보지 못할 것이기 때문입니다. 그 기독교도들은 거기에서 자기들의 사제들보다 더 의롭게 되는 것을 배울 것이기에, 어느 날 그들의 미덕이 당신이 제게 퍼부으신 저주의 말에 대한 복수를 해주었으면 합니다.

13

대주교 예하, 이 모순들은 어디에서 유래합니까. 제 생각에 꽤 명백한 원인이 하나 있는데, 사람들은 항상 자기들의 작품과 신의 작품을 뒤섞어, 자기들 방식으로 꾸며낸, 결코 일치할 수 없는 수많은 것들로 신에 대한 숭배의 순수성을 변질시키고자 했다는 것입니다. 그 결과 어떻게 되었습니까. 그들은 본질적인 것을 저버리고 우스꽝스러운 것들에 집착했습니다. 끊임없이 덧붙이고 삭제하고 고치고 바꿨으며, 모든 것을 관례적인 문구로 만들어버렸고, 모든 것을 신앙 조항으로 변화시켜놓았습니다. 믿어야 할 것에 대해 너무도 많이 말한 나머지 사람들은 자기들이 무엇을 해야 하는지를 잊었고, 교리가 모든 것을 흡수해버렸고, 도덕은 더 이상 문제가 되지 않았고, 이제 종교는 정해진 방식으로 가면을 쓰고 정해진 시간에 정해진 자세를 취하고 정해진 장소에서 정해진 말들을 늘어놓기만 하면 되었습니다.

이런 상태에서 신앙이 행동과 일치하지 않는 것, 말과 행동이 다른 것, 입으로는 히브리어를 말하면서 마음은 이교도인 것, 남의 아내와 동침하면서 정숙을 설교하는 것이 놀라운 일입니까.

모든 것에 대해 판정을 내리고, 모든 것을 설명하고, 제대로 이해하지도 못하는 것을 말하려는 그 열정. 끊임없이 신을 논하게 하는 그 오만.

사람들은 끊임없이 판정을 내리고 설명하고 말합니다.

사람들은 끊임없이 제시하고 판정을 내린 나머지 스스로 모순되는 말을 하고, 그 모순들을 결코 제거하지 못했습니다. 왜냐하면 끊임없이 신을 논하게 한 그들의 해석들이 앞서 신의 이름으로 말했던 것을 뒤에 철회할 수 없었기 때문입니다. 그 어리석은 말들을 신성화하기 위해 사람들은 그것이 신께서 하신 말씀이라고 했고, 그리하여 신으로 하여금 오만한 사제를 군말 없이 받아들여야 한다는 더할 나위 없이 터무니없는 말들을 하게 했습니다.

그래서 이 모든 기상천외한 말들의 전달 수단은 이런 것이었습니다. 복종하라, 신께서 말씀하셨느니라.

사람들이 가르쳐주는 것을 모두 전적으로 믿는다고, 그것에서 조금의 장애도 보지 않고 그저 믿는다고 말하는 사람은 누구나 거짓말쟁이이거나 바보임에 틀림없습니다.

믿는다고 말하는 거짓말쟁이들도 있고, 믿는다고 믿는 바보들도 있습니다.

그것은 신을 서툰 노동자로 묘사하는 것입니다. 기계를 단번에 훌륭하게 조립할 줄 몰라서 계속 만지작거릴 수밖에 없는 서툰 노동자 말입니다.

시간이나 때우기 위한 것인 듯 신이 여기저기에서 행하는 모든 기적들. 예를 들면 그건 당신의 개혁교회파들이 행하는 기적들처럼 재미 삼아 하는 기적들이라는 것을 인정하세요. 만일 신이 그 같은 마술이나 즐기신다면 그분은 아주 한가한 분임에 틀림없습니다.

세상의 모든 종교 가운데 가장 고통스러운 종교는 당신의 종교입니다. 그것은 바로, 가장 이성적이지 못하기 때문입니다. 사람들에게 끊임없이 협박을 하고 겁을 줘야 합니다. 만일 당신이 그들을 잠시라도 그들의 이성에 맡긴다면 당신은 진 것입니다.

그러나 인간의 이성은 인간들처럼 스스로를 억제하지 않고 본질적으로 자유로워서 그것을 전제적으로 다스릴 수 없습니다. 권력은 이성에 대해 전혀 영향력이 없으니, 그것을 굴복시키기보다는 오히려 없애버릴 수 있습니다. 한 이성적인 인간에게 어리석은 말들을 지껄여놓고 믿으라고 명령해봐야 소용없습니다. 그 사람이 할 수 있는 일이라고는 군말 없이 머리를 숙이는 것뿐이지만, 그의 정신은 숙이지 않습니다. 당신은 강압적으로 그에게 말을 시킬 수는 있지만 강압적으로 그의 내면에서 동의를 이끌어낼 수는 없어서, 그는 당신의 비위를 맞추기 위해 거짓말을 할 수밖에 없습니다. 그를 납득시키기 위해서는 그가 제정신을 잃게 만드는 것으로 시작해야 합니다.

이것이 바로 광신 상태입니다. 그런데 광신은 한 국민이나 한 종파가 빠진 흥분 상태이므로 줄곧 지속될 수는 없고, 감정의 흥분에 빠지지만 평정을 되찾게 되며, 이성은 자신의 권리를 되찾습니다. 그리하여 자신으로 되돌아온 이성은 착란 상태 동안 빠져들었던 그 복잡하게 뒤얽힌 미로를 되돌아보고 놀라게 되며, 더욱 이성적이 되어서 그토록 이성적이지 못했던 것에 대해 크게 놀라지만 자기 말을 부인하기에는 이미 늦었습니다. 종교가 확립되고 관례적인 문구들이 작성되고 율법이 생겨나고 위반자들은 벌을 받으니, 그것들을 숙고하고 준수하는 사람조차 그런 취급을 당하는데 감히 누가 그것들을 거스를 것을 주장하겠습니까? 그러므로 사람들은 겉으로는 복종하며 시민들이 믿는다고 말하는 것을 믿는 척하지요. 목숨을 부지하기 위해서 말입니다. 사람들은 아버지의 재산을 물려받기 위해서 아버지의 종교에 대한 신앙 고백을 합니다. 사람들은 벌을 받지 않기 위해서 해야 할 일을 합니다. 심지어 그 이상의 일도 합니다. 그리고 자유롭게 말할 수 있을 때는 사람들 앞에서는 준수하는 척하는 모든 것에 대해 실컷 비웃습니다. 그러한 상황에 이해관계가 걸려 있는 사람들, 천국을 파는 것을 직업으로 삼는 사람들은 자기들의 상품을 가능한 한 신망에 의지해 거래합니다. 하지만 그들의 조잡한 열의는 아무도 속이지 못합니다. 바로 이것이 타인들을 인도하는 이들에게 유용하기 때문에 사람들이 마련하고 싶어 하는 방편입니다. 그러나 저는 이런 사람들에게 유리하게끔 대가를 받고 대중을 속이는 사람이 아닙니다.

14

우리의 교리는 어떤 부분에서 결함이 있으며, 우리의 논쟁들은 오해를 받습니다. 자기 종파의 신자들에게 올바로 행동하는 것을 가르치지 않는 종교보다 더 결함 많은 것이 뭐가 있겠으며, 확신에 이르게 하지 못하는 논쟁보다 더 오해를 받는 것이 뭐가 있겠습니까. 바로 이것이 인류에게 매우 크고 중요한 연구 주제들인 것입니다.

지구상에는 여전히 조금도 이성적이지 못한 종교가 많이 있을 것이며, 그 종교들을 받아들이지만 믿지 않는 사람들이 여전히 있을 것입니다. 이런 사람들이 더 많아질 때 이 종교들은 유익하기보다는 해로워져서 아무에게도 도움이 되지 않으며, 그것들의 방패막이가 끝없는 죄악을 가리는 데 이용됩니다. 이런 상태에서 사람들은 형식에 집착하게 되는데, 그 형식이 남아 있는 유일한 것일수록, 그 형식이 특별한 이해관계에 의해 뒷받침될수록, 그리고 그 특별한 이해관계가 국가 내에서 가장 강력한 것일수록 그만큼 더 형식에 집착합니다.

무엇에서든 겉만 번드르르한 질서는 절대적 무질서보다 더 나쁩니다.

모든 것을 해석하는 사제들과 모든 것에 대해 판정을 내리는 공의회, 그들이 성경에 모호하게 돼 있는 것을 명백하게 하고 싶어서 불분명한 것에 대해 판정을 내리고자 했던 것은 매우 경솔한 일입니다. 마치 성전 (聖典) 저자들은 더 분명하게 해석하고 싶어도 자신들의 도움이 없어서 그럴 수 없었다는 듯이 말입니다. 예를 들어 '삼위일체'라는 말은 왜 성경에 없습니까. 신과 인간이 예수 그리스도 안에서 결합되는 그 결합 방식은 왜 성경에 결정돼 있지 않습니까. 복음서도 사도들도 이에 대해 아무 말 하지 않았으니 말입니다. 신비한 사건에 이르기까지 모든 것을 해석하려는 열정을 가진 당신의 신학자들은 그들 자신들로 하여금 끊임없이 당치 않은 말을 하게 하고 자기 자신에게도 타인들에게도 이해되지 않는 말을 하게 하며, 아무것도 모르면서 모든 것을 해석하는 버릇을 갖게 하는 어떤 뜻 모를 말들에 만족해합니다. 성 바울 자신은 당신의 교부들이 전부 안다고 주장하는 것을 일부분만 안다고 고백하고 있는데 말입니다. 〈고린도전서〉 제13장 8절 이하.

그들이 모호하게 본 것을 명확하게 보자고 주장하는 사람은, 그가 상황을 그들이 본 것과 다르게, 또는 그들이 본 것보다 더 잘 보려는 생각을 하는 것만으로도 이단적입니다.

대주교 예하, 제가 잘못 생각하는 것인지는 모르겠지만, 저는 저 자신의 이야기가 제 시대의 종교 상황의 특징을 잘 보여준다고 생각합니다. 고백건대 이에 대해 저는 심정적 증거밖에 갖고 있지 않지만, 그로 인해 몹시 가슴이 아픕니다. 대중은 그 책을 수중에 가지고 있으므로 저의 생각에 대해 판단할 수 있습니다. 그러므로 이 점을 염두에 둘 수 없다면 저는 매우 고통스러울 것입니다. 그 점을 생각하는 것만이 제 삶에 위안이 되기 때문입니다. 저는 어떤 종교의 신이든 신을 믿는 사람은 모두 〈사부아 보좌신부의 신앙 고백〉을 읽으며 감동을 받을 것이라고, 저자의 마음이 내 마음에 대고 말한 것 같다는 느낌을 받을 것이라고, 저자에게 다소의 호의를 느낄 것이라고, 그리고 나도 이 사람의 생각에 동조하지 않는지 생각해볼 것이라고 생각합니다. 저는 적어도 각자가 다 그 신부의 생각에 동조했기를 바랍니다. 바로 이것이 이 글을 읽는 모든 참된 신앙인이 그 신앙만큼 순수한 영혼을 가지고 있다면 마음속으로 하게 될 말이라는 것이 제 생각입니다. 그것 대신…… 저의 비참에 대해서는 되새겨 이야기하지 맙시다. 제 세기의 불명예가 되었던 것이 언젠가는 틀림없이 제 세기의 명예가 될 것이며, 제 책을 읽게 될 사람들은 감탄하면서 이렇게 말할 것입니다. '이런 책이 불경하다고 불태워지고 저자가 범죄자로 소추당하는 시대가 있었다니, 그 시대는 정말 완벽한 시대였겠지요! 그 시대에는 모든 성경이 최고로 숭고한 숭배를 받았고 지상은 성자들로 뒤덮여 있었겠지요.'

사람들이 더 이상 종교를 갖지 않는다면 그것은 성직자들의 잘못 때문인데, 그들이 너무 큰 신앙을 요구한 탓에 사람들은 그들을 만족시킬 만한 신앙을 갖지 못하고 이내 모든 것을 포기해버렸던 것입니다. 만일 성직자들이 몇몇 신앙 조항에 대해 느슨했더라면 어쩌면 그 밖의 신앙 조항들은 보존할 수 있었겠지만, 중간적 선택 없이 전부 아니면 전무(全無)의 양단간 결정이 요구되는 경우에는 전부를 줄 수 없는 사람들의 그러한 선택이 곧 취해지겠지요.

미덕의 동기보다 신앙 조항을 더 제시하는 교리는 무엇이든 나쁜 교리입니다.

15

기독교의 교리에 그토록 헌신적인 그 모든 사람들이 어떻게 기독교의 도덕은 그토록 잘 안 따를 수 있으며, 그토록 열렬한 신앙을 가지고 있는 그들이 어떻게 애덕은 그토록 부족할 수 있습니까.

우리는 계시를 믿는데, 그것이 증명되어서가 아니라——제 생각에 그것은 사실과는 매우 거리가 멉니다——그것이 사실인 것이 바람직하기 때문입니다. 우리가 그 계시를 믿고 싶어 하기 때문이고 우리 마음이 그 계시가 예언하는 위대한 사실들, 그 계시가 주는, 그리고 그 계시 없이는 우리가 더 발견하기 어렵고 더 실천하기 힘든 위대한 교훈들에 감동을 받기 때문입니다.

결코 아무도 모욕한 적 없는 제가 저를 모욕한 사람들 말고 어떤 적을 가질 수 있겠습니까. 그런데 그들은 더 부정(不正)한 만큼 더 냉혹합니다. 왜냐하면 모욕당한 자는 때때로 용서를 하지만 모욕을 준 자는 절대로 용서하는 법이 없기 때문입니다.

정신적인 증거들을 확인하는 것은 정신적으로 이해 가능한 범위 내에 있는 사실들에 대해서만 이루어질 수 있습니다.

그런데 라플란드에서 사람의 자연적인 신장을 4피트로 잡은 것이 잘못 생각한 것이라면 우리가 사람 마음의 크기를 우리 주위에서 보이는 사람들의 마음의 크기를 바탕으로 잡는 것 역시 마찬가지로 잘못 생각한 것이겠지요.

그들의 의지에 굴하지 않는 것과 마찬가지로 그들의 편견에도 굴하지 않으면서, 그리고 저의 이성만큼 자유로운 저의 의지를 간직하면서.

16

기적은 분명 초자연적인 사건이지만, 그 자체로는 터무니없지 않고 모순적이지도 않습니다. 따라서 저는 기적을 완전히 거부하지는 않았습니다. 기적을 확실히 증명하는 데 충분한 증거로 어떤 것이 있는지는 잘 모르겠지만 말입니다. 자연적인 사건을 증명하는 것과 비슷한 증거를 제공하는 것은 어리석은 일이니까요. 그러므로 저는 기적을 볼 수도 있을 것이고, 기적을 믿을 수도 있을 것입니다. 하지만 사람들이 저를 먼저 광적으로 만들지 않는 한, 저로 하여금 터무니없는 것을 기적이라는 이름으로 믿게 하지는 못할 것입니다. 저는 당신이 말씀하시는 그 모순과 불합리가 여기 어디 있다는 것인지 잘 모르겠습니다.

17

계시를 받은 사람들의 언어를 이해하려면 스스로가 계시를 받아야 할 것입니다. 그렇지 않으면, 그들이 우리에게 하는 온갖 애매하고 우리의 이해력을 초월하는 말들은 우리에게는 개념 없는 단어들에 불과합니다. 이는 마치 그들이 우리에게 아무런 말도 하지 않는 것과 같습니다.

18

대주교 예하, 이상이 저의 견해입니다. 저는 아무에게도 이 견해를 규범으로 제시하지 않지만, 이것이 분명 저의 견해임을 밝힙니다. 이러한 견해가 사람들 마음에 드는 것이 아니라, 저의 마음과 저의 이성을 변화시키시는 신의 마음에 드는 것인 한, 그 견해는 변하지 않을 것입니다. 왜냐하면 현재의 저와 제 생각이 미래에도 변함없이 지속되는 한 저는 미래에도 지금과 같이 말할 것이기 때문입니다. 고백하는데, 저는 자신의 이익이나 평안을 위해 믿을 필요가 있는 것을 믿거나 말할 필요가 있는 것을 말할 태세가 항상 되어 있는, 자기 책이 불태워지지 않고 자기에게 체포 영장이 발부되지만 않으면 자신이 꽤 양호한 기독교도라고 항상 확신하는 당신의 허수아비 기독교도들과는 아주 다릅니다. 만약 제가 그들이 계속 주장하듯 이 견해를 저 자신만을 위해 간직했다면, 만약 제가 용기를 내어 이 견해를 출판하고 제 이름을 댔을 때 법을 위반하고 공공질서를 침해한 것이라면, 그 문제에 대해서는 조금 후에 검토하겠습니다. 그때까지는……

도덕에 관한 편지

Lettres morales

JEAN-JACQUES ROUSSEAU

편지 1

　사랑하고 존경하는 친구여[75], 당신을 사랑하는 사람의 말에 귀 기울여 보세요. 당신도 알다시피, 그것은 비루한 유혹자의 말이 아닙니다. 일찍이 제 마음은 저를 부끄러움으로 낯 붉히게 한 당신의 요망(要望)으로 방황했지만, 적어도 제 입술은 제 방황을 변호하려 하지 않았고, 궤변으로 가장한 이성이 오류에 협력하지도 않았습니다. 모욕을 당한 악덕은 미덕의 신성한 이름으로 입을 다물었습니다. 저는 제 글들에서 신앙, 명예, 신성한 진리를 모독하지 않았고, 제 잘못들을 합리화하지 않음으로써 정직성을 잃지 않았습니다. 또한 당신이 제게 들려주는 지혜로운 충고에 마음을 열어두었습니다. 이제는 제 차례입니다. 오 소피, 이제는 당신이 제게 베푼 배려를 갚을 차례입니다. 당신은 당신이 소중히 여기는 미덕으로 제 영혼을 보호해주었으므로, 저는 어쩌면 아직도 제 영혼이 알지 못하는 미덕들로 충만한 당신의 영혼을 깊이 통찰해보고 싶습니다. 펜이나 입술을 거짓으로 더럽히지 않은 저는 자신이 행복하다고 여기기에, 오늘 당신 못지않게 진리의 대변자가 될 자격이 있다고 느낍니다.

당신이 사용할 도덕규범에 대해 제게 물었던 상황을 환기해보면, 저는 당신이 당시 그 규범 가운데 가장 숭고한 것을 실천하고 있었다는 것, 그리고 맹목적인 정열로 인해 제가 처해 있던 위험 속에서 당신은 당신이 배우는 것보다는 저를 깨우치는 것에 대해 훨씬 더 많이 생각하고 있었다는 것을 의심치 않습니다. 자기 의무는 무시하면서 타인의 의무를 말하거나, 도덕을 자기의 격정에 복종시키는 자는 흉악범밖에 없습니다. 그런데 영광스럽게도 제게 우정을 허락하시는 당신은 제가 나약한 마음을 가졌지만 악당의 영혼을 가지지는 않았다는 것을 잘 알고 있습니다. 당신이 부과한 고귀한 임무를 오늘 수행하려 하면서, 저는 당신에게 당신이 응당 받아야 할 경의와 감사를 표합니다. 이 임무에 수반되는 미덕은, 제가 그것을 당신에게서 얻고 있기에 더욱 소중합니다.

당신은 당신이 제게 불러일으킨 감정들을 의무와 이성에 복종시킴으로써, 하늘이 미와 지혜에 준 영향력 가운데 가장 크고 훌륭한 영향력을 행사했습니다. 그래요 소피, 저의 사랑과 같은 사랑은 오직 사랑 그 자체에 굴복하는 것밖에 할 수 없기 때문에, 신들처럼 당신만이 당신이 만든 작품을 파괴할 수 있고, 당신의 매력이 가져온 결과를 소거하는 것은 오직 당신의 미덕에 달려 있습니다.

저의 마음은 순화되어감에도 불구하고 당신에게서 멀어지기는커녕, 평생 당신을 사랑해야 하는 매력적인 의무를 이행케 하는 수많은 감정들이 깨어나 그 맹목적인 사랑의 뒤를 잇습니다. 그러므로 당신은 제가 당신에 대한 열렬한 사랑을 거둔 뒤부터 더 소중하기만 합니다. 제 욕망은 대상을 바꿈으로써 식기는커녕 더 순결해지면서 더 열렬해질 뿐입니다. 설령 제 욕망이 마음 깊은 곳에서 감히 당신의 매력을 해쳤더라도 그 욕망은 그 훼손을 훌륭히 고쳐놓습니다. 그리하여 제 욕망은 당신의 영혼이 완벽해지는 것만을 추구하며, 제 영혼이 당신에 대해 느꼈던 모든 것을 가능한 한 정당화하는 것만을 추구합니다. 그래요, 완벽한 영혼이 되도록 하세요. 당신은 그렇게 할 수 있습니다. 그러면 저는 당신을 소유했던 것보다 더 행복할 것입니다. 저의 열의가 당신을 저보다 훨씬 더 높이 끌어올리는 데 도움을 주어 저의 자존심이 당신에게 느끼는 창피를 보상해줌으로써, 당신의 수준에 이를 수 없었던 저에게 위안을 주면 좋겠습니다. 아아! 만일 저의 우정 어린 배려가 당신의 발전을 자극할 수 있다면, 제 마음이 비록 당신의 마음에 대해 그럴 자격은 없지만 그래도 당신의 마음에서 제가 뭔가를 기대할 권리가 있다는 것을 가끔 생각해주세요.

헛된 영광을 추구하고 대중이 알아듣지도 못하는 진리를 말하면서 많은 시간을 낭비한 뒤, 마침내 저는 유익한 목적 하나를 제시함으로써 당신이 제게 요청한 임무를 이행할 것입니다. 저는 당신과 당신의 의무, 당신에게 기쁨을 주는 미덕, 그리고 당신의 훌륭한 본성을 완벽하게 해줄 방법들에 몰두할 것입니다. 저는 당신이 한시도 제 눈앞에서 떠나지 않게 할 것입니다. 아닙니다, 저는 설령 제 마음이 바라는 유쾌한 일을 추구하며 인생을 보낼지라도 당신이 제게 부과한 일보다 더 기분 좋은 일은 찾지 못할 것입니다.

그보다 더 감미로운 후원으로 수립된 계획은 없었으며, 그보다 더 만족스러운 성공을 약속하는 시도는 없었습니다. 용기를 북돋우고 희망을 키울 수 있는 모든 것이 더할 수 없이 다정한 우정과 결합해 제 열의를 부추깁니다. 완벽을 향한 길이 당신에게 거리낄 것 없이 활짝 열려 있습니다. 자연과 운명은 당신에게 너무도 많은 것을 주어서, 당신에게 아직 모자란 것을 채우는 것은 오직 당신의 의지에 달려 있지만, 당신의 마음은 미덕과 관련된 모든 것에 대한 그 의지를 제게 보증합니다. 당신은 당신의 신분이 유지시키고 당신의 미덕이 영광스럽게 하는 명문가의 성을 갖고 있고, 한 신생 가정이 언젠가 당신을 세상에서 가장 행복한 어머니로 만들어주기 위해 당신의 보살핌만을 기다리고 있습니다. 궁정에서 환대받고 전쟁에서 존경받고 공무에 영리한 당신의 남편은 결혼으로 시작된 변함없는 행복을 누리고 있습니다. 당신에게는 쾌락에 대한 취향이 낯선 것은 아니지만 자제와 절제가 더욱 자연스럽습니다. 당신은 사교계에서 성공할 수 있는 매력을 갖추고 있지만, 사교계를 멸시할 수 있는 지식과 사교계를 벌충해주는 재능도 가지고 있습니다. 당신이 원하는 곳 어디에 있든 그 자리는 언제나 당신에게 어울릴 것입니다.

그것으로는 아직 충분하지 않은데, 수많은 여인들이 그런 장점을 모두 지니고 있지만 평범한 여인들에 그칠 뿐이기 때문입니다. 사랑스럽게도 당신은 더 귀중한 장점들을 몇 가지 갖고 있습니다. 공정하고 예리한 정신과 바르고 다정한 마음, 미에 대한 사랑으로 불타는 영혼, 미를 느낄 수 있는 섬세한 감정이 그것들입니다. 바로 그것들이 제가 당신에게 품은 희망들을 보증해주는 것입니다. 당신이 최고의 여인이 되기를, 세상에서 가장 품위 있고 가장 존경받을 만한 여인이 되기를 바라는 것은 제가 아니라 자연이니, 당신은 자연의 뜻을 배반하지 마시고, 자연이 준 재능을 썩히지 마세요. 저는 당신에게 오직, 당신의 마음에 귀 기울여 그 마음이 명령하는 대로 행할 것만을 요구합니다. 오 소피, 제 말에 귀 기울여주세요. 자연의 말을 통해 제 말이 확인된다고 느끼시는 한에서만 말이에요.

하늘이 당신에게 주신 그 모든 선물 가운데, 충실한 친구라는 선물도 있을까요? 당신도 알다시피 그런 친구가 하나 있는데, 그는 당신을 있는 그대로 각별히 사랑하는 데 머물지 않고 당신에게서 기대되는 모든 것에 대해 강렬하고 순수한 열의를 갖고 있습니다. 그는 당신이 처할 수 있는 모든 상황 속의 당신을 열렬한 눈길로 응시하면서, 끊임없이 당신의 과거와 현재와 미래를 바라봅니다. 그는 자기의 영혼 깊숙한 곳에 당신의 모든 존재를 한꺼번에 그러모으고자 합니다. 그는 끊임없이 당신에게 몰두하는 것 외에는 다른 즐거움을 알지 못하므로, 그의 가장 소중한 희망은 당신에 대한 자신의 감정과 동일한 감정을 세상 전체에 불러일으킬 만큼 완벽한 당신을 보는 것입니다. 짧은 생이 끝나가는 이즈음 저는 열의가 불타오름을 느끼며, 그러한 열의 덕분에 당신의 삶을 인도하는 데 바칠 새로운 삶을 얻고 있는 듯합니다. 저의 정신은 마음에서 이는 사랑의 불꽃으로 밝아지고, 저는 저의 내면에서 거역할 수 없는 재능의 충동을 느낍니다. 저는 제가 하늘의 가장 훌륭한 작품을 완벽하게 만들라는 소명을 띠고 하늘로부터 보내진 사람이라는 생각이 듭니다. 그래요 소피, 만일 당신이 제 말에 귀 기울여준다면 제 노년의 일거리는 메말랐던 제 청년기를 영광스럽게 해줄 것이고, 당신을 위해 제가 하게 되는 일은 공허했던 저의 한평생을 벌충해줄 것입니다. 그뿐만 아니라 당신에게 미덕에 대한 사랑을 불러일으키기 위해 본을 보이려 애씀으로써 저 자신도 더 나은 인간이 될 것입니다.

우리가 더 이상 만나지 않는다 해도 우리는 계속 서로 사랑할 것 같습니다. 왜냐하면 서로에 대한 우리의 애정은 결코 사라지지 않을 긴밀함에 기초하고 있기 때문입니다. 운명과 악인들이 우리를 떼어놓으려 해도 헛일입니다. 우리의 마음은 늘 서로 친할 것이고, 상반되는 두 열정이 이 두 마음에 양립할 수 없는 욕망들을 불러일으킬 때조차(지금은 그렇지는 않지만) 두 마음이 서로를 아주 잘 이해하기만 한다면 두 마음을 충족시켜줄 수 있을 가장 훌륭한 목적을 위해 결합할 것입니다.

그토록 짧고 매력적이었던 그 여름의 즐거운 날들을 기억해보세요. 오랫동안 추억으로 남을 만한 여름이었습니다. 우리가 좋아했던, 그 녹음 드리운 산비탈에서의 호젓한 산책을 생각해보세요. 세상에서 가장 기름진 그 계곡은 우리 눈앞에 자연의 온갖 풍요로움을 펼쳐 보여주었지요. 마치 세간의 거짓된 행복에 혐오감을 느끼게 하려는 듯이 말입니다. 그 달콤했던 대화를 생각해보세요. 그때 우리는 속내 이야기와 은밀한 고통을 털어놓음으로써 서로의 마음의 짐을 덜어주었습니다. 또한 그때 당신은 한 남자의 마음이 겪어본 가장 달콤한 감정에 순결한 평화를 뿌려주었습니다. 우리는 하나의 끈에 묶이지도 않았고 하나의 불꽃에 의해 타오르지도 않았는데, 도대체 어떤 경이로운 불길이 우리에게 열기를 불어넣고 또 우리로 하여금 우리가 함께 향유하게 돼 있는 그 알 수 없는 행복을 맛보고 나서 동시에 만족의 한숨을 쉬게 했는지 모르겠습니다. 소피, 그토록 갈망했던 행복은 제가 오늘 당신에게 보여주는 바로 그런 모습을 하고 있었고, 바르고 정직한 것에 대한 우리의 애정이 우리를 한데 묶어놓고 있었으며, 우리의 결합된 감성이 우리로 하여금 우리의 공통의 숭배 대상에서 더 큰 매력을 발견하게 했다는 것을 의심하지 마세요. 만일 우리가 그토록 소중한 순간들을 언젠가 잊어버려 서로에 대해 즐겁게 추억하지 못하게 된다면 우리는 얼마나 달라질 것이며 얼마나 많은 눈물을 흘릴 것인지! 우리는 서로 손을 꼭 잡은 채 떡갈나무 아래 앉아 있고는 했지요. 당신은 감격한 눈을 제 눈에서 떼지 않은 채 하늘의 이슬보다 더 순수한 눈물을 흘렸고요. 비루하고 타락한 사람은 우리가 나눈 이야기들을 틀림없이 자기의 천박한 마음에 따라 해석했겠지만, 우리가 결코 속이지 못하는 완전무결한 목격자, 그 불멸의 눈은 아마도 다정한 두 영혼이 서로에게 미덕을 권장하는 것을, 그리고 자신이 그들에게 불어넣은 모든 순수한 감정을 감미로운 토로를 통해 함양하는 것을 호의를 가지고 바라보았을 것입니다.

이상이 저의 배려가 거둘 성공에 대한 보증들이며, 감히 그 보증들을 얻을 저의 권리들입니다. 저는 당신에게 인생의 경험에 기초한 견해들을 이야기해줌으로써, 당신에게 조언을 하기보다는 당신에게 신앙 고백을 하고 싶습니다. 제 모든 견해를 아주 잘 아는 여인 말고 어느 누구에게 제가 저의 원리를 더 잘 토로할 수 있겠습니까? 아마도 당신은 여기서 당신이 사용할 수 있는 중요한 진리들과 함께 고의가 아닌 몇 가지 오류를 발견하겠지만, 당신의 곧은 마음과 정신은 제가 그 오류들에서 벗어나도록 해줄 수 있을 것이고 당신을 보호해줄 수 있을 것입니다. 검토하고 판별

하여 선택하시고, 왜 그것을 선택했는지 제게 설명해주세요. 그러면 당신은 이 편지들을 통해서, 제가 편지들에 대한 당신의 성찰에 기대하는 것만큼 많은 것을 얻을 수 있을 것입니다. 비록 제가 때때로 가르치듯 하는 어조로 말할지라도, 당신도 알다시피 소피, 저는 단지 당신이 제 말을 잘 따르도록 하기 위해 선생 같은 어조를 취하는 것일 뿐이고, 제가 오랫동안 당신에게 그 같은 가르침을 주더라도 당신으로부터 받은 가르침을 다 갚지는 못할 것입니다.

이 글이 어쩌다 우리를 친밀하게 만들거나, 저의 말년을 가득 채우며 저의 마지막 기쁨이 되어주었던 이제는 멀어진 그 달콤한 대화들을 되살려주는 것 외에 다른 용도가 없을지라도, 그런 생각만으로도 제 여생의 고난을 보상해주기에 충분할 것입니다. 제가 더 이상 이 세상에 없을 때에도 여전히 제가 당신에게 중요한 사람으로 남으리라는 것, 제 글들이 저를 대신해 당신 곁에 있게 되리라는 것, 당신이 이 글들을 다시 읽으면서 저와 대화를 나누고 싶어 하리라는 것, 그리고 이 글들이 당신의 정신에 새로운 깨달음을 가져다주지는 못할지라도 적어도 일찍이 없었던 최고로 감동적인 우정에의 추억을 당신의 영혼 깊은 곳에 만들어주리라는 것, 저는 고통 속에서도 이런 것들을 생각하며 마음을 달랠 것입니다.

이 편지들은 세상의 빛을 보기 위해 쓰이지 않았으니, 당신의 동의 없이는 이 편지들이 결코 빛을 보지 못할 것임을 당신에게 굳이 말하지 않아도 되겠지요. 그러나 만일 언젠가 당신이 동의하는 상황이 온다면, 당신에게 애착을 갖는 저의 순수한 열의는 그 동의를 얼마나 기꺼이 공개적인 인정으로 만들겠습니까. 당신 이름도 제 이름도 이 글에 나타나지는 않지만 아마도 우리를 알았던 사람들의 의심을 피하지는 못할 텐데, 저로서는 그들이 간파한다고 해도 수치스럽다기보다는 더욱 자랑스럽습니다. 그리고 저는 제가 당신에게 품고 있는 존경심을 보여줌으로써 오히려 더 큰 존경을 받을 것입니다. 사랑스러운 소피, 설령 당신이 존경받는 데 저의 동의가 필요하지 않다 할지라도, 저는 지상의 모든 사람들이 당신에게 시선을 돌려서 당신의 영혼이 지닌 훌륭한 자질들에 제가 기대하는 바를 보았으면 합니다. 대중이 보는 앞에서 그 기대감을 채워줄 더 큰 용기와 힘을 당신에게 불러일으키기 위해서 말입니다. 사람들은 저의 애정과 존경이 절대로 헤프지 않았다고 생각할 것입니다. 특히 여성들에 대해서 말입니다. 그렇기에 사람들은 너무도 완벽하게 그 애정과 존경을 모두 받는 그 여인을 관찰하고 싶어 할 것입니다. 저는 제 영광을 당신에게 다 쏟아드리고 싶습니다. 오 소피, 그것이 가능하다면 제가 덕 있는 사람들에게서 받은 정당한 영광을 말입니다. 어느 날 사람들이 당신을 보고 저를 기억하면서 '아아, 그 사람은 미덕을 사랑했고 미덕에 대해 아주 잘 알고 있었지'라고 말하게 해주세요.

편지 2

    삶의 목적은 행복이지만, 우리 중에 그 행복에 이르는 방법을 아는 사람이 누가 있을까요? 행동의 원칙도 확실한 목적도 없이 우리는 이 욕망에서 저 욕망으로 표류하며, 설령 그 욕망들이 마침내 채워지더라도 그전과 다름없이 우리는 행복과는 먼 곳에 있습니다. 우리는 지지물과 발판이 없어 확고함이 부족한 이성에서도, 계속 이어지며 끊임없이 서로를 파괴하는 감정에서도 불변의 법칙을 갖고 있지 않습니다. 마음이 부리는 맹목적인 변덕의 희생자들인 우리는 고대하던 재산을 갖게 되지만 그것은 박탈감과 고통을 예고할 뿐이고, 우리가 소유하는 모든 것은 우리에게 부족한 것을 보여주는 데 이용될 뿐이며, 어떻게 살아야 하는지 알지 못하는 우리는 모두 삶을 제대로 살아보지도 못하고 죽습니다. 이 끔찍한 회의에서 벗어나는 방법이 있다면, 그것은 한동안 인간을 그의 천성적인 영역 저편으로 연장하여 인간의 모든 성향을 의심해보고 스스로를 연구하여 인간의 영혼 깊은 곳에 진리의 빛을 비춰보는 것입니다. 즉, 사람들이 생각하는 모든 것, 사람들이 믿는 모든 것, 사람들이 느끼는 모든 것, 인간의 조건이 허락하는 한 행복하기 위해 사람들이 느끼고 생각하고 믿어야 하는 모든 것을 한번 검토해보는 것입니다. 나의 매력적인 친구여, 그리하여 오늘 저는 당신에게 그러한 검토를 제안하는 것입니다.

그런데 오 소피, 사람들이 이미 수도 없이 많이 한 것 말고 우리가 뭘 하겠습니까? 온갖 책이 우리에게 최고의 선, 즉 행복에 관해 말하고, 온갖 철학자가 그것을 제시합니다. 사람들은 저마다 행복해지는 방법을 가르치지만 누구도 자기의 행복을 찾지 못했습니다. 인간의 이러한 추론이 만들어낸 엄청난 미궁 속에서 당신은 행복에 대해 배우지만 행복을 잘 알지 못하며, 이러쿵저러쿵 이야기하는 것은 배우지만 행복하게 사는 것은 배우지 못합니다. 당신은 형이상학적인 모호한 말들 속에서 길을 잃을 것이며, 어디에서나 철학이 만들어놓은 궁지에 빠져 당황할 것입니다. 당신은 도처에서 반박과 의심을 보게 될 것이며, 열심히 배우지만 결국에는 아무것도 모르고 끝나고 말 것입니다. 이 방법은 그 무엇에 대해서도 이야기할 수 있도록 훈련시키고, 그저 하나의 범주 안에서 두각을 나타내도록 훈련시킬 뿐입니다. 이 방법은 박식한 사람, 재주 있는 사람, 멋 부려 말하기 좋아하는 사람, 언쟁하기 좋아하는 사람, 자기 말을 듣는 사람들의 판단에 행복해하는 사람, 혼자 있으면 곧 불행을 느끼는 사람들을 만들어냅니다. 그래요, 정숙하고 순수한 사람이여, 제가 당신에게 제안하는 공부는 다른 사람들 눈앞에 펼쳐 보여줄 수 있는 과시적 지식을 제공해주는 것이 아닙니다. 그것은 인간의 행복에 기여하는 모든 것으로 영혼을 채워주고, 그것으로 타인들이 아닌 우리 자신을 만족시켜줍니다. 그것은 또 입으로 말을 하게 하는 것이 아니라, 가슴으로 감정을 느끼게 합니다. 이 방법에 몰두함으로써 사람들은 이성의 목소리보다는 자연의 목소리에 더 큰 신뢰를 부여하게 되고, 그토록 과장되게 지혜나 행복에 관해 말하지 않고도 속으로 지혜로워지고 스스로를 위해 행복해집니다. 바로 이것이 제가 당신에게 가르쳐주려고 애쓰는 철학으로, 저는 당신의 조용한 서재에서 당신과 대화를 나누고 싶습니다. 제가 옳다는 것을 당신이 느끼기만 하면, 저는 제가 옳다는 것을 당신에게 증명하고 싶지 않습니다. 저는 당신에게 반박들을 해결하는 법을 가르치지는 않겠지만, 당신이 저에게 반박할 게 전혀 없도록 노력할 것입니다. 저는 저의 논증보다는 당신의 진실함을 더 믿기에, 교육의 규칙들에 대해서는 신경 쓰지 않고 오직 당신의 마음만을 당신에게 하는 저의 모든 말의 증인으로 삼겠습니다.

이 세상을 바라보세요, 사랑스러운 친구여. 바라보고 있노라면 인간의 슬픈 운명을 한탄하게 만드는 이 오류와 비참의 무대에 시선을 돌려보세요. 우리는 철학과 이성의 풍토와 세기에 살고 있습니다. 모든 학문의 지식이 우리의 눈을 밝혀주는 동시에 인생의 그 어두운 미궁 속으로 우리를 인도하기 위해 서로 합심하는 것 같습니다. 시대마다 가장 훌륭한 재능을 가진 사람들은 우리를 가르치기 위해 자기들의 가르침을 한데 모읍니다. 거대한 도서관들이 일반인들에게 개방되며, 수많은 교육 기관과 대학이 우리에게 어린 시절부터 4,000년의 지혜와 성찰을 제공해줍니다. 불멸, 영광, 부(富), 그리고 흔히 예우는 인간을 가르치고 깨우치는 기술에서 가장 존경할 만한 사람들에게 주어지는 대가입니다. 모든 것이 우리의 지적 능력을 계발하는 데 기여하고, 이성을 기르고 발달시키는 모든 것을 우리 각자에게 유감없이 베푸는 데 기여합니다. 그렇다고 해서 우리가 그로 인해 더 나은 사람이 되거나 더 지혜로워졌습니까? 우리가 우리의 짧은 인생길은 어떠하며 그 끝은 어떠한지 더 잘 알게 되었습니까? 우리가 인간에게 중요한 의무와 참된 행복에 대해 더욱 일치된 생각을 갖고 있습니까? 그 모든 지식에서 싸움과 증오와 불안과 의심 말고 우리가 얻은 것이 무엇입니까? 각 학파는 자기들만이 진리를 발견한 것처럼 주장합니다. 각 서적은 오직 지혜에 대한 교훈만을 담고 있으며, 각 저자는 자기만이 올바른 것을 가르친다고 주장합니다. 어떤 사람은 육체가 없다는 것을 입증하는가 하면, 어떤 사람은 영혼이 없다는 것을 입증합니다. 어떤 사람은 영혼이 육체와 전혀 무관하다는 것을 입증하는가 하면, 어떤 사람은 인간이 하나의 짐승이라는 것을 입증하며, 또 어떤 사람은 신이 하나의 거울이라는 것을 입증합니다. 아무리 명성 있는 저자일지라도 터무니없는 원칙을 주장하기는 마찬가지이며, 그 누구에 의해서도 공박당하지 않았을 정도로 그렇게 자명한 명제도 없습니다. 타인들과 다르게 말하기만 하면 모든 것이 훌륭하기에, 사람들은 옳은 것보다는 새로운 것을 뒷받침할 논거들을 끊임없이 찾아냅니다.

예술의 완벽성에 대해, 그들이 행한 많은 발견과 그 발견의 위대함에 대해, 그리고 인간 재능의 규모와 탁월함에 대해 그들 좋을 대로 찬미하라고 하세요. 그들이 그들 자신을 제외하고 자연을 다 안다고 해서, 행복해지기 위한 기술을 제외하고 온갖 기술을 발견했다고 해서 우리가 그들을 칭찬하겠습니까? 그들은 우울하게 이렇게 외칠 것입니다. '그렇습니다, 우리에게는 행복해지기 위한 수단이 얼마나 많고, 우리 조상들이 모르는 편의품이 얼마나 많으며, 그들이 모르는 쾌락을 우리는 얼마나 많이 맛봅니까?' 사실, 당신들은 무기력하지만 그들은 행복했고, 당신들은 추론가들이지만 그들은 분별 있는 사람들이었으며, 당신들은 정중하지만 그들은 인간적이었고, 당신들의 모든 즐거움은 당신들 밖에 있지만 그들의 즐거움은 그들 안에 있었습니다. 소수가 다수를 희생시키고 얻는 그 잔인한 쾌락이 무슨 가치가 있겠습니까? 도시의 사치는 시골에 비참과 기아와 절망을 가져다줍니다. 만일 몇몇 사람이 더 행복하다면, 이 때문에 남은 인류는 더 불행해져야 합니다. 몇몇 부자들을 위해 삶의 편의품을 더 많이 만들어낼 경우, 대부분의 사람들이 자신을 비참하게 여기지 않을 수 없습니다. 타인을 희생시켜야만 누리게 되는 그 비인간적인 행복이란 대체 뭡니까? 정 많은 영혼들이여, 알려주시오. 돈을 주고 사는 행복이란 대체 뭡니까?

　지식은 인간을 온화하게 만든다고, 이 세기는 덜 잔인하다고, 우리는 피를 덜 흘린다고 그들은 다시 주장합니다. 아, 딱한 사람들이여! 당신들이 눈물을 덜 흘리게 한다고요? 당신들이 평생 괴로워하며 죽어가게 만드는 그 불행한 사람들은 차라리 단두대에서 단번에 목이 잘려 죽기를 더 바라지 않을까요? 당신들이 더 온화하다고 해서 당신들이 덜 부당하고, 당신들의 양심이 덜하고, 미덕이 덜 억압받고, 권력이 덜 전제적이고, 민중이 괴롭힘을 덜 당하고, 범죄가 줄어들고, 범죄자가 적어지고, 감옥이 덜 붐빕니까? 도대체 당신들이 온화해져서 얻은 것이 무엇입니까? 당신들은 편협한 영혼들의 악덕을, 비정함을 지닌 거침없는 악덕으로 대체해버렸습니다. 당신들의 온화함은 야비하고 소심하여, 전에는 노골적으로 괴롭혔을 사람들을 은밀하게 숨어서 괴롭힙니다. 만일 당신들이 덜 냉혹하다면, 그것은 미덕 때문이 아니라 나약함 때문일 것입니다. 그렇기에 그것은 당신들에게는 더 큰 악덕일 뿐입니다.

　추론이라는 기술은 이성이 아닙니다. 흔히 그것은 이성의 남용입니다. 이성은 영혼의 모든 능력을 사물의 성질과, 우리와 그 사물의 관계에 적합하게 정돈하는 능력입니다. 추론은 이미 알고 있는 진리들을 비교해 우리가 모르는 또 다른 진리를 발견하게 하는 기술입니다. 그러나 그것은 후자의 진리를 발견하는 데 기초로 이용되는 그 최초의 진리를 이해하는 법을 가르쳐주지는 않습니다. 그러므로 우리가 그 최초의 진리의 자리에 우리의 견해들과 정념들, 편견들을 가져다놓으면 추론은 우리를 깨우쳐주기는커녕 이성을 잃게 하며, 영혼을 전혀 고양시키지 못하고 무기력하게 만들어 그 영혼이 발달시켜야 할 판단력을 망가뜨립니다.

　하나의 체계적인 이론을 형성하는 데 이용되는 일련의 추론에서, 동일한 명제가 철학자의 정신에 포착되지 않을 만큼 아주 미약하게 모습을 바꾸어가며 수없이 반복해서 나타납니다. 너무도 자주 나타나는 그 다른 모습들은 마침내 명제를 완전히 변화시켜 그가 알아보지 못할 정도로 만들어버려서, 그가 어떤 것에 대해 말해도 결국은 그것이 아닌 다른 것에 대해 말하는 결과가 될 것이고, 따라서 그 결과들은 죄다 오류가 될 것입니다. 이러한 단점은, 늘 큰 원리들로 이어지고 항상 일반화하기 마련인 체계적인 정신과 불가분의 관계에 있습니다. 원칙을 발견하는 사람들은 할 수 있는 한 일반화하는데, 그 방법은 발견의 범위를 확대함으로써 발견자들을 천재적이고 능력 있게 보이게 합니다. 자연은 항상 일반적인 법칙들에 따라 움직이기 때문에, 그들은 자기들이 일반적인 원칙들을 확증함으로써 자연의 비밀을 간파했다고 믿습니다. 작은 사실 하나를 확대 적용해 추상화한 덕분에 사람들은 그 사실을 그처럼 하나의 일반적인 법칙으로 바꿉니다. 그들은 원리에까지 거슬러 올라간다고 생각하며, 인간의 이해력으로는 비교할 수 없는 더 많은 생각들을 단 하나의 대상에 집중시키려 하고, 흔히 단 하나의 존재물에 대해 겨우 진실일 뿐인 것을 수많은 존재물들에 대해서도 진실이라고 주장합니다. 덜 명석하지만 더 냉정한 관찰자들은 이어서, 일반 명제가 너무도 특수한 것이 되어 그로부터 아무것도 추론할 수 없게 되고, 또한 구별과 실험에 의해 그 명제가 그 명제를 배출한 토대인 단 하나의 사실로 단순화될 때까지 끊임없이 예외에 예외를 덧붙입니다. 이런 식으로 체계적인 이론들이 세워지고 또 뒤집히는데, 새로운 추론가들은 그 체계적인 이론들의 폐기물 위에 마찬가지로 오래가지 못할 또 다른 이론들을 세우느라 열심입니다.

그들은 모두 이처럼 서로 다른 길을 헤매면서도 각자 자신이 진짜 목적지에 도달할 것으로 믿는데, 자기가 헤매는 모든 우회로의 흔적을 아무도 알지 못하기 때문입니다. 모두가 진리를 발견했다고 주장하면서 서로에게 거짓이라고 반박하는 그 많은 학자들 사이에서, 진심으로 진리를 추구하는 사람들은 도대체 어떻게 해야 할까요? 모든 이론을 검토해야 할까요? 모든 책을 훑어봐야 할까요? 모든 철학자들의 말에 귀 기울여야 할까요? 모든 학파를 비교해봐야 할까요? 에피쿠로스[76]와 제논[77] 사이에서, 아리스티포스[78]와 디오게네스[79] 사이에서, 로크[80]와 샤프츠버리 사이에서 감히 의사 표시를 해야 할까요? 파스칼의 앎보다 자기의 앎을, 데카르트의 이성보다 자기의 이성을 감히 더 믿어야 할까요? 페르시아의 물라[81]와 중국의 승려, 타타르의 라마[82], 인도의 브라만, 영국의 퀘이커교도, 네덜란드의 율법학자가 각각 말하는 것을 들어보세요. 그러면 그들 모두가 자기들의 터무니없는 교리에 부여해대는 설득력에 놀랄 것입니다. 그들은 각자 당신만큼 분별 있는 사람을 얼마만큼은 납득시키지 않았겠습니까? 만일 당신이 그들의 말에 별로 귀 기울이지 않는다면, 만일 당신이 그들의 헛된 논거들을 비웃는다면, 만일 당신이 그들의 말을 믿기를 거부한다면, 그들의 편견에 반대하는 것은 당신의 이성이 아니라 당신의 편견인 것입니다.

그 견해들 가운데 단 하나만 깊이 검토해보려 해도 우리 인생의 열 배가 되는 시간이 필요할 것입니다. 파리의 한 부르주아는 소르본의 한 교부에게 두려움을 주는 칼뱅파의 반론들을 비웃습니다. 그런데 깊이 파고들면 파고들수록 의심스러운 주제들이 더 많이 발견되는 법입니다. 논거들을 대립시키든, 권위자들을 대립시키든, 아니면 지지자들을 대립시키든, 나아갈수록 더욱더 의심의 대상들에 봉착하게 됩니다. 그리하여 사람들은 알면 알수록 더 모르게 되며, 모르는 것을 배워 알기는커녕 자신이 알고 있다고 믿었던 지식조차 잃어버리게 되는 것에 매우 놀라고 맙니다.

편지 3

사랑하는 소피, 우리는 아무것도 알지 못하고 아무것도 보지 못합니다. 우리는 이 광대한 우주 속에 닥치는 대로 내던져진 한 무리의 맹인입니다. 우리 모두는 어떤 대상도 보지 못하므로 모든 대상에 대해 어떤 가공이미지를 만들어 그것을 진실의 법칙으로 삼습니다. 그런데 그 관념은다른 어떤 사람의 관념과도 유사하지 않고 객설로 우리를 혼란에 빠뜨리는 그 끔찍하게 많은 철학자들의 관념과도 유사하지 않기 때문에, 이 우주에 관한 체계적인 이론에 대해서도, 모두가 열심히 설명하는 사물의본성에 대해서도 일치된 견해를 보이는 사람은 단둘도 없습니다.

불행하게도, 우리가 정말 가장 모르는 것은 우리가 가장 잘 알아야 하는 것, 이를테면 인간에 대한 것입니다. 우리는 타인의 영혼을 보지 못하는데 그것은 그 영혼이 가려지기 때문이며, 또한 우리는 우리 자신의 영혼 역시 보지 못하는데 그것은 우리가 정신적인 거울을 갖고 있지 않기 때문입니다. 우리는 모든 점에서 완전히 맹인, 그것도 마치 시각이 무엇인지 상상도 하지 못하는 선천적인 맹인과 같습니다. 그래서 결핍된 능력이 있다고는 생각하지 못하는 우리는 우주의 끝에서 끝까지 다 헤아려 보고 싶어 하지만 우리의 짧은 이성의 빛은 우리의 두 손이 그렇듯이 고작해야 두 걸음 안쪽에밖에 미치지 못합니다.

이러한 생각을 깊이 하다 보면, 아마도 이 생각이 비유적 의미 못지않게 본래적 의미에서도 옳다고 생각할 것입니다. 우리의 감각은 우리의 모든 지식의 도구입니다. 우리의 모든 관념은 감각들에서 비롯되거나, 아니면 적어도 감각들을 통해 유발됩니다. 자신의 육체 속에 억압되어 갇혀 있는 인간의 지적 능력은 이를테면 그것을 압박하는 육체를 뚫고 나갈 수 없어서 오로지 감각을 통해서만 작용합니다. 그것들을 다섯 개의 창문에 비유할 수 있는데, 우리의 영혼은 그것들을 통해 빛을 받고 싶어 합니다. 그런데 그 창문들은 작고 유리가 흐릿한데다 벽이 두꺼워서 집의 채광이 잘 되지 않습니다. 우리의 감각은 우리를 보호하기 위해 주어졌지 우리를 깨우치기 위해 주어지지 않았으며, 우리에게 유익하거나 해가 되는 것을 알려주기 위해 주어졌지 우리에게 옳거나 그른 것을 알려주기 위해 주어지지 않았습니다. 그러므로 감각들의 용도는 결코 본성을 탐구하는 데 있지 않아서, 우리가 그 용도로 감각들을 이용할 경우 감각들은 불충분해서 우리로 하여금 오류를 범하게 합니다. 따라서 우리는 감각들을 통해 진리를 발견하리라고 결코 확신할 수 없습니다.

한 감각의 오류는 다른 감각에 의해 교정되는데, 만일 우리가 하나의 감각만 가지고 있다면 그 감각은 우리로 하여금 끝없이 오류를 범하게 할 것입니다. 그러므로 우리는 서로를 교정하는 데 있어 부정확한 척도들만을 가지고 있습니다. 부정확한 두 척도가 일치하게 될지라도 그것들은 그 일치 자체에 의해 우리로 하여금 오류를 범하게 할 것입니다. 그러니 만일 세 번째 척도가 없다면 무슨 수로 오류를 발견하겠습니까?

시각과 촉각은 우리가 진리를 탐구하는 데 가장 많이 이용하는 두 감각입니다. 왜냐하면 그것들은 보다 더 온전한 대상들을, 그 대상들이 다른 세 감각을 초래하는 상태보다 더 관찰에 적합한 지속성 있는 상태에서 우리에게 제공해주기 때문입니다. 시각과 촉각은 또한 모든 지적인 정신을 서로 공유하는 것 같습니다. 힐끗 한 번 바라보고 반구(半球) 전체를 헤아리는 시각은 체계적인 재능의 막대한 능력을 나타내 보여줍니다. 한 대상을 확인한 다음에 다른 대상으로 넘어가는 더디고 단계적인 촉각은 관찰 정신을 닮았습니다. 이 두 감각은 그것들이 나타내 보여주는 능력들의 결합 또한 갖고 있습니다. 눈은 멀리 있는 대상들에 고정될수록 더욱더 시각적 착각에 빠지기 쉽고, 손은 어떤 부분과 항상 접촉하고 있다 보면 큰 전체를 파악하지 못합니다.

모든 감각 중에서 시각이, 가장 많은 지식과 가장 많은 오류를 동시에 받아들이는 감각임은 확실합니다. 우리는 바로 이 시각을 통해서 자연의 거의 전체를 판단하지만, 바로 이 시각을 통해서 우리의 거의 모든 오판도 주어집니다. 당신은 선천적 맹인에 대한 그 유명한 수술 이야기를 들었을 것입니다. 성인(聖人)이 아니라 외과 의사가 그에게 시각을 돌려주었는데, 그가 그 시각을 이용하는 것을 배우는 데는 많은 시간이 필요했습니다. 그 맹인의 말에 의하면, 그가 보는 모든 것은 그의 눈길 안에 있었지만, 멀리 있는 불균등한 물체를 바라볼 때면 그는 그 크기나 거리를 전혀 알 수 없었습니다. 그는 대상들을 분간하기 시작했을 때에도 여전히 실물과 초상을 분간하지 못했고, 자기가 대상들을 거꾸로 보았는지 여부를 확인하는 것을 잊어버렸다고 했습니다.

모든 후천적인 경험에도 불구하고 멀리 있는 대상들에 대해 시각적으로 오판하지 않거나, 자기 눈앞에 있는 대상들의 크기를 측정하는 데 오류를 범하지 않을 사람은 한 사람도 없습니다. 더욱 놀라운 것은, 그 오류가 항상 원근법의 규칙에 맞는 것도 아니라는 것입니다.

그런데 시각이 우리로 하여금 너무 자주 오류를 범하게 하고 촉각만이 시각을 교정하긴 하지만, 촉각 또한 수없이 오류를 범하게 합니다. 촉각은 결코 오류를 범하게 하지 않으니 촉각을 교정할 여섯 번째 감각은 필요하지 않을 것이라고 누가 단언하겠습니까? 엄지와 검지를 서로 맞닿게 해 조그맣게 동그라미를 만들어 구(球)를 표현해본 경험은 우리가 우리의 판단과 마찬가지로 성향에 있어서도 습관의 노예라는 것을 보여줍니다. 촉각은 형상에 대해 아주 잘 판단한다고 자부하지만 실은 아무것도 정확히 판단하지 못합니다. 그것은 선이 곧은지 어떤지, 평면이 평평한지 어떤지, 입방체가 반듯한지 어떤지 우리에게 전혀 가르쳐주지 못합니다. 그것은 열기의 정도에 대해서도 마찬가지로 잘 판단하지 못하여, 같은 지하 창고인데도 여름에는 시원한 것같이 느끼게 하고 겨울에는 따뜻한 것같이 느끼게 합니다. 온도는 전혀 변하지 않았는데도 말입니다. 오른손은 대기 중에 두고 왼손은 뜨거운 불 가까이에 두었다가 미지근한 물에 두 손을 동시에 담가보세요. 그러면 그 물이 오른손에는 덥게, 왼손에는 차게 느껴질 것입니다. 저마다 무게에 대해 숙고해보지만, 누구도 공기의 압력이라는 무게의 가장 보편적인 효과를 느끼지 못하므로, 우리는 우리 주위의 유체를 느끼자마자 우리가 대기 전체의 무게를 지탱하는데도 우리 육체의 무게만을 지탱한다고 생각합니다. 이러한 것에 대한 다소 경미한 증거를 경험하고 싶다면, 욕조에서 팔을 수평으로 들고 물 밖으로 천천히 나와보세요. 대기가 팔을 압박함에 따라 그 큰 압력에 의해 팔 근육이 피곤해짐을 느낄 것입니다. 그런데도 당신은 그 압력을 아마 전혀 느끼지 못했을 것입니다. 유사한 관찰들을 수없이 하다 보면 감각 중에서 가장 믿는 그 감각이 얼마나 여러 방식으로 우리로 하여금 오류를 범하게 하는지를 알게 될 것입니다. 존재하는 효과들을 감추거나 왜곡함으로써든, 존재하지도 않는 효과들을 상정함으로써든 말입니다. 우리가 아무리 시각과 촉각을 함께 이용해 그 두 감각과 관계있는 사물의 규모를 판단하려 해도 소용없습니다. 그것이 얼마나 큰지, 얼마나 작은지조차 알지 못하기 때문입니다. 사물들의 보이는 크기는 그것들을 가늠하는 사람의 키와 관련 있습니다. 옴벌레에게 조약돌은 마치 알프스 산맥과도 같습니다. 우리에게 한 걸음은 난쟁이에게는 1투아즈toise의 거리로 보이고 거인들에게는 1푸스pouce의 거리로 보일 것입니다.[83] 그렇지 않을 경우 우리의 감각들은 우리의 필요에 불상응할 것이고 우리는 존재할 수가 없을 것입니다. 결국 저마다 자기 자신에 기초해 모든 사물의 크기를 측정합니다. 그러니 절대 크기란 게 어디 있습니까? 모두가 잘못 알고 있거나 아니면 잘못 아는 사람이 아무도 없는 절대 크기 말입니다. 더 말하지 않아도 이 성찰이 어떤 결론에 이르게 될지 당신은 어렴풋이 예상할 수 있을 것입니다. 모든 기하학은 오직 시각과 촉각에 기초하는데, 이 두 감각은 어쩌면 우리에게 없는 다른 감각들에 의해 교정될 필요가 있을지도 모릅니다. 따라서 우리에게 더 많이 증명된 것도 여전히 의심스러우며, 그렇기에 유클리드의 기본 원리들이 오류투성이는 아닌지 우리는 알 수 없습니다.

우리에게 부족한 것은 추론보다는 추론의 단서입니다. 인간의 정신은 많은 것을 할 수 있지만, 감각은 그 정신에 별로 재료를 제공해주지 못합니다. 그러나 우리의 활발한 영혼은 하는 일도 활동도 없이 가만히 있기보다는 자기의 능력의 범위 안에 있는 망상들에 작용하기를 더 좋아합니다. 그러므로 거만하고 무익한 철학이 망상에 빠지거나, 아주 훌륭한 재능이 시시한 생각들에 완전히 낭비되는 것을 보게 되더라도 놀라지 맙시다. 우리가 설득력 없는 지식에 발을 들여놓을 때는 얼마나 경계심을 품어야 하는지요. 철학자들 중에서도 가장 체계적인 철학자, 즉 자기 원리를 가장 잘 확증한, 결과적으로 가장 잘 추론한 철학자조차 터무니없는 이론들 속에서 첫걸음부터 헤매며 반복되는 오류에 빠져드는 것을 볼 수 있으니 말입니다. 모든 편견의 뿌리를 단번에 뽑아버리고 싶어 한 데카르트는 모든 것을 의심하고 모든 것을 이성으로 검토하는 것에서 시작했습니다. 나는 생각한다, 고로 나는 존재한다라는 이 독자적이고 확실한 원리에서 출발해 아주 조심스럽게 나아간 그는 자신이 진리를 향해 간다고 생각했으나 허위밖에 발견하지 못했습니다. 그는 이 기본 원리에 기초해 자기 자신을 검토하는 것으로 시작했는데, 상이한 두 실체에 속하는 것처럼 보이는 서로 아주 다른 특성들을 자기에게서 발견하고는 먼저 그 두 실체를 잘 이해하는 데 전념했습니다. 그리고 그것들의 개념 속에 명백하게, 그리고 필수적으로 포함되어 있지 않은 모든 것을 제거함으로써 하나는 연장(延長)된 실체[84]로, 다른 하나는 사유하는 실체[85]로 정의했습니다. 그것들이 두 불확실한 실체에 대한 애매한 문제를 남긴 만큼, 또한 연장과 사유가 서로 결합되어 동일한 하나의 실체 속에 침투하게 되는 결과가 반드시 뒤따르지는 않은 만큼, 그 정의들은 더욱더 사려 깊습니다. 아 이런, 이론의 여지가 없어 보이던 이 정의들은 그런데 한 세대도 가지 않아 뒤집혀버렸습니다. 뉴턴은 물질의 본질이 연장에 있지 않음을 보여주고, 로크는 영혼의 본질이 사유에 있지 않음을 보여준 것입니다. 데카르트의 사려 깊고 체계적인 모든 철학이여, 안녕. 그의 뒤를 이은 사람들에게는 더 행운이 따라서 그들의 체계적 논리들은 더 오래갈까요? 그렇지 않습니다, 소피. 그것들도 흔들리기 시작하고 있으니 마찬가지로 뒤집혀버릴 것입니다. 그것들 또한 인간의 작업이기 때문입니다.

왜 우리는 정신과 물질이 무엇인지 알지 못할까요? 우리는 감각으로는 아무것도 알지 못하고, 우리의 감각은 그에 대해 가르쳐주기에는 부족하기 때문입니다. 우리는 우리 능력들을 발휘하려 하자마자 그것들이 모두 우리 기관들에 의해 억압당한다고 느끼는데, 감각에 복종하는 이성조차 그 감각들처럼 이성 그 자체와 대립되며, 기하학은 이해할 수 없는 증명된 정리들로 넘쳐납니다. 철학에서는 실체와 영혼, 육체, 영원성, 운동, 자유, 필연성, 우연성 등의 단어들을 끊임없이 사용하지 않을 수 없지만 어느 누구도 그 단어들을 이해하지 못했습니다. 간단한 물리학조차 형이상학이나 도덕과 마찬가지로 난해합니다. 우주의 설명자인 위대한 뉴턴은 자연의 가장 능동적 원리처럼 보이는 전기의 경이로움에 대해 짐작도 하지 못했습니다. 자연의 작용 중에서 가장 보편적이고 가장 관찰하기 쉬운 것, 즉 씨앗에 의한 식물의 증식은 아직도 더 연구해야 할 대상으로, 그 분야에서도 그동안의 모든 고찰을 뒤집는 새로운 사실들이 하루가 멀다 하고 발견됩니다. 생식의 신비를 상술하고자 한 우리 시대의 플리니우스[86]는 인체의 작용과 운동에 대한 이미 널리 알려진 법칙들과 양립할 수 없는데다 이해하기도 힘든 원리를 사용하지 않을 수 없었습니다. 우리가 아무리 모든 것을 설명해도, 우리는 우리가 그 무엇에 대해서도 확실한 관념을 갖지 못한다는 것을 보여주는 설명 불가능한 난점들을 도처에서 발견합니다.

당신은 콩디야크[87] 사제에게서, 지식의 단계들이 우리에게 따로따로 주어진다면 어떤 지식 단계가 어떤 감각에 속할지를, 그리고 또 우리보다 적은 기관을 가진 존재들이 사물의 성질에 관해 하게 될 이상한 추론들을 볼 수 있었습니다.[88] 당신 생각에, 우리가 모르는 다른 감각들을 부여받은 존재들은 우리에 대해 어떻게 말할 것 같습니까? 그런 감각들이 존재할 수 없다고, 그리고 그런 감각들이 우리 감각들이 없앨 수 없는 어둠의 영역을 밝혀주지는 못하리라고 어떻게 증명합니까? 육체와 유기적 조직을 가진 존재에게 감정과 생명을 주기 위해 필요한 감각의 개수에 대한 고정된 견해는 아무것도 없습니다. 동물들의 경우를 검토해봅시다. 어떤 동물들은 우리보다 적은 감각을 가지고 있는데, 또 다른 동물들은 우리보다 더 많은 감각을 가지고 있지 않을 이유가 있을까요? 그 동물들이, 우리의 감각은 절대로 접할 수 없기에 우리가 영원히 알지 못할, 우리에게 이해할 수 없어 보이는 동물들의 여러 행위에 대해 납득시켜줄 그런 감각들을 가지고 있지 않을 이유가 있을까요? 어류는 전혀 듣지를 못하고, 조류와 어류는 후각이 없습니다. 달팽이와 벌레는 눈이 없고, 굴의 유일한 감각은 촉각인 것 같습니다. 그러나 어쩌면 본능이라는 난해한 말과 결부된다기보다 인간에게 생소한 어떤 조직과 결부된다고 생각하는 편이 더 나을 주의력이나, 조심성, 또는 상상할 수 없는 술책들을 얼마나 많은 동물들이 가지고 있습니까? 모든 것이 우리의 면전에서 이런 터무니없는 편견을 반박하는데 모든 존재의 능력들을 우리 능력들에 맞추는 것은 얼마나 유치한 교만입니까. 여러 다른 세계에 존재할 수 있는 모든 사유하는 존재들 가운데서 우리가 자연의 베풂을 가장 덜 받은 존재들, 진리를 이해하는 데 적합한 기관을 가장 적게 부여받은 존재들이 아니라고 어떻게 단언합니까? 또한 우리가 수많은 증명된 진리에 이르는 것을 끊임없이 가로막는 불가해는 바로 그 감각의 수적 부족에 기인하는 것이 아니라고 어떻게 단언합니까?

물질과 지각 능력이 있는 존재들을 관찰하는 수단이 그렇게도 적은데, 어떻게 우리가 영혼과 정신적인 존재들에 대해 판단할 수 있기를 바라겠습니까? 그러한 수단들이 실제로 존재한다고 가정하더라도, 만일 우리가 육체가 무엇인지 모른다면 정신이 무엇인지 어떻게 알 수 있겠습니까? 우리는 주위에 영혼 없는 육체들이 있다고 상상할 수는 있지만, 우리 가운데 누가 육체 없는 영혼을 볼 수 있고 순수하게 정신적인 실체에 대해 최소한의 개념이라도 가질 수 있습니까? 감각에 의해 움직인다는 것 외에는 아무것도 모르는 영혼에 대해 우리가 무엇을 말할 수 있습니까? 그 영혼이 자기의 발달을 위해서 오직 어떤 적절한 조직이나 자유의 회복만을 기대하는 수많은 다른 능력을 가지고 있지는 않은지 우리가 어떻게 알 수 있습니까? 우리의 지식은 물질주의자들의 말처럼 지각을 통해 밖에서 안으로 들어옵니까, 아니면 플라톤이 주장한 것처럼 안에서 밖으로 새어 나옵니까? 빛이 창문을 통해 집 안으로 들어온다면 감각이 지적 능력의 중추입니다. 이와 반대로 집이 안에서 환하게 밝혀진다면 모든 창을 닫아 아무리 막더라도 빛은 마찬가지로 존재할 것입니다. 그러나 창을 열면 열수록 빛은 더욱더 빠져나와서, 당신은 주위 사물들을 더욱 쉽게 구분하게 될 것입니다. 그러므로 영혼이 눈과 귀와 손 없이 어떻게 보고 듣고 만질 수 있느냐고 묻는 것은 정말 유치한 질문입니다. 저는 절름발이가 묻는 것처럼 사람들이 어떻게 목발 없이도 걸을 수 있느냐고 묻고 싶을 것이며, 손과 눈과 귀를 가진 영혼이 어떻게 만지고 보고 들을 수 있느냐고 묻는 것이 훨씬 더 철학적일 것입니다. 왜냐하면 육체와 영혼이 서로에게 작용하는 방식은 언제나 형이상학의 커다란 골칫거리였으며, 순수한 물질에 감각을 부여한다는 것은 훨씬 더 어려운 문제이기 때문입니다.

자연은 지상의 굴에서 인간에 이르기까지, 그리고 인간에서 어쩌면 다른 세계들의 가장 뛰어난 종에 이르기까지 각각의 능력에 따라 다른 완성도의 육체를 부여했는데, 서로 다른 완성도를 가진 정신들이 없는지 누가 알겠습니까? 인간과 짐승이 다른 것은, 자기가 가진 능력의 대부분을 제약하는 육체 속에 억압된 인간의 영혼이 끊임없이 자기의 감옥을 부수려 하고 인간의 나약함에 거의 신적인 용기를 결합시키는 반면에, 짐승의 영혼은 감각을 지닌 몸통 이상의 능력을 가지고 있지 않다는 점입니다. 그러므로 인류의 경탄의 대상이자 자랑거리인 그 위대한 천재들은 말하자면 감각의 장벽을 넘어 초자연적이고 정신적인 영역으로 비약하여, 자연이 평범한 인간을 동물보다 뛰어나게 해준 것과 마찬가지로 그 평범한 인간보다 드높아지는 것이 아닙니까? 자연의 움직임을 끝없이 찬미하는 자들이여, 늘 인간 행동을 관찰하는 자들이여, 왜 우리는 수많은 차원의 무한한 정신들로 가득한 우주의 광막한 가슴을 상상하지 못하는 것입니까? 오 나의 소피, 이들이 때때로 우리의 아주 매력적인 대화를 목격하는 것, 다정하고 정숙한 두 친구가 마음 깊은 곳에서 미덕의 밀

알이 되는 것을 보면서 그 순수한 지성들 사이에서 어떤 칭찬의 목소리가 이는 것을 생각하면 제 마음이 얼마나 감미로운지 모릅니다.

저는 거기에 개연성 없는 추측들밖에 없다는 것을 시인하지만, 제가 밝히고 싶은 의심들을 덜어내기 위해서는 그 반대를 증명할 수 있기만 하면 됩니다. 우리는 어디에 있습니까? 우리는 무엇을 보고 무엇을 알며, 무엇이 존재합니까? 우리는 스스로 이해하지 못하는 허황된 것들만을 좇습니다. 몇몇 변덕스러운 귀신들, 몇몇 덧없는 유령들이 우리 눈앞에서 이리저리 날아다니면, 우리는 존재들의 영원한 연속을 본다고 생각합니다. 우리는 우주 안에서 단 하나의 실체도 알지 못하고 심지어 그 실체의 표면도 볼 자신이 없기 때문에 자연의 신비를 탐색하고 싶어 합니다. 그토록 유치한 작업은 철학자라고 불리는 그 어린애 같은 사람들에게 맡깁시다. 그들의 폭 좁은 헛된 지식을 훑어봤으니, 데카르트가 출발했던 바로 그곳에서 끝마쳐야 하겠습니다. 나는 생각한다, 고로 나는 존재한다. 바로 이것이 우리가 아는 전부입니다.

편지 4

인간은 자신을 보면 볼수록 자기가 작다는 것을 알게 됩니다. 그러나 사물을 축소하는 렌즈는 오직 좋은 시력을 위해 존재합니다. 사랑하는 소피, 사람들이 자신의 하찮음을 느끼면서도 갖게 되는 자만은 이상한 자만이 아닙니까? 그렇지만 사람들이 건전한 철학으로부터 얻을 수 있는 자만이란 모두 바로 그런 자만입니다. 저는 자기의 무지에 대해 자만하는 참된 학자보다는 소위 자기의 지식에 대해 자만하는 사이비 학자를 백배는 더 용서할 것입니다. 한 미치광이가 자신이 반신(半神)쯤 되는 듯이 행동한다면 그의 광기는 적어도 일관성이 있지만, 자기를 곤충으로 생각하고 풀 밑을 거만하게 기어간다면 그것은 제게는 터무니없는 행동의 절정으로 보입니다. 오 소피, 그렇다면 지혜의 가장 중요한 가르침은 도대체 무엇입니까? 겸양입니다! 기독교도가 말하는, 그러나 인간이 거의 알지 못하는 이 겸양이야말로 우리 자신에 대한 연구를 통해 우리에게 생겨나야 하는 최초의 감정인 것입니다. 어리석은 허영으로 이렇게 말하지 맙시다. 인간은 세상의 왕이어서 태양, 천체, 창공, 대기, 대지, 바다가 인간을 위해 만들어졌고, 식물은 인간의 생존을 위해 자라며, 동물은 인간의 먹이가 되기 위해 살고 있다고 말입니다. 이런 추론 방식, 행복과 뛰어남과 완벽에 대한 이런 탐욕스러운 갈구를 갖고 있는데 어찌 인간이 인간 이외의 것들이 인간을 섬기기 위해 창조되었다고 믿지 않겠습니까? 어찌 인간이 자기 자신이 자연에서 이루어지는 모든 작업의 유일한 목적이라고 저마다 생각하지 않겠습니까? 그토록 많은 존재들이 우리의 생존에 유익한데, 우리는 그것들의 생존에 분명 덜 유익한가요? 그것이 증명하는 바는 우리의 나약함이 아니고 뭐겠습니까? 그리고 우리가 어떻게 우리의 운명보다 그것들의 운명을 더 잘 알겠습니까? 만일 우리가 시각을 잃는다면, 촉각에 거의 잡히지 않는 새와 물고기와 곤충들이 존재한다는 것을 무엇을 통해 알 수 있지요? 이런 곤충들 가운데 많은 것들 역시 우리가 존재한다는 것을 생각도 못하는 듯합니다. 그러니 왜 더 뛰어난 다른 종들이 존재하지 않겠습니까? 그것들을 발견하는 데 적합한 감각이 없어서 우리가 알지 못하는 것은 아닐까요? 작은 벌레들이 우리 눈에 무시할 만한 존재로 보이듯이, 우리는 누구의 눈에 그렇게 보일 수 있을까요? 그러나 자기가 실제로는 갖고 있지 않은 천부적 재능으로 거만해진 인간을 의기소침하게 하는 것은 그만하면 충분합니다. 그에게는 더 가치 있고 더 정당한 긍지를 유지시키기에 충분한 천부적 재능들이 아직 남아 있습니다. 이성이 그 긍지를 깔아뭉개고 그 긍지의 가치를 떨어뜨릴지라도 내면의 감정은 그것을 고양하고 존중합니다. 악인이 의인에게 몰래 보내는 반사적인 경의는 자연이 인간의 가슴속에 새겨놓은 진정한 귀족 작위인 것입니다.

우리가 우리의 하찮음을 보게 될 때 고통스럽게 느끼게 되는, 우리를 드높이는 능력들을 해치는 것에 대해 그러듯이 우리의 나약함에 대해 분개하는 그 은밀한 불안을 당신은 전혀 느껴보지 못했습니까? 때때로 홀

룡한 도덕과 사물의 정신적 질서에 대한 명상에 능한 영혼을 사로잡는 그 반사적인 열정들을, 돌연 마음을 천상의 미덕으로 불태우는 그 열렬한 격정들을, 우리를 우리 자신 이상으로 드높여 신 곁으로 데려다 주는 그 숭고한 일탈들을 당신은 전혀 경험해보지 못했습니까? 아, 그 신성한 열정이 지속될 수 있다면, 평생 동안 그 고귀한 열광이 살아 있다면, 어떤 영웅적인 행위들이 우리의 용기를 두렵게 할 것이며, 어떤 악덕들이 감히 우리 곁에 다가올 것이며, 우리가 우리 자신을 상대로 거두지 못할 승리가 뭐가 있을 것이며, 우리가 스스로 노력해서 얻을 수 없는 위대한 것이 뭐가 있겠습니까? 존경하는 내 친구여, 이러한 힘의 근원은 우리 안에 있습니다. 이 힘은 잠시 나타나서, 그것을 끊임없이 추구하도록 우리를 부추깁니다. 이 경건한 열정은 우리의 능력들이 지상의 구속에서 벗어나게 하는 에너지입니다. 그 자유로운 상태 속에서 그 능력들을 끊임없이 유지시키는 것은 어쩌면 오로지 우리에게 달려 있을 것입니다. 어쨌든 우리는 적어도 우리 자신 안에서 스스로를 비하하는 것을 금하는 목소리를 느끼며, 이성은 고상해지지 못하지만 영혼은 고결합니다. 우리는 우리의 이성으로는 하찮지만 우리의 감정으로는 위대합니다. 우주의 체계 속에서 우리가 어떤 위치에 있든, 정의를 사랑하고 미덕에 예민한 존재는 천성적으로 전혀 비천하지 않습니다.

오 소피, 제가 당신에게 증명할 것은 더 이상 없으니, 현학적으로 논하는 것만이 문제라면 이쯤에서 멈추겠습니다. 제 지식의 한계로 인해 사방에서 가로막힐 테니, 저는 당신을 가르치는 것을 시작하기도 전에 끝내게 될 것입니다. 그런데 이미 말했다시피 제 목표는 당신과 함께 추론하는 것이 아니므로, 저는 당신의 마음속에서 오로지 당신을 설득하게 될 논증들만을 끌어내고자 합니다. 그러니 제 마음속에서 일어나는 것을 당신에게 말해도 되겠지요. 만일 당신이 저와 똑같이 느낀다면 우리가 마음에 들어 하는 원칙도 같을 것이며, 따라서 우리를 참된 행복으로 이

끄는 길도 같을 것입니다.

아주 짧은 생 동안 저는 많은 부침을 겪었는데, 가난에서 벗어나지 못한 채 이를테면 온갖 상태를 다 경험해보았습니다. 저는 온갖 방식으로 불행과 행복을 느꼈습니다. 자연은 제게 가장 예민한 영혼을 주었고 운명은 그 영혼으로 하여금 상상 가능한 모든 감정을 경험하게 했습니다. 테렌티우스[89]의 한 인물이 말했듯이, 인간에 관한 것 중에서 제가 모르는 것은 아무것도 없습니다.

그 모든 다양한 상황 속에서 저는 제가 항상 서로 다르고 때로는 상반되는 두 가지 방식으로 영향을 받는다고 느꼈는데, 하나는 제 운명의 상태에 기인한 것이고, 다른 하나는 제 영혼의 상태에 기인한 것입니다. 따라서 때로는 행복감과 평화로운 감정이 불운 속에서도 저를 위로해주었고, 또 때로는 성가신 불안이 행운 속에서도 저를 동요시켰습니다.

운명이나 사건들과 무관한 이러한 내면의 불안은, 명상적이고 고독한 삶을 사는 저의 성향을 자양분으로 삼는 만큼 더욱더 제게 큰 영향을 끼쳤습니다. 저는 말하자면 제 안에서 제 운명의 균형을 느껴서, 행복할 때에도 눈물을 흘리게 하는 그 같은 고독 속에서 고통을 잊게 되었습니다. 제 열정의 지배력에 그처럼 균형을 잡아주는 그 보이지 않는 힘의 원리를 찾으려 애쓰다가, 저는 그 원리가 제 인생의 활동들과 제 욕망의 대상들에 대해 저도 모르게 내렸던 제 은밀한 판단에서 유래한다는 것을 알게 되었습니다. 제 고통이 제 작품이 아니라고 생각하자 저는 덜 괴로웠습니다. 그러나 제 쾌락들은, 제가 그 쾌락들이 어떻게 이루어진 것인지를 냉정하게 검토해보자 가치를 모두 잃었습니다. 불운을 보상해주는 선량함의 싹이, 그리고 행운을 초월해서 저를 드높여주는 위대함의 싹이 제게서 느껴지는 것 같았습니다. 저는 자기 자신 안에서 행복을 음미하며 즐기기를 게을리 하면서 멀리서만 행복을 찾는 것은 헛일임을 알게 되었습니다. 왜냐하면 행복이 아무리 밖에서 들어온다고 해도 행복을 맛보기에 적합한 영혼을 자기 안에 가지고 있지 못하면 행복을 느낄 수 없기 때문입니다.

제가 지금 당신에게 말하고 있는 이 원리는, 이 원리가 제게 명하는 규칙에 따라 저의 현재 행동을 지도하는 데뿐 아니라 과거 행동을 정확히 평가하는 데도 이용됩니다. 그래서 저는 겉으로는 훌륭해 보이는 행동을 곧잘 책망하기도 하고, 사람들에게 비난받은 행동을 때로 칭찬하기도 하며, 또 제 젊은 시절에 일어난 사건들을 그것들이 제게 유발한 다양한 감정들의 국지적 기억으로서만 회상하기도 합니다.

인생의 끝에 다가감에 따라 저는 너무도 오랫동안 감정의 지배력에 복종했던 온갖 마음의 동요가 약화되어감을 느낍니다. 한 감수성 예민한 인간이 겪을 수 있는 온갖 좋은 일과 나쁜 일을 다 겪은 저는 이제 시력을, 그리고 더 이상 저를 기쁘게 해줄 것이 없는 미래에 대한 기대를 조금씩 잃어가고 있습니다. 욕망은 희망과 더불어 약해져가고, 제 존재는 이제 제 기억 속에만 있을 뿐입니다. 저는 제 과거의 삶밖에 살지 못하기에, 제 가슴이 새로이 느낄 것이 더 이상 없게 된 이상 삶의 지속은 제게 더 이상 소중하지 않습니다.

이런 상황에서, 제가 이제 저의 전(全) 존재를 담고 있는 과거로 시선을 돌리고 싶은 것은 당연한데, 바로 그때 저의 오류가 바로잡아지고 제가 선과 악을 순수하게, 편견 없이 느낄 수 있을 것입니다.

제가 격정 때문에 저질렀던 모든 판단의 오류는 그 격정과 함께 사라져갑니다. 저는 제게 가장 큰 영향을 미쳤던 것들을 봅니다. 제가 흥분해 있을 때 제 눈에 비쳤던 모습이 아니라, 그것들의 실제 모습으로 말입니다. 저의 좋은 행동이나 나쁜 행동들에 대한 기억은 저를 지속적으로 그 행동들의 대상이었던 존재보다 더 실제적인 선한 존재나 악한 존재로 만듭니다. 이처럼 어떤 한순간의 쾌락은 흔히 제게 긴 뉘우침을 갖게 했고, 정직과 정의를 위해 했던 희생들은 예전에 그것들이 제게 고통을 안겨주었던 것에 대해 매일 보상해주고 있으며, 짧았던 궁핍에 대해서는 변함 없는 기쁨으로 보상해주고 있습니다.

저로 하여금 이러한 추억들의 매력을 그토록 만족스레 음미하게 해주는 여인 말고 제가 그 매력에 대해 더 잘 이야기할 수 있는 상대가 누가 있겠습니까? 저의 최근의 미망(迷妄)에 대한 기억을 그 미망에서 벗어나게 해준 미덕에 대한 기억을 통해서 제게 소중한 것으로 만들어준 사람은 소피, 당신입니다. 당신이 제 잘못에 대해 너무도 창피해하게 만들어서 저는 오늘도 그 잘못을 부끄럽게 여기지 않을 수 없습니다. 저 자신에 대해 거둔 승리나 그 승리를 거두게 해준 도움을 제가 가장 자랑스러워하는 것이 뭐 때문인지 모르겠습니다. 만일 제가 어떤 죄스러운 열정만을 따랐다면, 만일 제가 잠시라도 비루해졌다면, 저는 정말 당신을 쉽게 굴복시킬 수 있는 사람으로 생각했을지도 모르고 그토록 달콤하게 보였던 격정의 대가를 오늘 정말 비싸게 치르고 있을지도 모르며, 우리는 우리를 결합시켜주었던 모든 감정을 잃고 결별했을지도 모릅니다. 수치심과 회한은 우리를 서로에게 불쾌한 존재로 만들 것이고, 저는 당신을 너무도 사랑했기에 당신을 미워하게 될 것입니다. 어떤 관능적 도취가 그토록 순수하고 다정한 애정으로 제 마음을 보상해준 적이 있었을까요? 이렇게 우울하게 멀리 떨어져 살고 있지만, 당신을 생각할 때마다 저는 저 스스로에게 만족하게 되며, 당신이 제게 불러일으킨 우정과 신의와 존경, 그리고 저를 당신을 사랑할 만한 사람으로 유지시켜준 것에 대한 감사의 마음이 커짐을 느낍니다. 영혼을 드높이고 두 마음의 결합에 가치를 부여할 수 있는 모든 말을 당신의 입을 통해 들었는데, 어떻게 제가 오늘 그러한 말을 듣는 것의 매력을 향유하지 않을 수 있겠습니까? 아 소피, 저로 하여금 당신에 대한 존경심을 품게 했던 당신의 모든 것에 제가 무관심했다면, 당신이 선택한 친구인 제가 당신이 경멸해 마지않았을 한 보잘것없는 인간의 모습을 보여주었다면, 저는 도대체 어떻게 되었을까요?

당신이 제게 보여준 미덕의 이미지 중에서 가장 감동적인 것은, 나무랄 데 없는 한 인생을 그토록 뒤늦게 더럽히게 되는 것은 아닐까 하는, 그리고 그토록 많은 희생의 대가를 한순간에 잃게 하는 것은 아닐까 하는 염려입니다. 제가 보존해야 했던 것은 우정이라는 신성한 예탁물이고, 당신이 끊임없이 제 모든 욕망을 가로막는 데 사용한 무적의 장벽은 신뢰, 명예, 정숙이 지닌 도저히 침범할 수 없는 모든 것들로 이루어져 있습니다. 그렇습니다, 소피. 당신이 한 이야기들이 다시금 다가와 제 마음을 감동시키고 감미로운 눈물을 흘리게 하지 않는 날이 단 하루도 없습니다. 당신에 대한 제 모든 감정은 욕망을 극복한 감정에 의해 더욱 아름다워지고 있습니다. 그 감정들은 제 삶을 명예롭고 감미롭게 만드는데, 이는 모두 바로 당신 덕분이고, 적어도 제가 이 삶에 대해 가치를 느끼는 것은 바로 당신을 통해서입니다. 소중하고 훌륭한 친구여, 저는 후회를 자초했지만 당신은 제게 행복을 맛보게 해주었습니다.

　　이상이 감히 당신에게 본보기를 자처하면서 그 점에서 당신이 쏟은 정성의 결실만을 당신에게 드러내 보이는 한 영혼의 상태입니다. 몰래 저를 판단하고 제 마음에 끊임없이 말을 하는 이 내면의 목소리가 당신의 마음에도 들린다면, 그 목소리에 귀 기울여 따르는 것을 배우세요. 무엇보다 먼저 당신 자신에게서 행복을 얻는 법을 배우세요. 그러한 행복만이 운명으로부터 자유로운 행복이며, 다른 행복을 대체할 수 있습니다. 이것이 바로 저의 철학이고, 저는 행복해지는 기술이 인간에게 실현성 있는 것이라면 다 믿습니다.

편지 5

인간의 삶의 모든 도덕성은 인간의 의지 속에 있습니다. 만일 선이 좋은 것이 사실이라면 우리 행동에서처럼 우리 마음속에서도 선은 좋은 것임이 틀림없고, 정의의 최고의 대가는 정의가 실현되는 것을 느끼는 데 있습니다. 도덕적 선량함이 우리 본성에 부합한다면 인간은 선량한 한해서만 건전하고 정상적일 수 있습니다. 만일 도덕적 선량함이 우리 본성에 부합하지 않고 인간이 천성적으로 악하다면 인간은 타락하지 않고도 계속 악할 것입니다. 선량함은 그에게 본성에 반하는 악덕일 뿐이어서, 먹잇감을 목을 물어 죽이도록 태어난 늑대처럼 자기와 같은 인간들을 해치도록 태어난 인간에게 인정이 있다면 그는 마치 동정심 많은 늑대처럼 비정상적인 동물일 것이고, 오직 미덕만이 우리에게 회한을 남길 것입니다.

세상에 이보다 더 해결하기 쉬운 문제가 있었을까요? 이 문제를 해결하자면 자기의 내면으로 들어가 보는 것, 즉 모든 개인적 관심은 제쳐두고 우리의 타고난 성향이 우리를 어디로 이끄는지를 검토하는 것 말고 중요한 게 또 뭐가 있겠습니까? 타인들이 고통스러워하는 모습과 행복해하는 모습 중 어느 쪽이 우리를 더 기분 좋게 합니까? 선행과 악행 가운데 어느 쪽을 행하는 것이 더 흐뭇하며, 둘 중 어느 쪽을 행했을 때 우리에게 더 유쾌한 기분이 남습니까? 연극에서 당신은 어떤 사람에게 더 관심을 갖습니까? 당신은 중죄들에서 기쁨을 느끼고, 처벌받은 중죄인에게 눈물을 보입니까? 당신은 불행한 주인공과 득의만면한 폭군 중에서 어느 쪽을 위해 계속 마음속으로 기도합니까? 고통을 당하는 선량한 사람과 행운을 누리는 악인 중 한쪽을 선택하라고 할 때, 당신들 가운데 전자를 택하고 싶어 하지 않을 사람이 누가 있겠습니까? 그만큼 우리에게는 당연히 남에게 고통을 주는 것에 대한 두려움이 고통을 받는 것에 대한 두려움보다 큽니다.

길에서 어떤 폭력적이고 부당한 행위를 보게 되면, 즉각 분노가 치솟으면서 우리는 당하는 자를 방어하게 될 것입니다. 하지만 더 강력한 어떤 의무가 우리를 제지하고, 법이 우리에게서 그 무고한 자를 방어할 권리를 빼앗습니다.

이와 반대로 만일 어떤 관대하고 너그러운 행위가 우리의 시선에 들어오면, 그것은 얼마나 큰 감탄과 사랑을 불러일으킵니까? 속으로 '나라도 저렇게 하려고 했을 거야'라고 말하지 않을 사람이 누가 있겠습니까? 아무리 썩은 영혼들일지라도 이 최초의 성향을 완전히 잃을 수는 없습니다. 이를테면 행인들을 약탈하는 도둑이라 해도 헐벗은 빈자에게 옷을 입혀줍니다. 또 기절해 넘어지는 사람을 붙잡아주지 않는 인정머리 없는 살인범은 없으며, 배신자들조차 음모를 꾸밀 때에도 악수를 하고 약속을 하며 신의를 존중합니다. 악한 자여, 그대가 아무리 악한 짓을 해도 나는 그대에게서 일관성이 없는 미숙한 악인을 볼 따름이다. 자연이 그대를 악한으로 만들지 않았기 때문이다.

마음의 죄악을 몰래 벌하며 그 죄악을 곧잘 눈에 띄게 만드는 양심의 가책의 외침에 관해 사람들은 말합니다. 아아! 우리 가운데 이 성가신 목소리를 들어보지 못한 사람이 누가 있겠는가. 사람들은 경험에 비추어 말하면서, 우리에게 그토록 고통을 주는 그 무의지적인 감정을 없애버리고 싶어 합니다. 그러나 자연에 복종합시다. 그러면 우리는 자연이 자신이 요구했던 것을 얼마나 즐겁게 허가하는지, 사람들이 얼마나 유쾌하게 자족하는 영혼의 내적 평화를 맛볼 방도를 찾아내는지를 알게 될 것입니다. 악인은 자기 자신을 두려워하기에 피해, 자기 밖으로 자신을 내던짐으로써 즐거워합니다. 그는 자기 주위로 불안한 시선을 돌려 자신을 즐겁게 해줄 대상을 찾는데, 만일 모욕적인 조소마저 없다면 그는 늘 우울할 것입니다. 이와 반대로 의로운 사람의 평정은 내적인 것입니다. 그의 웃음은 악의가 아니라 기쁨에서 나오며, 그는 자기 자신 안에 웃음의 원천을 갖고 있습니다. 그는 혼자 있어도 사람들 속에 있을 때와 마찬가지로 즐겁습니다. 그는 자기가 느끼는 그 한결같은 만족감을 주변 사람들에게서 얻기보다는 오히려 그들에게 전해줍니다.

세상의 모든 나라에 시선을 던져보세요. 모든 역사를 훑어보세요. 그토록 많은 비인간적이고 이상한 종교들과 그 엄청나게 다양한 풍속들과 특징들을 보지만 당신은 어디서든 정의와 정직에 대한 동일한 관념과 동일한 도덕 원리, 선과 악에 대한 동일한 개념들을 발견할 것입니다. 고대의 이교(異敎)는, 현세에서는 악당으로 처벌되었을, 저질러야 할 중죄들과 만족시켜야 할 강한 욕망들만을 지복에 대한 묘사로 제시하는 가증스러운 신들을 낳았습니다. 그러나 신성한 권위로 포장된 악덕이 하늘나라에서 내려와도 허사였습니다. 자연은 그것을 인간의 마음에서 밀어내 버렸던 것입니다. 사람들은 주피터의 방탕을 찬양했지만 크세노크라테스[90]의 절제를 찬미했고, 정숙한 루크레티우스는 정숙하지 못한 비너스를 숭배했습니다. 그 용감한 로마인은 공포의 제물이 되었지만 대(大)카토[91]는 신보다 더 정의롭고 공평하다고 평가받았으며, 신들보다 더 뛰어난 미덕을 지닌 불멸의 목소리가 지상에서 존경받아 범죄를 죄인들과 함께 하늘에 처박아둔 것 같았습니다.

그러므로 모든 영혼 속에는 모든 국가적 편견과 모든 교육의 원칙들 이전에 정의와 도덕적 진실에 대한 본유의 원리가 있습니다. 이 원리는 우리 자신의 행동 원칙들과 맞지 않더라도 우리의 행위와 타인들의 행위가 좋은지 나쁜지 평가하는 데 바탕이 되어주는 무의지적 규범인데, 저는 이 원리에 양심이라는 이름을 부여합니다.

그러나 사방에서 그 말에 반대하는 철학자들의 목소리가 커지는 것이 들리는데, 그들은 모두 한목소리로 이렇게 외칩니다. '유치한 오류들이고, 교육에서 오는 편견들이다. 인간의 오성 속에는 경험을 통해 들어온 것밖에 없다. 그러므로 우리는 후천적인 관념들에 바탕을 두지 않고는 아무것도 판단하지 못한다.' 그들은 여기에서 그치지 않고, 모든 국가의 그 명백하고 보편적인 일치를 가당찮게 거부합니다. 사람들이 내리는 판단의 그 명백한 일치를 거슬러, 자기들만이 아는 어떤 모호한 실례를 미지 속으로 찾으러 갑니다. 마치 몇몇 개인의 타락에 의해 자연의 모든 성향이 소멸되기라도 한 것처럼, 마치 비인간적인 사람들이 존재하게 된 즉시 인류가 전멸하기라도 한 것처럼 말입니다. 그러나 회의주의자 몽테뉴가 세상의 한구석에서 정의의 개념에 반대되는 어떤 관습을 발견하기 위해 고뇌해봐야 무슨 소용이 있습니까? 그가 자신이 가장 존경스러운 작가들에게 거절하는 권위를 가장 비열하고 의심스러운 여행자에게 부여해봐야 무슨 소용이 있습니까? 우리가 모르는 특별한 원리들에 기초한 불확실하고 이상한 몇몇 관습들이, 모든 민족들의 일치로부터 얻어낸 보편적인 결론을 뒤집겠습니까? 그 민족들은 다른 모든 것에서는 대립되지만 그 결론 하나에서만은 일치하는데 말입니다. 오, 정직과 진리를 안다고 자부하는 당신 몽테뉴여, 철학자가 그렇게 자부할 수 있는 것인지 정직하고 진실하게 말해보라. 그리고 자기의 서약을 지키는 것과 관대하고 자비롭고 너그러운 것이 죄가 되는 나라가 지구상에 어디 있으며, 선행을 하는 사람이 경멸당하고 중죄인이 존경받는 나라가 지구상에 어디 있는지 내게 말해보라.

저는 여기에서 아무 도움도 안 되는 형이상학적인 논의로 들어갈 의사는 없습니다. 당신에게 이미 말했듯이, 저는 철학자들과 논쟁하고 싶은 것이 아니라 당신의 마음에 말하고 싶었습니다. 세상의 모든 철학자가 제가 틀렸다고 입증할지라도 당신이 제가 옳다고 느낀다면 저는 더 이상 바랄 게 없습니다. 그러기 위해서는 당신으로 하여금 우리의 후천적인 지각과 자연적인 감정을 구별하게 하기만 하면 됩니다. 왜냐하면 필연적으로 우리는 지각하기 전에 먼저 느끼기 때문이며, 또한 우리가 개인적인 행복을 바라는 것과 고통을 피하는 것을 배우는 것이 아니라 자연으로부터 그 의지를 얻는 것인 만큼, 선에 대한 사랑과 악에 대한 혐오 역시 우리 자신의 존재만큼이나 우리에게 자연스럽기 때문입니다. 따라서 비록 관념들은 외부로부터 들어오지만 그 관념들을 판단하는 감정들은 우리 안에 있습니다. 우리는 오로지 그 감정들에 의해서만, 우리가 추구해야 하거나 피해야 하는 사물들과 우리 사이의 조화 혹은 부조화를 인식합니다.

우리에게는 존재한다는 것은 곧 느끼는 것입니다. 그러므로 우리의 감각은 이론의 여지 없이 우리의 이성 그 자체 이전에 있습니다. 우리의 존재 이유가 무엇이든 그것은 우리에게 우리 본성에 부합하는 감정들을 부여함으로써 우리 자신의 보존에 대비했는데, 적어도 바로 그 감정들이 타고난 것임은 부인될 수 없을 것입니다. 개개인을 고려한 이 감정들은 자기애, 고통과 죽음에 대한 공포, 안녕과 행복에 대한 욕망 등입니다. 그러나 만일 인간이 우리가 의심할 수 없는 바와 같이 본래부터 사회적 동물이거나 적어도 그렇게 되도록 태어난 동물이라면, 인간은 자신의 종과 관련된 또 다른 타고난 감정들에 의해서만 그렇게 될 수 있습니다. 양심의 자연적인 충동은 자기 자신과도 관련되고 동류인 인간들과도 관련되는 이 이중의 관계에 의해 형성된 도덕 체계로부터 생겨납니다.

오 소피, 그러므로 이성 자체와 별개인 양심의 활동 원리를 우리 본성의 결과들을 가지고 설명할 수 없었다고는 생각하지 마세요. 그렇지만 그러한 설명이 아직도 불가능하다면, 구태여 그렇게 설명할 필요가 없을 것입니다. 왜냐하면 이 원리를 반박하는 철학자들은 이 원리가 존재하지 않는다는 것을 증명하지 못하고 그것을 긍정하는 데 그치기 때문입니다. 우리는 그것이 존재한다고 주장하므로 그들만큼 진보한 상태에 있습니다. 게다가 우리는 내적 증언의 모든 원리와 스스로를 위해 증언하는 양심의 목소리를 가지고 있습니다.

사랑하는 친구여, 이 한심한 추론가들은 얼마나 불쌍한지요. 그들은 자기들에게서 자연의 감정들을 제거함으로써 자기들의 모든 즐거움의 원천을 파괴하며, 도덕적 감각이 마비되어야만 양심의 가책에서 벗어날 수 있습니다. 관능적 쾌락에서 양심의 가책을 제거하려면 양쪽을 동시에 억눌러야만 하는 이론이라면 그 이론은 아주 어설픈 이론이 아닙니까? 만일 연인들의 신뢰가 허깨비에 불과하다면, 만일 성에 대한 부끄러움이 쓸데없는 편견들로 이루어져 있다면, 모든 사랑의 매력은 어떻게 되겠습니까? 만일 우리가 세계에서 물질과 운동밖에 보지 못한다면 우리 영혼이 끊임없이 갈망하는 도덕적인 선행들은 도대체 어디에 있고, 만일 우리가 그저 식물처럼 사는 수준으로 삶을 누린다면 인생의 가치는 무엇일까요?

사랑하는 남자의 욕망을 억제하기도 하고 끓어오르게도 하며 자신의 관능을 거부하는 사람들의 마음에 아주 큰 기쁨을 되돌려주는, 억제할 때 그토록 매력적이고 감미로운, 어쩌면 존중할 때 훨씬 더 감미로운 그 수줍은 감정에 관한 이야기로 돌아오겠습니다. 정숙한 처녀의 사랑받고 싶은 은밀한 소망을 냉정한 절제로 가려주고 애인의 다정한 이야기에 두

뺨에 매력적인 홍조를 띠게 하는 그 내면의 질책을 우리가 왜 거부하겠습니까? 대체 무엇 때문에 공격과 방어가 자연의 법칙이 아니란 말입니까? 마음이 내키는 한에서만 허락할 수 있는 성(性)에 저항을 허락하는 것도 바로 그 자연이 아닙니까? 자연이 신경 써서 신중하고 절제 있게끔 만들어놓은 남자에게, 여자에게 구애하도록 명령하는 것도 바로 그 자연이 아닙니까? 무력하게 몰아의 상태에서 유혹자에게 몸을 맡긴 채 쾌락을 맛보는 동안에도 그녀들이 수줍음과 신비로움을 잃지 않도록 하는 것도 바로 그 자연이 아닙니까? 그러니 당신은 수줍음이 그 수줍음에 대한 충족 이유가 없는, 본성 속의 허깨비에 불과한 것이 절대 아님을 느낄 것입니다. 그리고 어떻게 그 수줍음이 편견들의 작품일 수 있겠습니까? 교육에서 오는 편견들 자체가 그 수줍음을 잃게 하고, 그 수줍음은 무지한 시골 사람들에게서 유감없이 위력을 발휘하며, 더 개화된 국민들 사이에서는 오직 추론의 궤변들에 의해서 그 수줍음의 감미로운 목소리가 억눌리는데 말입니다.

만일 판단력의 여명이 눈을 부시게 하여 우리의 시선에 들어오는 모든 대상을 즉각 혼동시켜 못 알아보게 한다면, 우리의 취약한 눈이 다시 떠져 회복되기를 기다립시다. 그러면 곧 우리는 이성의 빛에 의해 그 동일한 대상들을 자연이 처음에 우리에게 보여주었던 모습 그대로 다시 보게 될 것입니다. 아니면 차라리 더 겸허하고 덜 자만합시다. 여하한 경우라도 우리가 우리 자신에게서 발견하는 그 최초의 감정들에서 그칩시다. 연구가 우리를 오도하지 않았다면 그 연구는 늘 우리를 바로 그 최초의 감정들로 돌아오게 하기 때문입니다.

양심이여, 양심이여, 신에게서 오는 숭고한 본능이여, 불멸하는 천상의 목소리여, 무지하고 편협하지만 영리하고 자유로운 존재의 확실한 안내자여, 선과 악에 대한 틀림이 없는 판단자여, 인간을 신과 닮게 해주는, 불멸하는 실체의 숭고한 발출(發出)이여, 오직 그대만이 나의 본성을 탁월하게 만드는구나.

네가 없으면 나는 내 안에서 나를 짐승보다 낮게 하는 것을 아무것도 느끼지 못한다. 규칙 없는 지적 능력과 원칙 없는 이성의 도움으로 나를 오류들 속에서 부유하게 하는 우울한 특권 말고는.

당신이 다른 사람들에게 행하게 하고 싶은 것을 행하도록 애쓰세요.

편지 6

우리는 이 미로 같은 인간의 오류들 속에서 마침내 확실한 안내자를 갖게 되었습니다. 그러나 이 안내자가 존재하는 것으로는 충분치 않습니다. 그를 알고 따를 줄 알아야 합니다. 이 안내자가 모든 사람의 마음에 대고 말함에도 불구하고 오 소피, 도대체 왜 그의 목소리를 듣는 사람이 그토록 적을까요? 유감스럽게도 그 안내자는 모든 것에서 우리가 잊게 된 자연의 언어로 우리에게 말을 합니다.

양심은 소심하고 겁이 많아 고독을 찾으며, 사람들과 소음은 양심을 불안하게 합니다. 사람들은 양심이 편견들의 작품이라고 말하는데, 그 편견들이야말로 양심의 가장 치명적인 적입니다. 그러므로 양심은 그 적들 앞에서 피하거나 침묵합니다. 편견들의 시끄러운 목소리는 양심의 목소리를 억눌러 들리지 않게 합니다. 양심은 너무 많이 퇴짜를 맞아서, 마침내 물러서서 우리에게 더 이상 말도 하지 않고 대답도 하지 않습니다. 그런데 너무 오랫동안 양심을 무시함으로써 추방해버린 만큼 양심을 다시 부르는 것도 힘이 듭니다.

　끊임없이 세론에 신경 쓰는 우리 각자가 이를테면 자기 주위로 자신의 존재를 확장시키는 것을 보면, 저는 작은 거미 한 마리가 자기의 물질로 큰 거미집을 짓는 것을 보는 듯합니다. 사람들은 거미가 자기 은둔처에 죽어 있다고 생각하겠지만, 거미는 오직 그 커다란 거미집 때문에 지각 능력이 있는 존재인 것 같습니다. 인간의 허영은 거미가 자기 주변의 모든 것 위에 치는 거미집과 같습니다. 거미줄은 하나하나 다 단단하지만, 사람이 살짝만 거기에 손을 대도 거미는 움직입니다. 그러므로 만일 우리가 거미집을 조용히 내버려둔다면 거미는 재미없어 죽을 지경이 되겠지만, 우리가 손가락으로 거미집을 찢어버린다면 거미는 당장 그것을 다시 짓느라 끝내 녹초가 되어버릴 것입니다. 다시 우리가 되는 것에서, 우리 자신에 몰두하는 것에서, 우리 영혼을 자연이 우리 존재에 부여한 경계로 한정시키는 것에서 시작합시다. 우리를 알려고 애씀으로써 우리를 이루는 모든 것이 우리에게 동시에 나타나도록, 요컨대 우리가 있는 곳에 우리 마음을 집중시키는 것에서부터 시작합시다. 저는 인간의 자아가 무엇으로 이루어져 있는지 가장 잘 아는 사람이 지혜에 가장 가까우며, 마치 데생하며 최초로 그은 윤곽이 선들로 이루어지면서 마무리되는 것처럼 인간이 최초로 하는 사고는 인간을 인간이 아닌 것과 분리하는 것이라고 생각합니다.

　그런데 이 분리는 어떻게 행해집니까? 이 기술은 생각보다 그렇게 어렵지 않거나, 적어도 그 어려움은 우리가 생각하는 곳과는 다른 곳에 있습니다. 이 기술은 지식보다는 의지에 속하기에, 그것을 얻는 데는 연구기관이 전혀 필요하지 않습니다. 빛이 우리를 밝혀주고, 거울이 우리 앞에 있다고 칩시다. 그런데 거울을 보기 위해서는 시선을 던져야 하며, 시선을 고정시키는 방법은 사물을 우리의 눈에서 멀리 떼어놓는 것입니다. 당신에게로 침잠하세요. 고독을 추구하세요. 우선 이것이 바로 비결의 전부이며, 오직 이 비결을 통해서 사람들은 곧 당신들의 비밀을 알아내게 됩니다. 당신은 정말 철학이 우리에게 우리 자신에게 침잠하는 것을 가르쳐준다고 생각합니까? 아, 오만은 철학이라는 이름으로 우리를 얼마나 철학에서 떼어놓는지 모릅니다! 매력적인 친구여, 그것은 정반대여야 합니다. 철학하는 것을 배우기 위해서는 자기에게 침잠하는 것에서 시작해야 합니다.

부디 두려워하지 마세요. 저는 당신을 수도원으로 쫓아 보냄으로써 사교계의 여인에게 은둔 생활을 강요할 의향은 없으니까요. 문제의 이 고독은 문을 걸어 잠그고 당신의 거처에 남아 있는 것이라기보다, 테라송 사제[92]가 말한 것처럼 당신의 영혼을 군중들 속에서 끌어내, 끊임없이 영혼을 공격하는 외부 정념들이 그 영혼에 접근하는 것을 막는 것입니다. 그러나 이 방법들 가운데 전자는, 특히 처음에 도움이 될 수 있습니다. 사람들 사이에서 혼자 있을 줄 아는 것은 하루아침에 해낼 수 있는 일이 아니며, 당신을 둘러싼 것들 사이에서 아주 오랫동안 살아온 습관 때문에 당신의 마음속으로 침잠하는 것은 당신의 감각 속으로 침잠하는 것에서부터 시작해야 합니다. 당신의 눈과 귀를 아직 닫을 필요까지는 없고, 먼저 상상력을 억제해야 할 것입니다. 당신의 주의를 빼앗아 갈 대상들을 물리치세요. 그것들이 앞에 있어도 당신의 주의를 더 이상 빼앗아 가지 않을 때까지 말입니다. 그렇게 되면 그것들 사이에서 계속 사세요. 필요할 때마다 그것들 사이에서도 당신 자신을 되찾을 수 있을 것입니다. 그러므로 저는 당신에게 '사교계를 떠나세요'라고 말하지 않으며 '정신을 빼앗아 가는 것과 세상의 헛된 쾌락을 단념하세요'라고도 말하지 않습니다. 저는 이렇게 말합니다. '혼자 있어도 권태롭지 않은 법을 배우세요'라고 말입니다. 당신은 자연의 소리를 결코 듣지 못할 텐데, 자연의 소리를 듣지 않고는 결코 자신을 알지 못할 것입니다. 이 짧은 은둔의 연습이 당신을 과묵하게 만들어 비사교적으로 만들지는 않을까, 단념하고 싶지 않은 습관들로부터 당신을 떼어놓지는 않을까 염려하지 마세요. 이와 반대로, 짧은 은둔은 당신에게 더 감미로움을 줄 것입니다.

우리가 홀로 살 때는 그렇게 은둔해 사는 사람들을 더 좋아하여, 애정 어린 관심에 의해 그들에게 더 다가서게 됩니다. 상상력은 우리에게 사교계를 그곳의 매력을 통해 보여주므로 고독의 우수조차 인간에게 유리하게 바뀝니다. 당신은 이런 명상적인 삶의 취향을 통해 이중의 이득을 볼 것입니다. 우선 당신에게 소중한 것――당신에게 그런 것이 있는 한――에 대해 더 큰 애착을 갖게 될 것이고, 또한 당신이 그 소중한 것을 빼앗길 때에도 그것을 잃는 데 대한 고통이 덜할 것입니다.

예를 들어, 매달 당신의 쾌락들과 당신의 일들 가운데서 이삼 일간 짬을 내어 가장 중요한 일에 할애해보세요. 그 이삼 일 동안 혼자 지내는 것을 당신의 법칙으로 삼아보세요. 처음에는 당연히 무척 지루할 것입니다. 그 시간을 파리보다는 시골에서 보내는 것이 더 낫습니다. 그것은 당신이 원한다면 어떤 방문을 하게 되는 것입니다. 당신 자신이 소피를 방문하게 되는 것이지요. 도시에서 혼자 있는 것은 항상 우울합니다. 우리를 둘러싸고 있는 모든 것은 사람들의 손길과 사교계의 어떤 모습을 보여주기 때문에, 우리는 그 사교계를 떠나게 되면 자기가 자기 자리에 있지 않다고 느끼며, 혼자 있는 방은 마치 감옥과 몹시 닮아 보입니다. 시골에서는 정반대입니다. 그곳의 사물들은 아름다워서, 그것들을 바라보고 있으면 즐겁습니다. 그것들은 침잠과 몽상으로 이끕니다. 그곳에서는 도시의 우울과 편견의 굴레를 벗어나 넉넉함을 느끼게 됩니다. 숲과 시냇물, 녹음은 사람들의 시선을 우리의 마음에서 떼어놓습니다. 기분 내키는 대로 이리저리 날아다니는 새들은 혼자 사는 우리에게 자유의 전형을 보여줍니다. 우리는 새들이 지저귀는 소리를 들으며 초원과 숲의 냄새를 맡습니다. 눈이 오직 자연의 아름다운 경관에 사로잡혀 있으면 우리 마음에 자연이 더 잘 다가옵니다.

그러므로 바로 그곳에서 자연과 대화를 나누기 시작해야 하고 바로 자연의 영토에서 자연의 법칙을 찾아야 합니다. 적어도 곧장 지루함이 당신을 쫓아오지는 않을 것이고, 긴 의자나 안락의자에서 지루함을 견디는 것보다는 산책과 시골의 다양한 사물을 통해 지루함을 견디는 것이 더 쉬울 것입니다. 저는 당신이 몇몇 시기는 피했으면 합니다. 어떤 기쁨이나 고통의 감정으로 마음이 가득 차 은둔 생활에서 자연에 대한 감동을 느끼지 못할 것 같은 시기, 상상력이 너무 왕성하게 작용해 당신으로 하여금 당신이 피했다고 여겼던 존재들에게 본의 아니게 다가가게 하는 그런 시기, 끝으로 너무도 분주한 당신의 정신이 당신 자신에 대한 최초의 성찰에 따르는 소소한 감명을 거부하는 그런 시기입니다. 이와 반대로, 시골에서 혼자 지내며 지루해하는 것에 대해 덜 한탄스러워하려면 도시에서 마침내 지루해지는 시기를 택해보세요. 걱정이나 향락이 넘쳐나는 삶은 다시금 그만한 공허함만 남겨놓기에, 그 공허함을 처음 느꼈을 때 그것을 채우는 이런 방법은 당신을 곧 다른 모든 공허함에 무감각하게 만들어줄 것입니다. 저는 당신에게 즉각 깊은 명상에 빠지라고 요구하지 않습니다. 단지, 당신의 영혼을 무기력하고 평온한 상태로 유지해 그 영혼이 영혼 자신을 돌아보게끔 하고, 당신에게 낯선 것은 아무것도 그 상태에 끌어들이지 않기만을 요구합니다.

당신은 제게 묻겠지요. 그런 상태에서 무엇을 하느냐고요. 아무것도 하지 마세요. 그 불안이 자연스러워지도록 내버려두세요. 고독한 상태에서는 그 불안에도 불구하고 곧 자기 자신에게 몰두하게 될 것입니다.

저는 그 상태가 영혼을 완전히 약화시킬 것이라고는 생각하지 않으며, 우리가 우리 안에서 내면의 감정을 일깨울 수단을 아무것도 가지고 있지 않다고 생각하지 않습니다. 신체의 어떤 부위가 추위로 마비되면 조금씩 비벼서 녹이는 것처럼, 오랜 무위(無爲) 속에서 무뎌진 영혼도 적절한 활동을 통해 부드러운 온기가 전해지면 다시 깨어납니다. 그러므로 영혼을 그 영혼하고만 관계되는 유쾌한 기억들로 감동시킬 필요가 있고, 영혼에 그 영혼을 유쾌하게 했던 감정들을 상기시킬 필요가 있습니다. 감각을 통해서가 아니라 감정 그 자체와 정신적 즐거움을 통해서 유쾌하게 해주었던 감정들 말입니다. 돌아보면 자기 내면에 기쁨이 생기고 자기가 살았던 것에 크게 만족스러워하게 되는 그런 일을 전 생애에 걸쳐 하나도 하지 않은 불행한 사람이 세상에 존재한다면, 이 사람은 자기를 자기 자신에게서 떼어놓는 감정들과 생각들밖에 갖고 있지 않기에 결코 자신을 알 수 없을 것이며, 자기의 본성에 적절한 선량함이 어떤 것인지 모르기에 부득이 악한 존재로 남아 있게 되고 늘 불행할 것입니다. 그러나 저는 자기 마음이 좋은 일을 하려는 유혹에 결코 빠지지 않을 만큼 타락한 사람은 세상에 없다고 주장합니다. 이 유혹은 너무도 자연적이고 감미로워서 그것에 계속 저항하기란 불가능합니다. 이 유혹을 통해 맛본 기쁨을 결코 잊지 않으려면 단 한 번 그 유혹에 몸을 맡기는 것으로 충분합니다. 오 사랑하는 소피, 당신의 삶에서 얼마나 많은 행위들이 고독 속에서도 당신을 따라다니며 당신에게 당신의 삶을 사랑하는 것을 가르쳐주는지요. 미덕의 실천에 한결같았던 당신의 마음을 생각해보세요. 또한 저를 생각해보세요. 그러면 당신은 당신 자신과 함께 사는 것을 좋아하게 될 것입니다.

　이상이, 당신이 은둔 생활에서도 만족할 수 있도록, 유쾌한 추억을 마련해가며, 그리고 다른 사람들 없이 살아가기 위해 당신에게 당신 자신의 벗을 마련해주고 당신을 당신 자신에게 아주 훌륭한 동료로 만들어가며 사교계에서 활동하는 방법들입니다. 그런데 그러기 위해서는 정확히 뭘 해야 하느냐고요? 지금은 이 점에 대해 세부 사항들을 설명할 때가 아직 아닙니다. 그 세부 사항들을 설명하려면 그만한 지식이 필요하기 때문입니다. 저는 이제 와서 도덕론을 시작할 필요도 없고, 제가 가르치고자 하는 것의 실천을 첫 번째 교훈으로 제시할 필요도 없다는 것을 압니다. 그러나 다시 한 번 말하지만, 영혼이 어떤 상태에 있든, 결코 사라지지 않으며 다른 모든 덕행을 행하는 데 최초의 계기가 되는, 선행의 기쁜 감정은 남습니다. 바로 이런 교양 있는 감정에 의해 사람들은 자기를 사랑하게 되고 스스로에 만족하게 됩니다. 선행을 실천하면 당연히 우월의식을 갖게 되어 자존심이 높아지며, 사람들은 모든 선행을 자기 자신의 필요를 넘어 타인의 필요를 돕기 위해 자기가 가진 힘의 증거로 생각합니다. 이러한 역량 있는 모습은 사람들로 하여금 사는 것에 대해 더 큰 기쁨을 느끼게 하며, 더 흔쾌히 자기 자신과 함께 살게 합니다. 이상이 제가 당신에게 먼저 요구하는 전부입니다. 성장을 하고 거울 앞에 서보세요. 그러면 거울 속 당신의 모습을 더 즐겁게 바라보게 될 것입니다. 혼자 있을 때의 자기를 위해 행복감을 마련할 생각을 늘 하세요. 당신에게 기쁨을 주는 대상들 가운데, 그것들을 더 이상 소유하지 않게 되어도 여전히 누릴 수 있는 것들을 늘 선호하세요.

귀족 부인은 자기와 같은 신분의 사람들에게 너무 둘러싸여 있기에, 저는 당신이 얼마 동안이나마 같은 신분의 사람들을 피할 수 있기를 바랍니다. 그것은 또한 보다 직접적으로 당신 자신과 대화를 나누는 방법이기도 할 것입니다. 은둔 생활을 할 때는 모든 수행원은 집에 남겨두고 요리사도 하인장도 대동하지 마세요. 하인 한 명과 하녀 한 명만 데리고 가세요. 그것도 사실 많습니다. 요컨대 도시의 삶을 시골로 가져가지 마세요. 완전한 전원의 은둔 생활을 맛보러 가세요. 품위 유지 문제가 있다고요. 아하! 여전히 그 치명적인 품위 유지 문제군요! 계속 그 문제에 신경을 쓰고 싶다면 당신에게는 다른 조언이 필요 없으니, 그 문제와 절도(節度) 사이에서 택일하세요. 일찍 자고 일찍 일어나서 태양과 자연의 운행을 따르세요. 화장도 하지 말고 독서도 하지 마세요. 식사도 사람들이 하는 시간에 소박하게 하세요. 요컨대 모든 면에서 시골 부인이 되세요. 그러한 삶의 방식이 마음에 든다면 당신은 또 하나의 기쁨을 알게 될 것이고, 만일 지루하다면 이미 익숙해진 삶의 방식을 더 애착을 갖고 다시 택하게 될 것입니다.

좀 더 잘해보세요. 혼자 지내고 싶은 그 짧은 기간 중 일부를 타인들을 기쁘게 하는 데 할애해보세요. 일상적인 일거리가 없을 것이기에 당신은 긴 오전 시간을 갖게 될 텐데, 그 시간에 마을로 산책을 나가보세요. 아픈 사람들, 가난한 사람들, 압제에 신음하는 사람들에 대해 알아보고, 그들에게 필요한 도움을 주도록 노력해보세요. 비록 그들에게 더 많은 시간을 할애하지 못하고 그들을 돕는 데 더 많은 수고를 하지 못할지라도, 돈으로 구호하는 것으로 충분하다고 생각하지는 마세요. 존재하는 세상 고통을 더 줄이는 그토록 고귀한 역할을 당신에게 부여하세요. 만일 당신의 의지가 순수하고 확고하다면 곧 그 의지를 실현시킬 방도를 찾아내게 될 것입니다. 처음에는 수많은 장애가 당신이 쏟는 그와 같은 정성을 포기하게 하리라는 것을 저는 잘 압니다. 청결하지 못한 집들, 거친 사람들, 더럽고 역겨운 물건들은 먼저 당신에게 혐오감을 주기 시작할 것입니다. 그러나 그 불행한 사람들의 집에 들어가면서 이렇게 생각하세요. '나는 저 사람들의 누이다. 그러니 인간애가 혐오감을 이길 것이다'라고 말입니다. 당신은 그들을 당신의 열의를 물러서게 만드는 악덕 가득한 거짓말쟁이들, 욕심 가득한 사람들이라고 생각할 테지만 당신의 악덕에 대해 한번 조용히 자문해보세요. 그러면 곧 타인의 악덕을 용서하는 법을 배우게 될 것입니다. 교육은 그들이 더 정중한 태도를 갖게 만들기 때문에 오히려 그들을 위험하게 만들 뿐이라는 것을 잊지 마세요. 무엇보다도 권태, 즉 당신과 같은 신분의 사람들에 대한 그 폭군은 일을 하지 않아도 되는 것에 대해 그들에게 너무도 비싼 대가를 치르게 하며, 그들은 그 폭군에게서 벗어나려고 애쓰지만 더욱더 그의 희생자가 되어버립니다. 바로 그 권태만이 즉각 당신으로 하여금 그 유익한 활동을 단념하게 할 것이고, 그 활동을 견뎌내지 못하게 함으로써 당신에게 그 활동을 하지 않아도 될 구실을 줄 것입니다. 좋은 일을 하기 좋아하는 것은 좋은 일을 했던 것에 대한 대가라는 것을, 그리고 그 대가는 받을 자격이 생기기 전까지는 받을 수 없는 것이라는 점을 유념하세요. 미덕보다 더 사랑스러운 것은 없지만, 미덕은 그처럼 미덕을 소유한 사람들에게만 모습을 드러냅니다. 우리가 이 미덕을 껴안고 싶어 할 때, 신화 속의 프로테우스[93]를 닮은 그것은 처음에는 두려움을 주는 수천의 형상을 취하지만, 절대로 단념하지 않는 자에게는 마침내 자기의 참된 형상을 드러내 보여줍니다. 그러므로 권태에 대한 궤변을 뿌리치세요. 당신을 감동시키기 위해 존재하는 대상들에게서 물러서지 마세요. 타인의 고통으로부터 시선을 돌리게 하여 그 고통을 덜어주는 일을 스스로에게 면제케 하는 그 매정한 동정을 저주하세요. 그 명예로운 돌봄을 고용인들에게 맡기지 마세요. 하인들은 항상 주인들의 선행을 이용한다는 것을, 주인들이 제공하는 것의 일부를 중간에서 가로챌 줄 안다는 것을, 주인이 베푼 모든 선행에 대해 그 베풂을 받은 자들에게 아주 비싼 감사를 요구한다는 것을 잊지 마세요. 어디에 가든 실질적인 도움을 주고 관심을 기울이세요. 그 실질적인 도움을 더욱 빛나게 하고 자주 그 도움을 대신하는 위로를 주려 하세요. 당신의 방문을 절대로 헛되게 하지 마세요! 누구든 당신이 다가올 때에는 기쁨으로 설레게 하세요! 사람들의 감사가 항상 당신 곁을 떠나지 않게 하세요! 머지않아 뒤따라오는 감미로운 결과들은 당신의 영혼을 매우 기쁘게 할 것입니다. 당신이 맛볼 수 있게 될 그 새로운 기쁨들 때문에, 당신은 하겠다고 마음먹었던 선행을 때로는 잊기도 하겠지만, 적어도 그 선행을 통해서 얻게 되었을 행복은 잊지 않을 것입니다.

프랑키에르에게 보내는 편지

Lettre à M. de Franquières

JEAN-JACQUES ROUSSEAU

선생, 이것은 무안을 당한 저의 이기심 때문에 당신이 그토록 오래 기다리게 된 그 보잘것없는 장광설입니다. 훨씬 더 고상한 이기심이 무안을 당한 저의 이기심을 이겨내는 법을 제게 가르쳐주게 될 것 같지 않았습니다. 저의 장광설이 당신에게 보잘것없어 보인들 무슨 상관이 있겠습니까. 제게 이 장광설을 부추긴 감정에 대해 제가 만족하기만 한다면 말입니다. 저의 최상의 건강 상태가 기력을 좀 되찾게 해주자마자 저는 그 기력을 이용해 이것을 다시 읽고 당신에게 보냅니다. 만일 당신이 끝까지 갈 용기가 있다면, 부디 이 글에 대한 당신의 생각을 제게 말하지 말고 그냥 이 글을 돌려보내 주세요. 나머지는 제가 이해할 테니까요. 선생, 그럼 저의 진심을 받아주기를 바랍니다.

1769년 3월 25일 몽캥에서
르누.[94]

1769년 1월 15일 부르구앵에서.

선생, 저는 당신이 최근에 보낸 편지에 답장할 의무를 느끼지 않습니
다만 어쨌든 당신은 제게 의무를 지워주고 있습니다. 그러니 지금 제가
처한 상황에서의 소일거리로 여기며 만족스럽지는 않지만 기꺼이 그 의
무를 이행하겠습니다.

여기에서 저의 의도는, 당신 편지의 요점들에 대한 제 견해를 당신이
받아들이게끔 하려고 애쓰지 않고 그저 솔직하게 이야기하는 것입니다.
당신이 저의 견해를 받아들이게끔 하려고 애쓰는 것은 제 신조에 반하
고, 제 취향에도 맞지 않는 일일 것입니다. 저는 공평하니까요. 게다가 저
는 사람들이 저를 굴복시키는 것을 전혀 좋아하지 않기 때문에 저 또한
누구도 굴복시키려 애쓰지 않습니다. 저는 누구나 인정하는 공통적인 근
거는 아주 제한되어 있다는 것을, 그리하여 그 좁은 제한에서 벗어나자
마자 각자는 자기 자신만의 근거를 가지며, 세론은 근거에 의해서가 아
니라 바로 그 세론에 의해서 확산된다는 것을, 그리하여 타인의 추론을
따르는 사람은 누구나——이미 그것만 해도 아주 드문 일인데——편견,
권위, 감정, 안이함 때문에 그런다는 것을 압니다. 자기 자신의 판단에 의
거하는 경우는 드물거나, 어쩌면 전혀 없을지도 모릅니다.

선생, 당신은 그 내용들의 저자에 대해 당신이 연구한 결과가 어떤 회
의적인 상태임을 제게 보여줍니다. 저는 그런 상태를 상상할 수 없는데,
제가 그런 상태에 전혀 있어보지 않았기 때문입니다. 저는 어린 시절에
는 권위에 의해, 젊은 시절에는 감정에 의해, 그리고 성년이 되어서는 이
성에 의해 믿었습니다. 지금 저는 제가 계속 믿었기 때문에 믿습니다. 기
억력이 떨어져 이제 추론의 자취를 되짚어볼 수는 없지만, 그리고 판단
력이 약화되어 이제 추론을 다시 시작할 수는 없지만, 그 추론들로부터
결과한 견해들은 제게 생생히 남아 있기에 비록 그것들을 다시 숙고해볼

의지나 용기는 없지만 저는 양심의 거리낌 없이 안심하고 그것들에 매달리고 있습니다. 제 판단력이 좋았을 때 그것들에 대한 논쟁에서 제가 할 수 있는 모든 주의와 진실성을 보였다고 확신하기 때문입니다. 만일 제가 틀렸다면 그것은 제 잘못이 아니라, 제 두뇌에 더 많은 지적 능력과 이성을 부여해주지 않은 자연의 잘못입니다. 저는 오늘 전보다 더 많은 지적 능력과 이성을 갖고 있지 못합니다. 아니, 훨씬 덜 가지고 있습니다. 도대체 무엇을 토대로 제가 다시 숙고하기 시작하겠습니까? 시간은 촉박하며 이 세상을 떠날 날이 다가옵니다. 제게는 그 대대적인 개정 작업을 마칠 시간도 여력도 없을 것입니다. 어쨌든 저는 장광설을 늘어놓는 한 늙은이의 실망스럽고 우유부단한 회의가 아니라 모든 일에 대해 확고함과 단호함을 갖겠으니 이해해주기 바랍니다.

제가 기억할 수 있는 저의 예전 생각들과 당신 생각들의 추이에 대한 저의 이해에 비추어 저는, 우리가 연구에서 같은 길을 따르지 않았으니 우리가 같은 결론에 이르지 않은 것도 전혀 놀랍지 않다고 봅니다. 당신은 신의 존재에 대한 증거들을 난해하게 비교해보았지만, 당신이 지지하기로 결정할 만큼 지배적인 증거를 아무것도 찾지 못해 회의적인 상태에 남게 되었습니다. 하지만 저는 그렇게 하지 않았습니다. 제가 알 수 있었던 우주 형성에 관한 모든 체계를 검토했고, 상상할 수 있는 체계에 대해 숙고했습니다. 저는 그것들을 최선을 다해 비교해보았으며, 그것들이 모두 제게 난해함을 안겨준 만큼, 제게 난해함을 전혀 주지 않은 체계가 아니라 난해함을 가장 적게 가진 것처럼 보이는 체계를 지지하기로 결정했습니다. 제 생각은 이렇습니다. 그 난해함은 필연적이었고, 무한에 대한 명상은 언제나 제 이해력을 넘어서게 되며, 자연 체계를 완전히 이해하겠다는 기대를 결코 하지 말아야 했기에 제가 할 수 있는 일이라고는 파악할 수 있는 쪽으로 그것을 고찰하는 것뿐이었고, 그 외의 것에 대해서는 마음 편하게 무관심할 줄 알아야 했다는 것입니다. 고백건대 저는 그 연구들에서, 당신이 언급하는 사람들처럼, 즉 명백하거나 충분히 입증된 진리를 그 진리에 수반되는 제거될 수 없는 난해함을 이유로 거절하지 않는 사람들처럼 생각했습니다. 또한 고백건대 저는 그때 너무도 무모한 신뢰를, 아니면 적어도 너무도 강한 확신을 갖고 있어서, 자연에 대해 이해할 수 없는 어떤 다른 체계를 제시하는 철학자라면 누구에게나 도전했을 것입니다. 저는 그 철학자들이 저의 체계에 대해 내세울 수 있었던 반론보다 더 강력하고 더 반박할 수 없는 반론을 내세우며 그런 다른 체계들에 반대했을 것입니다. 그리하여 저는 당신처럼 제가 어떻게 할 수 없는 것에 대해서는 아무것도 믿지 않기로 결심하거나, 아니면 잘못 추론하거나, 아니면 제가 믿은 대로 믿어야 했습니다.

30년 전에 제게 떠오른 생각이 어쩌면 다른 어떤 생각보다 저를 흔들리지 않게 하는 데 더 기여했을 것입니다. 그때 제가 생각했던 것처럼, 신과 영혼에 대한 관념이 어떤 인간의 정신에도 생겨나지 않은 채 아주 철저한 물질주의 상태에서 오늘날까지 나이 먹어온 인류를 가정해봅시다. 철학적 무신론이 자기의 체계들을 모두 동원해 우주의 형성과 진행을 오로지 물질과 필연적 운동의 작용——저는 이 작용이라는 말을 전혀 이해하지 못했지만——으로만 설명했다고 가정해봅시다. 선생, 죄송하지만 솔직히 말하자면, 이런 상태에서 저는 제가 늘 보는 것, 틀림없이 그렇다고 느끼는 것을 다시 가정해보았습니다. 즉 자기가 지지하는 체계에 대해 불안해하는 사람들은 마치 진리의 품에서 쉬듯 그 체계 속에서 조용히 쉬기는커녕 자신들의 주의(主義)를 논하고 규명하고 확대하고 설명하고 변명하고 수정하려 끊임없이 애쓰며, 마치 자기가 사는 집이 흔들리는 것을 느끼는 사람처럼, 새로운 논거들로 그 주의를 떠받치려 끊임없이 애쓴다고 가정해보았습니다. 자, 이제 플라톤이나 클라크[95] 같은 사람을 가정하는 것으로 이 가정들을 마무리합시다. 그 사람이 그들 사이에서 벌떡 일어서며 이렇게 말했을 것입니다. '친구들이여, 당신들이 자신을 분석하는 것으로 이 우주의 분석을 시작했다면 당신들은 자기 존재의 본성 속에서 이 우주의 구조를 푸는 열쇠를 발견했을 것입니다. 그러지 않고는 아무리 그 열쇠를 찾아봐야 헛일일 것입니다.' 이어서 그는 그들에게 두 실체의 구별을 설명해주면서, 로크가 이야기한 바 있음에도 불구하고, 사유하는 물질에 대한 가정은 정말 터무니없는 것임을 물질의 특성 자체를 통해 증명했을 것이며, 또 정말로 활동적이고 사유하는 존재의 본성이 무엇인지를 보여주었을 것이고, 그 사유하는 존재의 확증으로부터 마침내 신에 대한 막연하지만 확실한 관념에까지 거슬러 올라갔을 것입니다. 그러니, 그때까지 눈이 멀어 있다가 그 매혹적인 관념의 광채와 용이함, 진리, 아름다움에 사로잡혀 신이 보낸 최초의 빛줄기에 눈을 뜬 인간들이 갈채 속에 신께 그들 최초의 경의를 표했으리라는 것, 특히 사상가들과 철학자들은 너무 오랫동안 우주라는 그 거대한 기계의 겉만을 주시한 나머지 그 구조를 이해하는 열쇠를 발견하지 못한 것에 대해, 아니 짐작조차 못한 것에 대해 부끄러워했으리라는 것, 나아가 늘 자기의 감각에만 꼭 갇혀 있어서 다른 한 실체가 우주에 생명을 부여하고 인간에게 두뇌를 부여한다는 점을 온전히 증명하는 물질이 무엇인지 전혀 알지 못했음을 부끄럽게 여겼으리라는 것을 누가 의심할 수 있겠습니까? 선생, 바로 그때 그 새로운 철학의 조류가 있었을 것이고, 젊은 사람들과 현자들이 서로 의견 일치를 보였을 것입니다. 너무나 아름답고 숭고하고 감미로우며 모든 정의로운 사람들에게 위안이 되는 어떤 교리가 정말로 모든 사람에게서 미덕을 자극했을 것이며, 보다 인간적이지 못한 사교계 사람들에 의해 이제는 무미건조하고 우스꽝스러울 정도로 진부해진 인간애라는 이 아름다운 말이 책들보다는 사람들의 가슴 속에 더 깊이 새겨졌을 것입니다. 그러므로, 오늘날의 철학의 조류는 번지르르한 말들에도 불구하고 아주 존경받을 만한 한 세대도, 아주 덕망 높은 철학자들도 우리에게 허락하지 않는다는 차이를 보이는 만큼, 그러한 철학 조류와 정반대의 입장을 취하게 하려면 간단한 시대 전환만으로 충분했을 것입니다.

선생, 당신은 만일 신이 인간에게 신을 알 것을 강제하고자 했다면 자기의 존재를 모든 사람의 눈에 잘 띄게 했을 것이라는 이유를 대며 반박하겠지요. 신에 대한 믿음을 구원에 필요한 교리로 만드는 사람들이 이 반박에 답해야 할 텐데, 그들은 이에 계시로 답합니다. 그런 믿음이 필요하다고 생각하지 않고 신을 믿는 저로서는, 신이 왜 우리에게 그런 믿음을 주어야 하는지 모르겠습니다. 저는 각자가 자기가 믿은 것에 기초해서가 아니라 자기가 행한 것에 기초해서 심판을 받을 것이라고 생각합니다. 저는 행위에 교리 체계가 필요하다고는 생각하지 않습니다. 왜냐하면 양심이 그것을 대신하기 때문입니다.

사실 저는 자기의 믿음에 정직할 필요는 있지만 그 정직함으로 우리 정념에 유리한 교리 체계를 만들어서는 안 된다고 생각합니다. 우리는 아주 영리하지는 않기에, 우리 의지가 견해에 영향을 미치지 않을 만큼 사심 없이 철학을 할 수는 없을 것입니다. 우리는 흔히 어떤 한 사람의 숨겨진 성향을 그의 순전히 사변적인 생각으로 판단할 수 있습니다. 이렇게 가정할 때, 저는 믿고 싶어 하지 않았던 사람이 믿지 않았다고 벌을 받는 것이 정말 가능하리라고 생각합니다.

하지만 저는 신이 자신의 행위를 통해 사람들의 마음에 충분히 자신을 드러냈다고 생각합니다. 그러므로 만일 신을 알지 못하는 사람들이 있다면, 제 생각에 그것은 그들이 신을 알고 싶어 하지 않기 때문이거나 신을 필요로 하지 않기 때문일 것입니다.

후자의 경우에 속하는 사람은 아직 자기의 이성을 전혀 사용하지 않은 미개하고 계몽되지 않은 사람인데, 그는 오직 욕망에만 지배되어 다른 안내자를 필요로 하지 않고, 오로지 자연의 본능만을 따라 늘 올바른 움직임에 의해 행동합니다. 그 사람은 신을 알지 못하지만 신을 모독하지는 않습니다. 이와 반대로 전자의 경우에는 철학자가 속하는데, 그는 자기의 두뇌를 발달시켜 그때까지 사람들이 생각한 것을 다듬고 세련되게 하는 데 지나치게 신경을 쓰는 나머지 결국 단순하고 원초적인 이성의 모든 명제를 흔들게 되며, 끊임없이 다른 사람들보다 더 많이, 더 잘 알고자 하지만 전혀 아무것도 알지 못하게 됩니다. 이성적인 동시에 겸손한 인간은 지적 능력이 신장되지만 한정적이어서, 자기의 한계를 느끼고 그 안에 갇혀 있으며, 그 한계 속에서 자기 영혼에 대한 관념과 자기 존재의 창조자에 대한 관념을 얻지만 그것을 넘어 그 관념들을 명증하게 하지는 못하며, 자기가 순결한 정신이 아닌 이상 그 관념들을 면밀히 숙고하지 못합니다. 그리하여 존경하는 마음에 사로잡힌 그는 멈춰 서서, 덮어놓은 보(褓)에 전혀 손도 대지 못하고 신이 그 보 아래 있다는 것을 아는 것으로 만족합니다. 철학이 실천에 유익한 것은 바로 거기까지입니다. 그 외의 것은 무익한 사변에 불과합니다. 인간은 그런 무익한 사변을 위해 만들어지지 않았고, 절제 있는 추론가는 그런 사변을 삼가며, 범용한 사람은 그런 사변은 생각도 못합니다. 양식 없는 사람도 아니고 비범한 사람도 아닌 이런 범용한 사람이 본래 의미에서의 인간으로, 양극단의 중간에 위치하며 인류의 20분의 19를 이루고 있습니다. 〈시편〉의 하늘이 하느님의 영광을 선포하고Coeli enarrant[96]를 노래하는 것은 대다수로 이루어진 그 계층이어야 하며, 실제로 그 계층이 이 시편을 노래합니다. 지구상의 모든 민족이 신을 알고 경배하며, 각 민족이 저마다 온갖 다양한 외관으로 신을 미화합니다. 그렇지만 그들은 항상 신을 만납니다. 고도의 요구 조건이 담긴 교리를 가진, 교양 수준을 넘어서는 재능을 가진 소수의 엘리트는 더 초월적인 존재를 원합니다. 제가 그들을 비난하는 것은 이점 때문이 아닙니다. 그들은 거기에서 그치지 않고, 인류를 대신하려 하고, 신이 인간들을 피했다고 말하는 것입니다. 신이 자기들 소수의 눈에 보이지 않는다고 말입니다. 저는 이런 점에서 그 소수가 틀렸다고 생각합니다. 조류의 격렬함과 간계의 작용이 그 철학 학파의 세력을 확장하고, 잠시 많은 사람들에게 그 학파는 더 이상 신을 믿지 않는다는 것을 납득시킬 수 있음을 저는 인정하지만, 이 일시적인 유행은 지속될 수 없으며, 어떻게 행동하든 결국 인간에게는 항상 신이 필요할 것입니다. 요컨대, 신은 사물의 본질을 지배함으로써 우리에게 명백함을 증대시키지만 그 새로운 학파는 그와 동일한 비율로 모호함을 증대시킴으로써 신을 부인한다는 것을 저는 의심하지 않습니다. 이성은 결국 마음이 신에 부여하는 형태를 받아들이지만, 우리가 보통 사람들과 전혀 다르게 생각하고 싶어 할 경우 우리는 언젠가는 그렇게 하고 말 것입니다.

선생, 당신에게는 이 모든 것이 별로 철학적으로 보이지 않겠지요. 저에게도 마찬가지입니다. 그러나 자신에게 언제나 정직한 저는 제 추론이 아무리 간단할지라도 거기에 내적 동의의 무게가 더해지는 것을 느낍니다. 당신은 사람들이 제 추론을 불신하기를 원하지만 저는 그 점에 대해 당신과 같이 생각할 수 없으며, 반대로 그 내적 판단 속에서 제 이성의 궤변에 대항하는 자연의 보호를 발견합니다. 저는 심지어, 이 상황에서 당신이 우리를 오도하는 우리 마음의 은밀한 성향과, 그 타산적인 결정들에 항의하고 불평하는 보다 은밀하고 훨씬 더 내적인, 그리하여 저도 모르게 우리를 진리의 길로 인도하는 그 이성의 명령을 혼동하지나 않을까 걱정되기까지 합니다. 이 내면의 감정은 자연 자체의 감정으로, 이성의 궤변에 대항하는 자연의 호소입니다. 이를 증명하는 것은, 이 내면의 감정은 그것이 고집스럽게 거부하는 판단들을 우리 의지가 가장 만족스럽게 따를 때보다 강하게 말하지 않는다는 점입니다. 저는 이 내면의 감정에 따라 판단하는 사람이 실수하기 쉽다고 생각하기는커녕, 이 감정은 결코 우리를 실수로 이끌지 않으며, 우리가 자신이 이해할 수 있는 범위보다 더 멀리 나아가고자 할 때 우리의 약한 오성의 빛이 된다고 생각합니다.

그런데 결국 철학은 자신이 경멸하는 체하는 그 내적인 판단에 얼마나 자주 도도하게 도움을 청하지 않으면 안 되었습니까? 운동을 부인하는 제논[97] 앞에서 디오게네스로 하여금 걷는 것으로 답하게 한 것[98]은 오로지 그 내적인 판단이 아니었습니까? 모든 고대 철학자들이 피론[99]의 회의주의자들에게 호응한 것은 그 내적인 판단에 의해서가 아니었습니까? 그렇게 멀리까지 가지 맙시다. 모든 근대 철학이 정신을 거부하고 있을 때 버클리 대주교[100]가 갑자기 들고일어나 육체는 존재하지 않는다고 주장합니다. 그 공격적인 논리적 추론가에게 사람들은 결국 뭐라고 답했습니까? 내면의 감정을 제거하라고 했지요. 저는 모든 근대 철학자들에게, 육체가 존재한다는 것을 버클리 대주교에게 증명할 수 있으면 해보라고 말합니다. 천성이 아주 좋아 보이는 훌륭한 젊은 분이여, 저의 정직성을 믿어주세요. 그리고 당신이 의심스러워하지 않을 한 작가, 즉《철학적 사고Pensées philosophiques》의 저자[101]를 여기서 인용하는 것을 허락해주세요. 어떤 사람이 당신에게 와서, 자기가 수많은 글자를 되는대로 던졌는데 그 투척을 통해 아주 잘 정서된《아이네이스》라는 결과물이 나타나게 되었다고 말한다면, 당신은 그 기적을 증명하는 대신에 냉정하게 이렇게 대답할 것입니다. '선생, 그런 일이 불가능하지는 않습니다만 당신은 거짓말을 하고 있어요.' 죄송한 말이지만, 당신은 무슨 근거로 그에게 이렇게 답변할까요?

내면의 감정이 없다면 세상에는 곧 미량의 진리도 더 이상 남지 않게 되리라는 것을, 아주 괴상한 견해들을 주장하는 사람들이 더 많은 재능과 더 많은 재주, 더 많은 재치를 갖게 됨에 따라 우리 모두는 차례로 그 괴상한 견해들의 희생자가 되리라는 것을, 그리고 끝으로 우리가 우리의 이성 자체를 부끄럽게 여기게 되면서 곧 믿을 줄도 모르고 생각할 줄도 모르게 되리라는 것을 모르는 사람이 누가 있습니까?

하지만 반박들이 있겠지요…… 아마 우리로서는 해결할 수 없는 반박들이 많이 있을 것입니다. 하지만 반박 없는 이론을 한 번 더 제게 제시해보시든지, 아니면 제가 어떻게 판정을 내려야 하는지 말해주세요. 저의 직접적인 증거들이 잘 입증되기만 한다면 그러한 제 이론의 성격 때문에, 제가 절충적인 견해를 가져서 순수한 정신에 대한 정확한 추론이 불가능하고 그 정신의 성질에 대한 정확한 고찰이 불가능하다는 이유로 난제들이 저를 가로막지는 못할 것입니다. 그러나 본질상 감각의 검열에 복종하는 구체적이고 유일한 어떤 실체에 대해 제게 말하는 물질주의자인 당신들, 당신들은 명백하고 잘 증명된 것만 제게 말해주어야 할 뿐만 아니라, 당신들이나 저나 모두 그 해결에 필요한 모든 수단을 갖고 있는 만큼 저의 모든 난제들을 아주 만족스럽게 해결해주어야 합니다. 그리고 예를 들어 당신들이 물질의 결합에 관한 사유를 제시할 때, 당신들은 다른 것들은 인정하지 않으므로 물리학과 역학의 법칙에 의해서만 그 결합과 결합의 결과를 뚜렷이 제게 보여주어야 합니다. 에피쿠로스주의자인 당신은 영혼이 미세한 원자들로 구성되어 있다고 주장합니다. 그런데 당신은 미세한이라는 말로 무엇을 지칭하는지요? 당신은 우리가 절대적인 크기를 알지 못한다는 것, 모든 것이 그 대상을 보는 눈과 관련해서만 크거나 작다는 것을 압니다. 저는 만족스러운 현미경으로 당신의 원자들 가운데 하나를 바라보는 것을 가정해봅니다. 저는 갈고리 모양으로 굽은 큰 바윗덩어리 하나를 봅니다. 그리고 유사한 덩어리들의 규칙적인 움직임과 연결로부터 어떤 사유가 도출되기를 기다립니다. 근대주의자인 당신은 제게 유기적인 분자를 보여줍니다만, 저는 현미경을 통해 제 방의 절반 크기 정도 되는 용 같은 모양을 봅니다. 저는, 그 비슷한 용 같은 모양들이 서로를 본뜨고 서로 휘감기다가 결국 전체로부터 유기적일 뿐만 아니라 지능적이기도 한 어떤 존재, 즉 집합체적인 존재가 아니라 전적으로 하나인 존재가 생겨나는 것을 보게 되기를 기다립니다. 선생, 당신은 세계가 로마 공화국처럼 우연히 준비되었다고 제게 강조했습니다. 평가가 공평하기 위해서는, 로마 공화국이 사람들이 아니라 나무 조각들로 이루어졌어야 할 것입니다. 생각하는 최초의 존재가 순전히 육체적으로 어떻게 생겨나는지 명백하고 뚜렷하게 제게 보여주세요. 그러면 저는 더이상 당신에게 아무것도 요구하지 않겠습니다.

그런데 만일 만물이 현명하고 강력하고 자비로운 한 존재의 작품이라면, 지상의 고통은 어디에서 유래하는 것입니까? 고백하지만, 너무나 큰 이 난제는 저를 그렇게 사로잡지는 못했습니다. 제가 이 문제를 잘 이해하지 못해서든, 아니면 모든 공고함을 갖고 있는 듯이 보이는 이 문제가 실제로는 그런 공고함을 갖고 있지 않아서든 말입니다. 우리의 철학자들은 형이상학적인 실체에 대해 반대했지만, 저는 그토록 반대하는 사람을 아무도 알지 못합니다. 그들은 어떤 의미로 고통이라는 말을 합니까? 고통은 그 자체로 무엇입니까? 자연과 자연의 창조자와 관련하여 고통은 어디에 있습니까? 우주가 존재하고, 질서가 우주를 지배하며, 우주에서 질서가 유지됩니다. 그곳에서는 모든 것이 차례로 죽습니다. 그것이 살아 있는 물질적 존재들의 법칙이기 때문입니다. 그러나 우주에서는 모든 것이 재생되며 아무것도 퇴화하지 않습니다. 그것이 그것들의 창조자가 내린 명령이기 때문입니다. 이 명령은 결코 번복되지 않습니다. 저는 이 모든 것에서 어떠한 고통도 보지 못합니다. 그러나 제가 아플 때, 그것은 고통이 아닙니까? 제가 죽어갈 때, 그것은 고통이 아닙니까? 저는 천천히 죽어가게 되어 있습니다. 생명을 받았으니까요. 제게는 죽지 않을 방도가 한 가지밖에 없었습니다. 태어나지 않는 것이 그것이었습니다. 생명은 플러스적이지만 유한한 선이며, 그것의 끝은 죽음입니다. 플러스적인 것의 끝은 마이너스적인 것이 아니라 제로입니다. 죽음은 두려운 것이기에, 우리는 그 두려움을 고통이라고 부릅니다. 고통은 고통을 겪는 사람에게는 계속 고통임을 저는 인정합니다. 그러나 고통과 기쁨은 지각 능력이 있지만 소멸하기 마련인 존재를 그 자신의 보존에 집착하게 만드는 유일한 수단들로서, 신에 걸맞은 호의로 마련되었습니다. 이 글을 쓰고 있는 바로 이 순간에도, 저는 극심한 고통의 갑작스러운 멈춤이 얼마나 강렬하고 달콤한 기쁨인지를 막 다시 경험했습니다. 사람들은 가장 강렬한 기쁨이 멈추는 것이 극심한 고통이라고 감히 제게 말할까요? 생명의 감미로운 기쁨은 지속적이어서, 그것을 맛보기 위해서는 고통을 겪지 않는 것으로 충분합니다. 고통은 성가시지만 필요한 경고일 뿐입니다. 우리에게 그토록 값진 그 소중한 것이 위험에 처해 있다는 경고 말입니다. 이 모든 것을 면밀하게 살펴볼 때, 저는 죽음에 대한 감정과 고통에 대한 감정은 자연의 질서 속에서는 거의 아무것도 아니라는 것을 알게 되었고, 어쩌면 증명했습니다. 이 감정들을 자극하는 것은 다름 아닌 인간들입니다. 기상천외하게 꾸민 그들의 말들과 야비한 기관(機關)들이 없다면 육체적인 고통이 우리를 괴롭히지 않을 것이고, 우리에게 거의 부담을 주지 않을 것입니다. 그렇기에 우리는 죽음을 전혀 의식하지 않을 것입니다.

그러나 정신적인 고통은! 그것은 인간의 또 다른 작품입니다. 신은 인간에게 자유를 준 것 외에 아무것도 관여하지 않았으니까요. 그 점에서 정신적인 고통은 인간과 닮았습니다. 그러니 인간의 죄악과 그 죄악이 인간에게 야기하는 고통들에 대해 신을 비난해야 할까요? 전쟁터를 보면서 그토록 많은 전사자들을 야기했다며 신을 비난해야 할까요?

당신은 말하겠지요. 인간은 자기의 자유를 반드시 남용하게 되어 있는데 왜 신은 인간에게 자유를 주었느냐고요. 아아, 드 프랑키에르 선생. 자기의 자유를 남용하지 않은 사람이 있었다면 그 사람만이 인류를 영광스럽게 합니다. 지상을 뒤덮고 있는 모든 중죄인들이 인류의 품위를 훼손하는 것 이상으로 말입니다. 신이시여! 제게 미덕을 주세요. 어느 날 저를 페늘롱[102] 같은 위인들, 카토 같은 위인들, 소크라테스 같은 위인들 곁에 앉혀주세요. 그 밖의 인류는 제게 무슨 상관이 있겠습니까? 저는 인간이었던 것을 부끄러워하지 않을 것입니다.

선생, 당신에게 말했듯이 여기에서 문제 되는 것은 저의 견해이지 근거들이 아닌데, 그 견해를 당신은 넘치도록 보고 있습니다. 저는 예전에 고통의 기원에 관한 이 문제에 부딪혀 이를 피상적으로 다룬 기억이 납니다만 당신은 그 별 볼일 없는 설명을 읽지 않은 것 같습니다. 저 또한 그것을 다 잊어버렸으니, 우리 둘 다 아주 잘한 것 같습니다. 제가 아는 것이라고는, 그것들을 해결하는 데 있어 제가 발견한 용이성은 제가 늘 가지고 있던 견해에서 유래한다는 것뿐입니다. 두 원리, 즉 신(神)이라는 활성의 원리와 물질이라는 불활성의 원리의 영원한 공존에 대한 견해 말입니다. 활성적 존재는 전권을 가지고 불활성적 존재를 결합하고 변화시키지만, 그것을 창조하지 않았기 때문에 그것을 소멸시킬 수 없습니다. 이러한 견해 때문에 저는 제가 이 견해를 표명한 상대인 철학자들을 야유하게 되었습니다. 그들은 제가 밝힌 이 견해를 불합리하고 모순적이라고 판정했던 것입니다. 그럴 수도 있지만, 제게는 그 견해가 그렇게 보이지 않았으며, 거기에서 저는 그들이 풀지 못하고 있는 그 많은 문제들을 어렵지 않게 똑똑히 설명하는 데 유리할 것 같은 장점을 발견했습니다. 그중에서도 특히, 당신이 여기에서 해결할 수 없는 것으로 제기한 문제에 대해서요.

그뿐만 아니라, 저는 제 견해가 다른 모든 문제에 대해서는 별로 균형 잡힌 것이 못 되겠지만 이 문제에 대해서는 조금은 그럴 수 있으리라고 감히 생각합니다. 당신이 제 운명에 대해 더 잘 알게 된다면, 언젠가 당신은 저를 생각하면서 '다른 어떤 사람이, 자기가 현세의 인간이 겪는 고통들에서 발견한 고통의 크기를 확대시킬 권리가 있는가'라고 말할지도 모릅니다.

당신은 종교가 지상에 야기한 고통들을 광신과 미신이 악용한 그 같은 문제의 어려움 탓으로 돌립니다. 그럴 수도 있지만, 고백건대 제게는 신앙에 관한 모든 문구나 표현이 다 일련의 불공정, 허위, 위선, 횡포를 지닌 것으로 보일 뿐입니다. 하지만 결코 옳지 못하게 행동하지 맙시다. 악을 가중시킬지언정 선을 빼앗지 맙시다. 사람들의 마음에서 신에 대한 믿음을 모두 빼앗는 것은, 그들에게서 미덕을 모두 파괴하는 일입니다. 선생, 이것이 저의 견해입니다. 어쩌면 이 견해가 틀릴지도 모르지만, 저의 견해인 한 저는 그것을 비굴하게 당신에게 숨기지 않겠습니다.

선행을 하는 것은 천성이 선한 사람의 가장 즐거운 활동입니다. 그의 정직과 호의는 그의 행동 원칙의 산물이 아니라, 그의 선량한 천성의 산물입니다. 그는 자기의 성향에 몸을 맡김으로써 정의를 실천합니다. 악인이 자기의 성향에 몸을 맡김으로써 악을 행하는 것처럼 말입니다. 우리로 하여금 선행을 행하게 하는 의욕을 만족시켜주는 것은 선량함이지 미덕이 아닙니다.

이 미덕이라는 말은 힘을 뜻합니다. 투쟁 없는 미덕은 없고, 승리 없는 미덕은 없습니다. 미덕은 단지 정의롭게 행동하는 데만 있는 것이 아니라, 정념들을 물리치고 마음을 다스림으로써 정의롭게 행동하는 데도 있습니다. 티투스[103]는 단 하루도 빠지지 않고 로마 국민을 행복하게 해주고 어디 가나 친절과 선행을 베풀었지만 미덕을 지키지는 못했습니다. 그렇지만 그는 베레니케[104]를 돌려보냄으로써 분명 미덕을 지켰습니다. 브루투스[105]는 자기 아이들을 죽임으로써 공정할 수는 있었습니다. 브루투스는 다정한 아버지였지만 자기 의무를 다하기 위해 자기 아이들을 죽인 것이었으며, 그렇게 함으로써 미덕을 지킨 것입니다.

당신도 예견하겠지만, 여기서 문제는 논점으로 되돌아갑니다. 당신이 제게 말하는 그 신격화된 우상은 역겹지 않은 이미지로 제게 주어지고, 그 이미지가 제 마음에 온기를 주는 것 같습니다. 그러나 그 우상은 결국 여전히 형이상학적인 실체들 가운데 하나일 뿐이며, 당신은 인간들이 그것을 자기들의 신으로 삼는 것을 원치 않지요. 그 우상은 순전히 명상의 대상일 뿐입니다. 당신은 그 숭고한 명상에서 어떤 결과를 얻기를 바랍니까? 만일 당신이 그 명상에서 잘 행동하기 위한 색다른 격려만을 얻고자 한다면, 저는 당신의 생각에 동의합니다. 당신도 결국 인간이기에 당신의 정숙한 마음이 피할 수 없는 아주 심각한 정념들에 시달리고 있다고 가정해봅시다. 거기에서 조용히 그려지는 그토록 매력적인 그 이미지는 그러한 정념 속에서도 조금도 매력을 잃지 않을 것이며, 그 정념의 물결 가운데서도 조금도 흐려지지 않을 것입니다. 절망에 빠진 미덕을 시험할 수 있는 위험들에 대해 심하게 실망스러운 가정을 하는 것을 배제합시다. 너무도 감수성 예민한 마음이 친구의 딸이나 아내에 대해 무의지적인 사랑을 불태우는 것을, 그녀를 전혀 보지 못하는 하늘과 그녀에 대해 아무에게도 말하고 싶어 하지 않는 하늘 사이에서 그 마음이 그녀와 육체관계를 마음대로 가질 수 있는 것을, 미와 관능의 모든 매력으로 더욱 아름다워진 그녀의 매력적인 모습이 그 마음을 끄는 것만을 가정합시다. 도취된 감각들이 그 감각들의 환희에 막 몸을 맡기려는 순간, 미덕의 그 관념적인 이미지가 그의 마음을 그를 사로잡는 실제 대상에서 떼어놓을 수 있을까요? 과연 그 이미지가 그 순간 그의 마음에 더 아름답게 보여, 그를 그의 마음이 사랑하는 여인의 품에서 떼어놓아, 그 자신도 실재가 아님을 알고 있는 어떤 환영에 대한 보람없는 명상에 빠지게 할까요? 그는 요셉처럼 끝낼까요? 그는 요셉처럼 옷을 버릴까요?[106] 아닙니다, 선생. 그는 눈을 감을 것이고 굴복할 것입니다. '믿는 자도 마찬가지로 굴복할 것이다'라고 당신은 말하겠지요. 그럴 겁니다. 의지가 약한 사람은요. 예를 들어, '그들 둘 다에게 똑같은 힘을 주고 받침점의 차이를 살펴보세요'라고 당신에게 쓰고 있는 사람처럼 말입니다.

선생, '저항해봐야 무슨 소용이 있겠어?'라고 생각하면서 주저치 않고 굴복할 수 있을 때, 그 강렬한 유혹들에 저항할 방법이 있겠습니까? 철학자는 덕망 있는 사람이기 위해 사람들 앞에서 미덕을 지킬 필요가 있지만, 신의 면전에서 의인은 매우 강합니다. 의인은 그 삶과 자기의 선행,

자기의 고통, 자기의 모든 허영심을 아주 하찮은 것으로 여깁니다! 그는 이처럼 그 이상으로 깨닫습니다! 미덕의 거역할 수 없는 힘이여, 자기의 존재를 온통 느끼는 사람만이, 그리고 미덕을 소유하는 것은 인간이 할 수 있는 일이 아니라는 것을 아는 사람만이 너를 이해한다. 당신은 때때로 플라톤의 《국가》를 읽으시는지요? 두 번째 대화에서, 이름은 잊었습니다만, 소크라테스의 친구가 소크라테스에게 얼마나 의인에 대해 정력적으로 묘사하는지 보세요. 운명의 여신에게 모욕당하고 사람들의 부당한 처사에 시달리고 중상과 박해를 당하며 고통스러워하는 의인, 미덕의 대가를 모두 받아 마땅함에도 온갖 죄악의 치욕에 시달리며 이미 다가온 죽음을 보는, 그리하여 악인들의 증오가 자기의 육체에 더 이상 아무 해를 끼칠 수 없게 되면 이젠 자기의 기억력을 훼손하게 되리라 확신하는 그 의인에 대해서 말입니다. 그 무엇도 미덕의 용기를 꺾을 수는 없지만, 얼마나 의기소침하게 만드는 묘사입니까. 소크라테스 자신도 두려워 소리치며 이에 답변하기 전에 신들께 기도해야 한다고 생각하지만, 내세에 대한 소망이 없었다면 그는 그 내세에 대해 제대로 답변하지 못했을 것입니다. 그럼에도 우리에게는 모든 것이 죽음에서 끝났을 것이고—— 만일 신이 의로우시고 결과적으로 신이 존재한다면 그런 일은 있을 수 없을 것입니다만——, 신의 존재에 대한 생각만이 여전히 인간에게는 미덕에 대한 격려이자 비참에 처했을 때의 위안일 것입니다. 이 세상에서 자기가 홀로 고립되어 있다고 생각해 마음속에서 자기 생각을 털어놓을 상대를 전혀 느끼지 못하는 자는 이런 격려나 위안을 얻지 못할 것입니다. 그럴 만한 자격이 없는데도 신 같은 증인을 갖는다는 것은 역경 속에서 언제나 즐거움인 것입니다. '저의 마음을 읽으시는 당신은 제가 강력한 영혼으로서, 의로운 인간으로서, 당신이 제게 주신 자유를 이용한다는 것을 아십니다'라고 신께 말할 수 있다는 것은 진정 미덕에 걸맞은 자부심입니다. 어디에서나 자기가 영원한 신의 눈길 아래 있음을 느끼는 참된 신자는 신 앞에서 자신이 현세에서 의무를 다했음을 자랑으로 삼고 싶어 합니다.

당신은 당신이 제게 분별 있는 사람이 지닌 미덕의 유일한 대상으로 제시한 그 우상에 관해 제가 당신과 조금도 논쟁하지 않았다는 것을 압니다. 그렇지만 친애하는 선생, 이제 당신에게로 되돌아가 이 대상이 얼마나 당신의 원리와 서로 융화될 수 없고 양립할 수 없는지를 보세요. 당신 말마따나 유일하게 우주의 운행과 모든 사건을 지배하는 법칙인 그 필연의 법칙이 인간의 모든 행위와 두뇌의 모든 사고, 마음의 모든 감정을 마찬가지로 지배한다는 것을, 자유로운 것은 아무것도 없고 모든 것은 부득이하고 필연적이고 불가피하다는 것을, 맹목적인 동기에서 비롯되는 인간의 모든 감정상의 움직임은 그의 의지 자체가 오로지 필요에 좌우되는 만큼 그의 의지에 좌우된다는 것을, 그러므로 결과적으로 미덕도 악덕도 없고 인간의 장점도 단점도 없으며 인간 행위에는 도덕성도 없다는 것을, 그리고 '정직한 인간'이나 '중죄인' 같은 말들은 당신에게 완전히 의미가 없어진다는 것을 당신은 왜 느끼지 못합니까? 그러나 그 말들이 의미가 없지 않다는 것을 저는 아주 확신합니다. 당신의 논증에도 불구하고 당신의 정직한 마음은 당신의 한심한 철학에 항의합니다. 자유의 감정과 미덕의 매력이 당신도 모르게 당신에게 느껴져, 어디 가나 내면의 감정의 그 크고 유익한 목소리는 오도된 이성으로 인해 올바른 길에서 벗어난 모든 사람을 진리와 미덕의 품으로 그렇게 다시 돌아오게 합니다. 선생, 유행하는 철학이 끝내 망각하게 만드는 인간의 의무로 돌아오도록 당신을 이끄는 그 신성하고 유익한 목소리에 감사하세요. 당신의 논증을 따르는 것은, 그 논증이 당신의 양심이 내리는 명령에 동의한다고 느껴질 때만 그렇게 하세요. 그리고 그 논증들에서 모순을 느낄 때는 언제나 즉각 그 논증들이 당신을 속이고 있다고 믿으세요.

저는 당신이 한 말에 트집을 잡거나 당신이 보낸 두 편지에 결사적으로 주의를 기울이고 싶지는 않지만, 그 히브리 현자와 그리스 현자의 비교에 대해 할 말은 회피하지 못하겠습니다. 저는 그 두 현자를 찬미하는 자이므로, 제가 그들에 관해 편견을 갖고 언급하지 않을까 의심하지는 않습니다. 저는 당신이 저와 같은 입장이라고 생각하지 않습니다. 당신이 그리스 현자의 우위를 인정하는 것에도 별로 놀라지 않습니다. 당신은 다른 현자, 즉 히브리 현자에 대해 충분히 알지 못했습니다. 게다가 당신은 그 현자와 무관한, 그뿐만 아니라 당신의 눈앞에서 그를 왜곡하는 그러한 면모로부터 그의 진짜 모습을 추출해내는 일에 충분히 신경을 쓰지 않았습니다. 그 왜곡은 당신처럼 면밀히 검토하지 않은 여타 많은 사람들의 눈앞에서도 행해지고 있습니다. 만일 예수가 아테네에서 태어나고 소크라테스가 예루살렘에서 태어났다면, 만일 플라톤과 크세노폰[107]이 예수의 생애에 대해 쓰고 루가와 마태가 소크라테스의 생애에 대해 썼다면 당신은 어투를 많이 바꾸었을 것이고, 당신이 머릿속으로 예수에게 해를 끼치는 것은 바로 그의 영혼의 고양을 더 놀랍고 더 경탄할 만한 것으로 만드는 것입니다. 즉, 소크라테스가 가장 교양 있고 가장 훌륭한 집안에서 태어난 반면에 예수가 유대에서 당시의 가장 하층민의 가정에서 태어났다는 점은, 그가 쉽게 그의 어조를 갖게 되는 데 필요한 모든 도움을 주었습니다. 소크라테스는 예수가 대제사장들에게 그랬던 것처럼 소피스트들에게 반대했지만 예수와 다르게 자주 자신의 적대자들을 따라 했는데, 만일 그의 훌륭하고도 순순한 죽음이 그의 삶을 영광스럽게 하지 않았다면 그는 그들처럼 한 명의 소피스트로 통했을 것입니다. 예수에 대해 말씀드리자면, 그의 위대한 영혼의 숭고한 비상(飛翔)은 그를 지상의 모든 인간 이상의 존재로 끊임없이 드높였습니다. 열두 살 때부터 세상에서 가장 잔혹하고 가장 모욕적인 죽음을 맞이하는 순간까지 그는 단 한 순간도 자기의 말을 번복하지 않았습니다. 그의 고귀한 계획은, 자기 나라 백성들을 바로잡아 자유롭고도 그 자유에 합당하도록 되돌려놓는 것이었습니다. 그가 제일 먼저 해야 할 일이 바로 그것이었기 때문입니다. 모세의 율법에 대한 그의 깊은 연구와 사람들의 마음속에 그 율법에 대한 열의와 사랑을 되살리기 위해 그가 쏟은 노력은 극력으로 그의 목적을 보여줌으로써 결국 로마인들에게 외면당하지 않았습니다. 그러나 야비하고 비열한 예수의 동족들은 그의 말에 귀 기울이기는커녕 자기들의 수치스러운 행동들을 비난하는 바로 그의 그 재능과 미덕 때문에 그를 증오했던 것입니다. 결국 그는 자기의 계획이 실현 불가능한 것임을 알고는 그 계획의 실현을 궁리했지만, 자기 혼자 힘으로는 자기 나라 백성들에게 혁신을 가져올 수 없으므로 제자들을 통해 온 세상에 혁신을 가져오고자 했던 것입니다. 그가 애초의 계획에 성공하지 못한 것은, 어떠한 덕행도 행하지 못하는 백성들의 천박함에 더하여 그 자신의 지나치게 온화한 성격 때문이었습니다. 단 한 순간도, 심지어 그가 십자가에 못 박혀 죽을 때도 그에게서 떠나지 않은, 그 한심한 인간들이 그의 삶을 왜곡시키는 데 동원한 그 잡다한 말들 너머로 그의 삶을 정확히 읽어낼 줄 아는 이에게 비 오듯 눈물을 쏟게 하는, 인간을 닮기보다는 천사와 신을 닮은 그 온화함 말입니다. 다행히도 그들은 자기들이 귀 기울이지 않은 그의 설교를 존경하여 정확히 옮겨 적었습니다. 몇몇 동양적인 혹은 잘못된 표현법을 없애보세요. 그분에게 걸맞지 않은 말은 단 한 마디도 보이지 않습니다. 바로 거기서 사람들은 그토록 보잘것없는 제자들을 그들의 서툴지만 용감한 열정에 힘입어 설득력 있고 용기 있는 자들로 만든 신인(神人)을 인정하게 될 것입니다.

　당신은 그가 기적을 행했다는 이유로 제 말에 반대합니다. 그 반대가 올바르다면 그 반대는 가혹할 것입니다. 그렇지만 선생, 당신은 알고 있거나 적어도 알 수 있을 것입니다. 예수는 기적을 행하기는커녕 기적을 행하지 않을 것임을 확실히 표명했고 기적을 요구하는 자들을 크게 경멸했다는 것을 말입니다.

할 말이 아직 너무 많습니다! 그러나 이 편지만 해도 너무 길군요. 이만 마쳐야겠습니다. 이런 문제들을 재론하는 것은 이번이 마지막일 것입니다. 선생, 저는 당신의 마음을 사고 싶었고 그 점 조금도 후회하지 않습니다. 그 반대입니다. 제가 거의 잊고 있었던 생각의 맥락을 되찾게 해준 것에 대해 감사합니다. 남아 있는 그 생각들은 지금의 제 상태에서 제게 도움이 될 수 있을 것입니다.

선생, 그럼 안녕히 계십시오. 헛된 기대이겠지만 당신이 더 잘 이해했더라면 좋아했을 사람을, 자기 자신에게도 별로 신경 쓰지 못하는 때에 당신에게 신경을 쓴 사람을 때때로 기억해주십시오.

르누.

반추를 통한 자기 사상의 옹호

김중현

이 책에는 장 자크 루소Jean-Jacques Rousseau의 글 세 편을 수록했다. 세 글이 서로 특별한 공통점이나 관련성을 지니고 있는 것은 아니다. 단지 세 글이 모두 서간체의 글(또는 서간)이라는 점, 그리고 교육과 철학, 도덕, 종교와 관련된 글이라는 점을 감안해 함께 묶었다.

루소는 이 글들을 쓰기 전에 이미 《신엘로이즈*Julie, ou La nouvelle Héloïse*》를 통해 서간체 형식의 글이 갖는 호소력과 대중성을 실감했다. 실제로 서간체 형식의 글은 18세기에 큰 인기를 얻고 있었다. 스스로 서간체 장르의 원조라고 주장하는 계몽사상가 몽테스키외Charles Louis de Secondat Montesquieu(1689~1755)는 《페르시아인의 편지*Lettres persanes*》(1721)로 큰 성공을 거두었다. 여기에 수록된 세 편의 글 중 《프랑키에르에게 보내는 편지*Lettre à M. de Franquières*》를 제외하면 루소는 집필할 때부터 출판을 염두에 두고 있었다. 즉, 《보몽에게 보내는 편지 *Lettre à Christophe de Beaumont*》와 《도덕에 관한 편지*Lettres morales*》

는 애초에 출판을 염두에 두고 쓴 글이다.

《보몽에게 보내는 편지》는 잘 알다시피《에밀 *Émile ou De l'éducation*》에 대한 대주교의 반박문(실제로는 대주교의 교서라는 형식을 띤 글이지만 결국《에밀》을 반박하는 글이다)에 대해 재반박하는 글이다. 그러므로《에밀》에서 다룬 내용들의 범주를 크게 벗어나지 않는다.《도덕에 관한 편지》또한《에밀》에서 다룬 바 있는 미덕과 행복에 관해 논한다. 당시 가장 큰 논쟁거리가 되었고 교회의 거센 반발을 불러일으킨 루소의 글 〈사부아 보좌신부의 신앙 고백 Profession de foi du Vicaire Savoyard〉은 이미 많은 부분 집필돼 있다가,《도덕에 관한 편지》에 부분적으로 삽입되고, 나중에 최종적으로《에밀》에 삽입되었다.《프랑키에르에게 보내는 편지》는 받는 사람이 누구인지 확실치 않지만, 신앙, 미덕, 인간의 의무, 자유, 철학 등에 대해 그동안 루소가 여러 주요 저서에서 표명했던 견해들을 개괄적으로 기술하고 있다.

결국 이 세 편의 글은《사회계약론 *Le contrat social*》,《에밀》,《신엘로이즈》등 루소의 주요 저서에 제시된 교육, 철학, 도덕, 종교에 대한 사상이나 견해를 서간체 형식(또는 서간)으로 해명하고 옹호하며 보충하고 해설하는 글이라 할 수 있다. 따라서 이 해설에서는 이 세 편의 글이 어떤 배경에서 집필되었고 어떤 내용을 담고 있는지, 그리고 각각 어떤 의미를 지니고 있는지에 대해서 언급할 것이다.

1.《보몽에게 보내는 편지》
—《에밀》에 대한 비난을 반박하다

1762년에 루소는 그의 중요한 두 저서《사회계약론》과《에밀》을 출판한다. 그런데 이 두 저서가 사회적·종교적으로 큰 파문을 불러일으키면서 루소는 엄청난 비난과 함께 탄압을 받기 시작한다.

《사회계약론》은 루소가 7년 전에 출판한《인간 불평등 기원론Discours sur l'origine et les fondements de l'inégalité parmi les hommes》(1755) 과 끝내 미완성으로 남은 역사와 정치에 관한 방대한 저작《정치 제도 Institutions politiques》의 기본 주장들을 발전시킨 것이다. 1753년, 디종 아카데미는 '인간 불평등의 기원은 무엇인가? 이 불평등은 자연법에 의해 허락될 수 있는가?'라는 주제의 논문 현상 공모를《메르퀴르 드 프랑스Mercure de France》지에 공고했는데, 이 주제를 접한 루소는 생제르맹 숲 속을 일주일 동안 산책하면서 이에 대해 명상하고 생각을 정리했다. 하지만 3년 전의 논문 공모에서 루소에게 일등상을 안겨준 디종 아카데미는* 이번에는 그를 외면한다. '사유재산 제도가 인간 사이에 불평등을 야기했으며, 기존의 법과 정치 제도는 모두 이 사유재산을 보호하도록 만들어진 것이기에 변혁이 이루어져야 한다'는 논리를 전개해 지나치게 급진적으로 절대 왕정을 비판했기 때문이다. 루소는 이 낙선작을 2년 뒤인 1755년 4월에 출판한다.

논문 공모에서 낙선한 루소는 이듬해 제네바에 머물면서《정치 제도》를 구상한다. 그는 이 책에 싣고자 집필한 글에서 인간이 생존하기 위해서는 정치 체제, 즉 국가라는 것이 필요한데 이 정치 체제의 통일을 유지하고 올바른 정치를 하기 위해서는 언제나 전체(국가)와 부분(개인)의 보존과 행복을 지향해야 하며, 법률의 원천이 되는 '일반 의지'라는 기준이 필요하다고 주장한다. 그리고《사회계약론》에서는 어떻게 하면 이 일반 의지가 관철되는 국가를 만드느냐, 또 자연 상태에서 처음부터 가지

---

* '학문과 예술의 부흥이 풍속의 순화에 기여했는가'라는 주제로 일등상을 수상한 루소의 글은 그해 겨울에서 다음 해 초 사이에《학문예술론Discours sur les sciences et les arts》이라는 책으로 출간된다.

고 있던 자유와 평등을 확보할 수 있느냐 하는 문제를 다루게 되는데, 그러기 위해서는 공동체를 구성하는 각 개인이 이전에 가지고 있던 권리를 공동체 전체에 모두 양도함으로써 신체와 재산을 보호할 수 있는 사회계약이라는 것을 맺을 필요가 있다고 주장한다.

이어서 루소는 공동체의 구성원들이 기존의 모든 특권을 포기하고 대등한 입장에서 형성한 새로운 국가를 일반 의지라는 최고 의지(주권)의 지도하에 두라는 주장을 편다. 이 주권은 당연히 양도될 수도, 분할될 수도 없다. 이처럼 각 시민은 국가와 일반 의지를 형성하는 주체이므로, 《사회계약론》의 내용은 '인민 주권론'과 '법의 지배'라는, 민주주의의 토대가 되는 양대 원리로 구성된다. 이 사상은 인민의 주권을 기반으로 하는 민주주의 정치 이론으로서 근대 정치사상에 큰 영향을 미쳤고 프랑스혁명의 인권 선언에 이론적인 기반을 제공했으므로 특권 계층에게는 중대한 반란이자 경종이 아닐 수 없었다.

1762년 5월 22일, 예수회의 끈질긴 방해 공작에도 불구하고 4개월 전에 이미 암스테르담의 네옴Néaulme 출판사에서 출간된 《에밀》이 암암리에 프랑스에서 판매되기 시작한다. 총 5부로 구성된 《에밀》은 에밀이라는 고아가 출생에서 결혼까지 아주 이상적인 가정교사의 주도면밀하게 계획된 교육을 통해 성장해가는 과정을 교양 소설 형식으로 쓴 작품이다. 여기에서는 인간이 가지고 태어난 본질적인 선을 보존하면서 각 시기별로 신체와 지성과 마음의 조화로운 발달을 꾀하고 사회생활에 대비하면서 행복한 인생을 추구하도록 이끄는 것이 루소의 교육론이라는 것이 드러난다. 《에밀》은 교육론에만 머물지 않고 루소의 인간관과 사회관 등을 총체적으로 전개해 루소의 대표작이 되고 있다.

어린이의 천성적 자유를 보존하고 발전시키는 데 교육적 이상이 있다는 그의 주장에서는 처음부터 끝까지 '자유'라는 개념이 관통하고 있다.

아이의 움직임을 간섭하지 말아야 한다. 무슨 놀이를 하든 자유롭게 놔두어야 한다. 청년이 되면 종교를 선택하는 것조차 그 자신이 하도록 자유를 주어야 한다. 어른은 나약한 어린이에게 안내자로 그쳐야 하지, 그의 천성계발을 방해해서는 안 된다. 타고난 개성을 존중하면서 책임과 의무를 수행할 수 있는 능력을 연마하도록 도와주어야 한다.*

또한 루소는, 이와 같은 교육을 하기 위해서는 아이를 책, 가족은 물론 또래 아이들에게서도 떨어뜨려 놓아야 하며, 모든 속박, 심지어 부정적인 효과만을 초래하는 가정교사의 속박에서까지 벗어나게 해야 한다고 주장한다. 이런 주장은 당시의 교육 개념과는 아주 동떨어진 것으로 동시대인들, 특히 귀족들에게는 너무 엉뚱하고 이상적이며 위험천만하기까지 한 발상으로 여겨졌다.

더욱 문제가 된 것은 《에밀》 제4부에 나오는 〈사부아 보좌신부의 신앙 고백〉이라는 글이었다. 이것은 사부아 지방의 한 보좌신부가 열여덟 살이 된 에밀에게 자신이 어떻게 조화로운 세상에서 내면의 성찰을 통해 신의 실재에 대한 통찰과 자유 개념, 그리고 도덕적 진실의 의미에 이르게 되었는지를 고백하는 내용이다. 말하자면 이 글은 자연의 조화와 아름다움에 기초한 도덕론이자 종교론이라고 할 수 있는데, 일종의 이신론(理神論)을 드러냄으로써 당시의 기독교도들을 크게 격앙시킨다. 신을 인정하지만 만물의 창조자이자 주관자로서의 신은 인정하지 않으며 인간 생활에 직접 관계하는 섭리와 은총, 기적, 계시 또한 인정하지 않는 이 이신론은 당연히 정통 기독교도들의 분노를 살 수밖에 없었다.**

그리하여 《에밀》은 6월 3일, 경찰에 의해 모두 압수된다. 이 책을 출판

---

*   김중현, 〈불멸의 월계관〉, 《세기의 전설》(좋은책만들기, 2001), 70쪽에서 재인용.
** 김중현, 〈불멸의 월계관〉, 63~73쪽 참조.

한 뒤셴 출판사 측은 6월 4일에 루소에게 이렇게 편지를 쓴다. "우리는 경찰에 체포되었습니다. 그러니 이 책을 더 이상 판매할 수 없게 되었다는 소식을 고통스럽지만 알려드리지 않을 수 없군요."* 소르본 대학 신학부는 6월 7일 "신앙과 미풍양속을 해치는"** 《에밀》을 비난하는 성명서 〈《에밀》을 준엄하게 비판함〉을 발표했고, 의회는 6월 9일 경찰 측에 압수된 책을 파기하여 불태우고 루소에게 체포 영장을 발부하라고 명령한다. 이날이 바로 루소에게는 자신에 대한 박해가 시작된 운명의 날이었다. 루소는 6월 9일 오후, 그동안 뤽상부르 원수(공작인 그는 루소의 후원자이자 친구였다)가 제공해주었던 몽모랑시의 아름답고 쾌적한 거처에서 정원 뒷문을 통해 황망히 도망쳐야 했다. 경찰이 그를 체포하러 달려오고 있었기 때문이다.

루소는 먼저 고향인 제네바로 피신할 생각을 한다. 그러나 이 도시의 평의회도 이미 그에게 등을 돌리고 있었다. 《에밀》과 《사회계약론》에 대해 판매 금지 조치를 내렸던 것이다. 그리하여 루소는 베른 근교의 이베르동에 있는 친구 집을 찾아갔으나, 경찰이 계속 뒤쫓고 있어서 거기서도 오래 체류할 수가 없었다.

7월 10일, 이베르동을 떠난 루소는 다시 모티에(스위스 뇌샤텔 주에 속하는 곳으로, 트라베르 계곡에 위치해 있다)로 숨어들 수밖에 없었다. 경건한 쥐라 산맥에 자리한 아름다운 트라베르 계곡의 한 농가에 은거하면서 그는 잠시나마 마음의 안정을 되찾는다. 하지만 곳곳에서 그를 욕하는 인쇄물들이 쏟아져 나오고, 그것의 필자들은 권력자들이 루소를 너무 온건하게 대한다고 비판하기까지 한다. 볼테르는 "세상에서 교육을

---

* 장 자크 루소, 《에밀》, 김중현 옮김(한길사, 2003), 49쪽.
** Jean-Jacques Rousseau, *Jean-Jacques Rousseau. Œuvres complètes* 4권(Paris : Gallimard, 1969), CLXX쪽.

가장 잘못 받은 사람의 이 교육론을 나는 아직 가지고 있지 않소"라고 친지에게 보낸 편지에서 비아냥거린다. 친구였던 디드로마저 "이신론과 어리석은 인간들이 믿는 세계 사이를 오락가락하는 극단적인 사람"이라고 루소를 비판하여 그에게 큰 상처를 준다. 또 제네바의 자코브 베른 목사는 《에밀》 제4부 속의 〈사부아 보좌신부의 신앙 고백〉을 삭제할 것을 요구하고 나서기까지 한다. 파리에서는 여전히 루소에 대한 공격의 수위가 가라앉을 줄을 모르고 있었다. 파리 대주교인 크리스토프 드 보몽은 교서를 내려(8월 20일자로 작성하고 28일에 발간) 《에밀》을 공개적으로 비난한다. 루소는 모티에에 머물고 있을때 보몽의 이 교서를 접한다.

루소는 큰 충격을 받는다. 그동안 지조가 대단해 루소로 하여금 존경의 마음을 품게 했던 그 파리 대주교의 비난이었기 때문이다. 루소는 이 교서를 읽으며 자문한다. '대주교의 교서에 나타난 비판이 과연 내 견해들에 대한 것인가?' 그러나 답은 분명 '아니다'였다. 《에밀》의 교육론은 이미 그가 저술한 《학문예술론》과 《인간 불평등 기원론》에 바탕을 둔 것이었으며, 〈사부아 보좌신부의 신앙 고백〉도 1년 전에 출간되어 베스트셀러가 된 《신엘로이즈》에서 죽어가는 쥘리가 한 신앙 고백과 다름없는 것이었기 때문이다. 그렇다면 《에밀》의 교육론과 〈사부아 보좌신부의 신앙 고백〉에 대한 대주교와 다른 비판자들의 분노는 그들이 이 세 저서를 제대로 읽지 않았거나, 아니면 제대로 읽고 그 견해들을 암묵적으로 인정하고 있었거나 둘 중 하나였을 것이다. 어쨌든 루소는 자신에 대한 이 비판들을 자신의 견해 자체를 비판하기 위한 것이 아니라, 자신의 인격을 공격해 자신을 매장하기 위한 것으로 받아들인다.

그리하여 누추하지만 깔끔하고 산촌의 정취가 물씬 풍기는 모티에의 농가에서 루소는 보몽 대주교에게 자신을 변호하는 서한체 글을 쓰기 시작한다. 이 원고는 1762년 11월 18일자로 암스테르담에 있는 출판업자 마르크 미셸 레에게 보내져(레는 1763년 1월 8일에 이 원고를 받았다),

이듬해 3월에 출판된다.

이것이 바로《보몽에게 보내는 편지》로, 루소는 여기서 먼저《에밀》등의 저서로 인해 자신이 최근에 겪은 사건들을 환기한 뒤, 모든 원죄에 대한 생각들에 반대하는 자기의 견해에 내재한 근본 원리, 전통적 교육에 대한 비판, 이성과 양심의 신에 대한 신앙 고백, 자연 종교의 신과 역사적 종교들의 신, 기독교도로서의 자기의 긴 신앙 고백, 교서에서 대주교가 언급한 기적과 계시, 매개자 없는 종교에 대한 논평 등의 순서로 글을 전개한다. 자기가 이전에 펼친 주장은 변함이 없는데 대주교는 자기의 견해를 올바로 이해하지 못한 것 같고, 오히려 자기를 인신공격하려는 의도가 크다고 판단한 루소는 다음의 원리에 기초해《보몽에게 보내는 편지》를 쓴다.

저는 미문조의 문장을 전혀 사용하지 않았고 반대 명제도 전혀 준비하지 않았습니다. 모욕적인 언사와 욕설을 내뱉는 대신에 근거들을 제시했으며, 비록 제가 모욕당하고 학대받았지만, 그 근거들을 언급하면서 가시 돋친 말을 사용하지 않았습니다. 그럼에도 불구하고 저는 당신이 저를 중상모략하셨다는 제 생각을 증명했습니다.*

훗날 루소는《고백Les confessions》에서 당시 상황과 대응 원리에 대해 다음과 같이 회고한다.

나는 또 다른 글 때문에 충격을 받았다. 왜냐하면 그 글은, 내가 항상 존경했고 무분별한 면모에 대해서는 불평하면서도 의연한 면모에 대해서만큼은 감탄해 마지않았던 사람이 보낸 것이기 때문이었다. 내게 반대하는 파리 대

---

* 이 책 132쪽.

주교의 교서 말이다. 나는 그것에 답할 의무가 있다고 믿었다. 폴란드 왕에게 답한 경우와 거의 유사한 경우였다. 나는 볼테르 식의 거친 논쟁을 결코 좋아하지 않았다. 나는 반드시 품위를 지켜가면서 싸움을 한다. 나를 공격하는 사람은 내 반격에 맞서 나의 명예까지는 훼손하지 않기를 바란다. 내가 자신을 변호할 수 있도록 말이다. 나는 그 교서가 예수회의 수법이라는 것을 조금도 의심하지 않았다. 비록 그들 자신도 당시 불행했지만, 나는 그 교서에서 불행한 사람들을 짓밟아버리는 그들의 오랜 원칙을 여전히 알아보았던 것이다. 그래서 나 역시도 자격이 있는 저자는 존경하고 작품은 가혹하게 대한다는 나의 오랜 원칙을 지킬 수 있었다. 나는 상당히 성공적으로 그 일을 해냈다고 생각한다.*

루소는 레에게 보낸 편지에서 이 서한체 글을 1762년 10월 초에 이미 쓰기 시작했다고 밝히고 있다. 그는 이 글을 먼저 공책에 썼다가, 표현이 거슬리거나 또 다른 논쟁을 불러일으킬 수 있다고 판단되는 부분들은 빼버리고 최종 원고를 완성해 레에게 보낸다. 이렇게 초고에서 빠진 부분들은 후에 '보몽에게 보내는 편지의 단편들Fragments de la lettre à Christophe de Beaumont'이라는 제목으로 엮여 다시 수록되는데, 본 번역서에서는 이 부분도 포함시켰다. 이 초고는 스위스 뇌샤텔 도서관에 보존되어 있다.

---

* 《고백》의 번역은 본 루소전집의 한 권으로 출간될 예정인 박아르마의 번역본을 따랐다.

2. 《도덕에 관한 편지》
─사랑하는 여인에게 전하는 미덕과 행복 이야기

　루소는 《신엘로이즈》를 집필 중이던 1757년 봄에 두드토 백작부인 Éli-
sabeth-Sophie-Françoise Lalive de Bellegarde, comtesse d'Houdetot에
게 깊이 빠져 정열을 불태운다. 그녀는 루소의 후원자이자 친구인 데피
네 부인의 시누이로 나이가 서른에 가까워 루소보다 열여덟 살 연하였으
며, 당시 그가 머물고 있던 '레르미타주'라는 이름의 거처에서 한 시간 거
리에 있는 몽모랑시 계곡 한가운데의 오본이라는 곳에서 예쁜 집을 얻어
지내고 있었다. 그녀는 소설 속에서나 봄 직한 남장을 하고 루소를 찾았
는데, 루소는 아름답지는 않은 그녀의 외모에 사로잡히고 만다. 훗날 루
소는 《고백》에서 그녀에 대한 정열을 이렇게 회고한다.

　　이번만은 사랑이었다고 말하겠다. 그 사랑은 내 삶에서 처음이자 유일한
　　것이었다. 그 결과 그 사랑은 내 기억 속에 영원히 남아 견디기 힘든 것이 될
　　것이다.

　두드토 백작부인과 루소는 첫 만남 이후 세 달 동안 거의 매일 만나다
시피 한다. 루소는 《도덕에 관한 편지》뿐만 아니라 《고백》에서도 그녀에
대한 자기의 순수한 열정을 강조한다. 그가 사랑했고 그를 사랑했던 여
성들에 대한 이 순결한 태도는 실제로 그에게 항상 도덕적 우월성과 정
당성*을 부여해주기도 한다. 《고백》에서 그는 두드토 부인과의 만남에

＊　루소는 《에밀》로 인해 모티에로 피신해 살 때 그곳에 살고 있던 이자벨 디베르누아라고 하는 뇌샤
　　텔 검사장의 딸과 각별한 우정을 나누었는데, 그녀가 결혼해 현모양처가 된 것, 훌륭한 양식을 갖추
　　고 좋은 남편을 만나 행복하게 사는 것 등이 자신이 그녀에게 해준 유익한 충고 덕분이라고 말하기
　　도 한다 (《고백》, 제12권 참조).

대해 이렇게 쓴다.

　우리는 마주 앉아 저녁을 먹었고 단둘이서 작은 숲 속 달빛 아래에 있었다. 그녀는 가장 열정적이면서도 가장 다정한 대화를 두 시간 동안 나눈 뒤 한밤중이 되어서야 그 작은 숲과 친구의 품에서 벗어났다. 그녀는 숲 속에 들어왔을 때와 마찬가지로 몸과 마음이 흠 없고 순수했다.

　어떻게 보면 루소가 사랑하는 이 여인에게 '도덕에 관한 편지lettres morales'를 써서(이 편지들에서 루소는 그녀를 '소피'라고 부른다) '미덕과 행복에 대한 선생'*을 자임하고자 한 것도 위와 같은 마음 상태에 기인했을 것이다. 실제로 루소는 두드토 백작부인에게 보낸 1757년 10월 31일자 편지에서 이런 역할을 하려는 마음을 암시한다.

　비록 아프고 서글프기도 하지만, 이곳에서의 내 삶은 즐거움이 없지는 않습니다. 나는 여기에서 방해자들로부터 안전하여, 사람들을 도덕적으로 고양시키기도 하고 또 당신을 생각하기도 합니다. 나는 그 어느 때보다도 숭고한 미덕과 신성한 우정이야말로 인간의 최고의 선이며, 행복해지려면 그 선에 도달하기 위해 노력해야 한다는 것을 느낍니다. 당신은 나를 영광스럽게 하는 당신의 애정을 받을 만한 사람이 되려는 욕구에서 제가 그 미덕과 우정을 훨씬 더 소중히 여기도록 만들어주었습니다.**

그리하여 그 후 몇 주가 지나 11월 말경에 루소는 도덕과 행복에 관

---

* Jean-Jacques Rousseau, *Jean-Jacques Rousseau. Œuvres complètes* 4권, 1786쪽. 루소는 자신이 쓰는 그 편지들을 '도덕에 관한 편지'라고 불렀다.
** Jean-Jacques Rousseau, *Jean-Jacques Rousseau. Œuvres complètes* 4권, 1786쪽.

한 이 편지들을 쓰기 시작하는데,《신엘로이즈》의 집필, 나아가 데피네 부인의 질투로 인한 두드토 백작부인과의 관계 청산(이듬해 5월) 등 여러 사건들로《도덕에 관한 편지》의 집필은 큰 진전을 보지 못한다. 루소가 이 편지들을 언제 완성했는지는 정확하지 않지만, 1861년에 출간된《장 자크 루소의 미간행 작품과 편지Œuvres et correspondance inédites de J.-J. Rousseau》(슈트레카이젠 물투Streckeisen-Moultou 출판사) 속에 이 편지들의 일부가 '미덕과 행복에 관한 편지Lettres sur la vertu et le bonheur'라는 제목으로 엮여 처음 출판된다. 이 모음 속에 수록된 것은 편지 2, 3, 4이고, 나머지인 편지 1, 5, 6은 1888년 외젠 리테르Eugène Ritter에 의해 출판된《두드토 부인에게 보낸 루소의 미간행 편지Lettres inédites de J.-J. Rousseau à Madame d'Houdetot》에 포함된다.

이 글은 처음에는 물론 그가 사랑하는 여인을 행복의 길로 인도하려는 목적에서 시작되지만 그의 바람은 거기에서 그치지 않는다. 아래에 인용한 글에서 드러나는 것처럼 루소는 소피가 이 편지들을 출판해주었으면* 하는 바람을 조심스럽게 피력했으며, 이 편지들의 출판을 바랐던 만큼 루소는 편지들을 아주 심혈을 기울여 쓰고 교정했던 것 같다.

이 편지들은 세상의 빛을 보기 위해 쓰이지 않았으니, 당신의 동의 없이는 이 편지들이 결코 빛을 보지 못할 것임을 당신에게 굳이 말하지 않아도 되겠지요. 그러나 만일 언젠가 당신이 동의하는 상황이 온다면, 당신에게 애착을 갖는 저의 순수한 열의는 그 동의를 얼마나 기꺼이 공개적인 인정으로 만들겠습니까……사랑스러운 소피, 설령 당신이 존경받는 데 저의 동의가 필요하지 않다 할지라도, 저는 지상의 모든 사람들이 당신에게 시선을 돌려서 당신의 영혼이 지닌 훌륭한 자질들에 제가 기대하는 바를 보았으면 합니

---

* 그런데 루소는 이 편지들을 끝내 두드토 부인에게 보내지 않았다.

다. 대중이 보는 앞에서 그 기대감을 채워줄 더 큰 용기와 힘을 당신에게 불러일으키기 위해서 말입니다. 사람들은 저의 애정과 존경이 절대로 헤프지 않았다고 생각할 것입니다. 특히 여성들에 대해서 말입니다. 그렇기에 사람들은 너무도 완벽하게 그 애정과 존경을 모두 받는 그 여인을 관찰하고 싶어 할 것입니다. 저는 제 영광을 당신에게 다 쏟아드리고 싶습니다. 오 소피, 그것이 가능하다면 제가 덕 있는 사람들에게서 받은 정당한 영광을 말입니다. 어느 날 사람들이 당신을 보고 저를 기억하면서 '아, 그 사람은 미덕을 사랑했고 미덕에 대해 아주 잘 알고 있었지'라고 말하게 해주세요.*

이 작품은 또 다른 측면에서 주목을 받는데, 루소가 〈사부아 보좌신부의 신앙 고백〉의 주요 부분을 쓰면서 이 작품의 편지 5, 6에서 여러 부분을 차용했기 때문이다. 이 시기, 즉 《인간 불평등 기원론》이 출판된 지 6~7년 후는 《사회계약론》, 《에밀》, 《신엘로이즈》가 구상되고 집필되던 때로 루소에게는 아주 중요한 시기였다. 이런 점으로 미루어 볼 때 《에밀》에 들어가 있는 〈사부아 보좌신부의 신앙 고백〉은 이미 많은 부분 사색을 거쳐 준비되어 있다가 《에밀》보다 먼저 집필된 《도덕에 관한 편지》에 부분적으로 삽입되었고, 마찬가지로 《에밀》보다 구상은 늦지만 먼저 완성되어 출판된 《신엘로이즈》에서 죽어가는 쥘리의 신앙 고백을 통해 많은 부분이 표명되었다고 할 수 있을 것이다.

---

* 이 책 161~162쪽.

3. 《프랑키에르에게 보내는 편지》
─ 말년의 루소가 밝히는 견해들

1769년, 루소는 끊임없이 자기를 모략하는 사람들을 피해 도피네 지방
의 부르구앵 근처 몽캥에 있는 한 농가에서 지내면서 《고백》 제7권을 집
필하고 있었다. 5년 전부터 《고백》을 쓰기로 결심하고 집필을 계속해왔
으나, 악의에 찬 염탐꾼들과 감시자들에게 둘러싸여 정신적 압박에 시달
리느라 큰 진전을 보지 못한 상태였다.

《프랑키에르에게 보내는 편지》는 바로 그 시기에 쓴 글이다. 이 편지가
프랑키에르라는 사람이 루소에게 보낸 편지에 대한 답장임은 글에서 알
수 있지만 프랑키에르가 누구인지는 정확히 알려져 있지 않다. 루소 연
구가인 마송P.-M. Masson은 "아마도 도피네 지방의 한 귀족이었을 것"*
이라고 추측하는데, 이것이 그에 대한 정보의 전부이다. 이 편지는 뇌샤
텔 도서관에 보관되어 있는 루소의 원고 모음집인 《장 자크 루소의 편지
Lettres de J.-J. Rousseau》에 포함돼 있으며 사본에 의해 알려졌다. 여기
서 이미 노쇠한 루소는 신, 예수, 신앙, 기적, 미덕, 인간의 의무, 자유, 선
행, 고통, 철학 등 그동안 여러 저서에서 자신이 표명했던 견해들을 기억
을 더듬어 담담히 기술한다. 이 편지를 쓴 의도를 루소는 이렇게 밝힌다.

여기에서 저의 의도는, 당신 편지의 요점들에 대한 제 견해를 당신이 받
아들이게끔 하려고 애쓰지 않고 그저 솔직하게 이야기하는 것입니다. 당신
이 저의 견해를 받아들이게끔 하려고 애쓰는 것은 제 신조에 반하고, 제 취
향에도 맞지 않는 일일 것입니다. 저는 공평하니까요. 게다가 저는 사람들이
저를 굴복시키는 것을 전혀 좋아하지 않기 때문에 저 또한 누구도 굴복시키

---

* Jean-Jacques Rousseau, *Jean-Jacques Rousseau. Œuvres complètes* 4권, 1803쪽.

려 애쓰지 않습니다. 저는 누구나 인정하는 공통적인 근거는 아주 제한되어 있다는 것을, 그리하여 그 좁은 제한에서 벗어나자마자 각자는 자기 자신만의 근거를 가지며, 세론은 근거에 의해서가 아니라 바로 그 세론에 의해서 확산된다는 것을, 그리하여 타인의 추론을 따르는 사람은 누구나──이미 그것만 해도 아주 드문 일인데──편견, 권위, 감정, 안이함 때문에 그런다는 것을 압니다. 자기 자신의 판단에 의거하는 경우는 드물거나, 어쩌면 전혀 없을지도 모릅니다.*

《프랑키에르에게 보내는 편지》의 수취인이 어떤 사람인지 알려져 있지 않고 또 루소의 이 답장을 이끌어낸 프랑키에르의 편지가 남아 있지 않아, 애초에 프랑키에르가 루소에게 보낸 편지에 어떤 내용이 담겨 있었는지는 루소의 이 편지를 통해서 어렴풋이 짐작할 수 있을 뿐이다. 루소는 다른 여러 편지에서 그런 것처럼 이 편지에서도 사람들이 자기 글을 제대로 이해하지도 못하고 공격하고 있다는 점, 자기 글 자체를 비판하기보다는 자기에 대한 인신공격을 하고 있다는 점에 유감을 표한다.

이 책에 수록된 세 편의 글은 모두 국내에서는 이번에 처음 번역된 것이다. 외국 저자의 작품을 번역해 국내에 소개할 때 주요 작품을 먼저 번역하고, 여건이 허락되면 나머지 작품들도 차차 번역하는 것이 상례이고, 어쩌면 당연한 일일 것이다. 루소의 경우도 마찬가지였는데, 그동안 번역되지 않고 있었던 루소의 이 글들을 번역해 내놓음으로써 그를 입체적이고 총체적으로 이해하는 데 한결 도움이 될 수 있으리라 생각한다. 이 글들은 루소의 주요 저서들에 대한 보충, 옹호, 해명, 해설의 성격을 띠고 있기 때문이다. 이 점에서 이 글들은 토론적 성격이 강하다고 할

___

* 이 책 208쪽.

수 있고, 루소 사상을 좀 더 '쉽게' 이해하는 데 많은 도움이 될 것이다. 잘 알려져 있다시피 학업의 이해도에 있어서 토론 수업이 갖는 장점이 크니 말이다.

역자는 그동안 루소의 작품을 지속적으로 번역해왔다. 무엇보다 그의 감수성에 매료되어서였다. 게다가 번역을 해나가면서 배운 인생에 대한 그의 태도가 역자의 삶에도 크게 영향을 준 것이 사실이다. 그렇기에 고마움도 크다. 그런 위대한 저자의 글들을 이렇게 또 번역하니 기쁨도 크다. 그러나 그 기쁨 뒤에는 걱정도 있다. 번역자라면 누구나 하는 걱정일 것이다. 오역의 문제다. 세월이 가면서 새로운 번역자에 의해 그 오역이 확인되고 바로잡아질 수 있기를 기대한다.

옮긴이주

1) 크리스토프 드 보몽Christophe de Beaumont(1703~1781)은 바욘 주교(1741), 비엔 주교(1745), 파리 대주교(1746) 등을 역임했다. 1762년 8월에 루소의《에밀 *Émile, ou de l'éducation*》을 공개적으로 비난하는 교서를 내렸다.
2) 루소가 1753년에 출간한《프랑스 음악에 대한 편지*Lettre sur la musique française*》를 통해 이탈리아 음악에 적대적인 입장을 보인 것 때문에 오페라 극장 출입을 거절당한 일을 암시한다.
3) 1762년 6월 9일, 파리 의회는《에밀》의 발행 금지령을 통과시키고 루소에게는 체포 영장을 발부한다. 6월 11일에는 제네바에서《에밀》과《사회계약론*Du contrat social*》의 판매가 금지된다.
4) 함은 구약성경에 나오는 노아의 둘째 아들로, 아버지 노아가 술에 취해 하반신을 노출한 채 잠든 모습을 본 죄로 저주를 받았다. 반면에 그의 형제 셈과 야벳은 그런 노아를 보지 않으려 뒷걸음질로 다가가 그에게 옷을 덮어주어 축복을 받았다 (《창세기》9장 20~25절 참조).
5) 단편 5 참조.
6) 당시 뇌샤텔 공국의 총독이었던 조지 키스George Keith 경을 가리킨다.

7) 프로이센의 왕 프리드리히 2세(1740~1786 재위)를 가리킨다.

8) 단편 5 참조.

9) 이기심amour-propre은 자애심(自愛心)amour de soi과 함께 루소 사상의 근간
을 이루는 중요한 용어이며, 이 둘은 서로 대립적이다. 루소는 많은 저작에서 이
두 용어를 비교 설명하는데, 가장 명쾌한 정의는《인간 불평등 기원론Discours
sur l'origine et les fondements de l'inégalité parmi les hommes》에서 찾을 수
있다. 이 저작에서 루소는 "자애심은 모든 동물이 자신을 보존하고자 애쓰도록 만
드는 자연적인 감정이다. 사람의 경우, 그것은 이성의 인도를 받고 동정심에 의해
변모됨으로써 인간미와 덕을 낳게 된다. 이기심은 상대적이고 인위적인 감정에
불과하며 사회 안에서 생겨난다. 그것은 각 개인으로 하여금 다른 어느 누구보다
자기 자신을 중시하게 하고, 사람들이 서로에게 저지르는 모든 악행을 부추긴다"
라고 설명한다. 루소는 다른 저작에서도 여러 가지 예를 들어 자애심과 이기심을
설명하는데, 후자의 경우 간혹 이기심보다는 자존심이라는 말이 문맥상 더 자연
스러울 때도 있다. 하지만 루소의 사상 체계에서 두 용어가 차지하는 위상과 대립
적인 의미를 감안해, 전집 번역에 참여한 모든 역자들의 숙고와 협의 끝에 이기심
이라는 용어를 택하기로 원칙을 정했다. 따라서 이기심이라는 말이 다소 부자연
스럽게 느껴지는 경우라 하더라도, 자애심과의 관계를 고려해 이기심으로 옮기고
자 한다. 단, 두 용어를 비교 설명하지 않는 문맥에 한해서 앞뒤 수식어가 이기심
이라는 단어와 전혀 부합되지 않는 극히 예외적인 경우에는 자존심으로 옮긴다.

10) 얀센파jansèniste는 네덜란드 신학자 얀센Cornelius Otto Jansen(1585~1638)
이 창시한 교파로, 신의 절대성을 강조하고 도덕적 엄격성을 추구하여 예수회와
대립했다.

11)《신엘로이즈Julie, ou La nouvelle Héloïse》제6부, 편지 7(플레이아드판 전집,
제2권, 685쪽). 그 주는 이렇다. "기독교도라는 환상을 가지고 성경을 글자 그대
로 따르려 하는 일종의 미치광이들. 오늘날의 영국 감리교도, 독일 모라비아교
도, 프랑스 얀센파와 거의 같다. 얀센파의 경우 주류가 되지 못한 점이 다른데, 그
러므로 적보다 더 가혹하지도 더 편협하지도 않다." (김중현 옮김,《신엘로이즈》
2권(책세상, 2012), 395쪽).

12) 단편 5 참조.

13) 앙리 4세(1589~1610 재위)를 가리킨다. 프랑스 부르봉 왕조의 시조로, 1598년

낭트 칙령을 반포해 신교도에게 종교의 자유를 허락했다. 이로써 위그노 전쟁을 종결시키고 나라의 안정과 발전을 꾀해 절대 왕정을 확립했으며 성군으로서 국민들의 사랑과 존경을 받았다.

14) 바로 앞에 나오는 '저세상'이라는 말의 프랑스어는 'autre vie'인데 여기서 'autre'만 쓰고 'vie'는 뺐다는 뜻이다.

15) 카프라리아는 현재 남아프리카공화국에 속해 있는 아프리카 남서부 지역을 가리키며, 카프라리아 사람이란 미개인이나 이교도를 뜻한다.

16) 라플란드는 아시아계 소수 민족인 라프족이 살고 있는 스칸디나비아의 북부 지역을 지칭한다. 노르웨이, 스웨덴, 핀란드 및 러시아의 일부가 여기에 포함된다.

17) 단편 7 참조.

18) 테르툴리아누스(160?~220?)는 카르타고에서 출생한 초기 그리스도교의 주요 신학자이자 논쟁가, 도덕주의자이다. 최초의 라틴 교부(敎父)로서, 이후 1,000년 동안 이루어진 서방 그리스도교의 어휘 및 사상 형성에 기초를 놓았다.

19) 유스티누스는 고대 로마 출신으로, 2세기경 초대 그리스도교회의 호교론자(護敎論者)이며 로고스론을 통해서 그리스 철학을 기독교와 연결시켰다.

20) 오리게네스는 이집트 알렉산드리아 출신의 그리스 신학자이며, 2~3세기 알렉산드리아 학파를 대표하는 기독교 교부이다.

21) 클레멘스(150~215)는 그리스 아테네 출신으로, 알렉산드리아 학파의 기독교 신학자이다.

22) 포티우스(810~893)는 콘스탄티노플의 총대주교였고, 동방 정교회와 일부 동방 가톨릭교회에서 성인으로 추대되었다.

23) 헤라클레이토스는 기원전 6세기 말의 그리스 철학자로, 만물의 근원은 불이고 만물은 끊임없이 변한다고 주장했다.

24) 루크레티우스는 기원전 1세기경의 로마 시인이자 철학자이며, 유물론자로서 철학시《사물의 본성에 관하여De rerum natura》6권을 남겼다.

25) 보조브르Isaac de Beausobre(1659~1738)는 프랑스의 신교 목사로, 오늘날 마니교의 역사에 관한 책《마니교의 역사Histoire critique de Maniche et du Manichisme》(전2권, 1734~1739)의 저자로 더 유명하다.

26) 루소가 모티에로 도망갔을 때 그곳에 있었던 몽몰랭Frédéric-Guillaume de Montmollin 목사를 가리킨다. 루소는 1762년 8월에 그에게 신교 신앙 고백을 했다.

27) 단편 18 참조.

28) 단편 18 참조.

29) 단편 10 참조.

30) 단편 11 참조.

31) 졸리 드 플뢰리는 검찰총장으로서,《에밀》출판 이후 루소에 대한 영장을 집행하
는 책임을 맡고 있었다.

32) 단편 13 참조.

33) 단편 13 참조.

34) 단편 14 참조.

35) 《미슈나》는 성경 이후로 가장 오래되고 권위 있는 유대 구전법 수집록이다. 약 2
세기에 걸쳐 여러 학자들(탄나임)에 의해 체계적으로 편찬되었다.《미슈나》는
모세 오경의 성문이나 율법을 보충하며, 늦어도 에스라 시대(기원전 450년경)
이래 구전으로 보존되어온 선별된 여러 법적 전승에 대한 다양한 해석들을 제시
하고,《게마라》와 함께《탈무드》를 구성한다.

36) 교황 클레멘스 11세가 1713년에 반포한 '우니게니투스 교서Unigenitus Dei
Filius'를 가리킨다. 프랑스에서 일어난 반체제 종교 움직임인 얀센파의 교리들
을 단죄하는 내용이 담겨 있다. 이 교서에 의해 프랑스에서 교리 논쟁이 시작되
어 거의 18세기 내내 지속되었다. 이 교서는 얀센파 저자 파스키에 케넬Pasquier
Quesnel의《도덕적 고찰Réflexions morales》에 담겨 있는 101가지 신학 진술
들을 단죄한 것으로, 얀센파를 억누르고자 한 프랑스 왕 루이 14세의 요청에 의
해 반포되었다.

37) 에세네파(派)Essene는 바리새파·사두개파와 더불어 유대 민족의 세 종파 가운
데 하나로, 사해(死海) 주변에 자리를 잡고 주로 육체노동과 기도를 하며 공동체
생활을 했다고 전해진다. 쿰란 동굴에서 발견된 히브리어 구약성경《사해문서》
가 이 에세네파의 것으로 추정된다. 바리새파와 마찬가지로 모세 율법, 안식일,
정결 의식을 철저히 지켰고, 불멸과 죄에 대한 하느님의 심판을 믿었으며, 바리
새파와는 달리 육체의 부활을 부정했다.

38) 카미자르 전쟁은 1702년경부터 약 2년간 남프랑스의 세벤 지방에서 호전적인
신교도들인 '카미자르'가 낭트 칙령을 폐지하고 가톨릭으로 개종하기를 강요하
는 루이 14세에 맞서 일으킨 전쟁이다.

39) 파르시는 페르시아에서 이슬람교도의 박해를 받다가 인도로 피신해 수라트에 정착한 조로아스터교도들을 가리킨다. 활동적이고 지적인데다 기술 습득과 상 공업에서 특출한 편으로, 인도 경제에 큰 영향을 미치고 있다.

40) 자라투스트라는 조로아스터교의 창시자를 가리킨다.

41) '그의 아버지'는 이스라엘 민족의 시조 아브라함을 가리킨다. 이스마엘은 아브라 함이 아내 사라에게서 아기가 생기지 않자 아내의 하녀 하갈에게서 얻은 아들로, 훗날 어머니 하갈과 함께 황야로 내쫓겼다.

42) 단편 12 참조.

43) 단편 14 참조.

44) 장 노비 드 카베라크Jean Novi de Caveirac 사제가 쓴《루이 14세와 그의 평의회 에 대한 칭송, 낭트 칙령 폐지에 관하여Apologie de Louis XIV et de son Con- seil, sur la révocation de l'édit de Nantes》(1758)를 가리킨다. 그는 거기에 성 바르톨로메오의 말에 관한 논고를 실었다.

45) 티투스 리비우스(기원전 59~기원후 17)는 고대 로마의 역사가로, '로마사 연구 의 성서'로 일컬어지는《로마 건국사》를 저술했다.

46) 키케로(기원전 106~43)는 고대 로마의 정치가이자 작가이며《국부론》,《법률 론》등을 저술했다. 고전 라틴 산문의 창조자이자 완성자라고 평가된다.

47) 단편 15 참조.

48) 생 장 드 파리Saint Jean de Pâris(1690~1727)는 생 메다르의 얀센파 부사제였다. 생 메다르 공동묘지에 있는 그의 무덤에서는 기적이 많이 일어났다고 전해진다.

49) 단편 15 참조.

50) 리브르livre는 프랑스 대혁명 이전의 화폐 단위로, 3리브르는 1에퀴écu이고 24 리브르는 1루이louis이다.

51) 〈출애굽기〉 7장 8절~8장 3절 참조.

52) 단편 16 참조.

53) 플라톤,《국가론》제2권 참조.

54) 소크라테스를 가리킨다. 아버지 소프로니코스는 아테네의 조각가였다.

55) 예수 그리스도를 가리킨다.

56) 루소의《사회계약론》제1부 8장 〈시민 신분에 관하여〉에 의하면 도덕은 사회 계 약에서 유래한다. "자연 상태로부터 사회적 상태로 옮겨 가는 이러한 이행은 인

간에게 아주 주목할 만한 변화를 가져온다. 왜냐하면 인간의 행위에서는 정의가 본능을 대체함으로써, 전에는 없던 도덕성을 그의 행동에 부여하기 때문이다."

57) 아리스티데스(기원전 520?~468?)는 고대 아테네의 정치가이자 군인이다. 마라톤 전투에서 페르시아군을 격퇴하는 데 크게 활약했고 그 능력을 인정받아 집정관이 되었다. 정치가 테미스토클레스(기원전 524?~460?)의 해상 정책에 반대했다는 이유로 도편 추방을 당했으나 이후 살라미스 해전과 플라타이아이 전투를 승리로 이끌었다. 올곧은 성품을 지녀 '정의로운 자'라고 불렸다.

58) 레오니다스는 스파르타의 왕으로, 페르시아 전쟁 때 장렬히 전사했다. 뒤에 영웅으로 추앙된다.

59) 산상수훈(山上垂訓)에서 예수가 모세의 윤리와 자신의 윤리를 직접 비교하는 것을 참조할 것. 〈마태복음〉 5장 21절 이하.

60) 루소는 예수의 위대함을 보이기 위해 예수를 소크라테스와 비교하고 있다. 그는 《정치 제도》에서 소크라테스를 '인간들 중에서 가장 신에 가까운 존재'로 표현한 바 있다.

61) 에밀을 가리킨다.

62) 코장 기사(1751~1824)는 프랑스의 장군이자 정치가였다. 삼부회 의원에 선출되기도 했다.

63) 단편 6 참조.

64) 몽타제는 리옹 대주교로, 성 아우구스티누스의 설을 신봉했고 얀센파에 호의적이었다.

65) 예수 그리스도를 가리킨다.

66) 단편 5 참조. 성 바울의 예언은 〈디모데 후서〉 3장 1~5절 참조.

67) 《알로이지아Aloïsia》는 1658년에 그르노블의 변호사 니콜라 쇼리에Nicolas Chorier가 출판한 외설적인 작품이다.

68) 울피아누스는 로마 제국의 법학자이자 관리였다. 그의 저작은 동로마 제국 황제 유스티니아누스 1세가 편찬한 2, 3세기 로마 법학자의 학설집인 《학설휘찬(學說彙纂)Digesta》(533)에서 전체 내용의 3분의 1을 차지한다. 울피아누스의 주요 저서로는 로마법을 해석한 미완성작 《시민법 주석서Libri ad Sabinum》(51권)와 법무 관령에 관한 내용을 담은 《고시주해(告示註解)Libri ad edictum》(81권)가 있다.

69) 《보몽에게 보내는 편지》의 초고에는 들어가 있었으나 루소가 표현이 거슬린다 거나 또 다른 논쟁을 불러일으킬 소지가 있다고 판단해 최종 원고에서 제외시킨 부분들을 모은 것이다.

70) 루소 자신을 가리킨다.

71) 볼테르(1694~1778)를 가리킨다. 일찍이 풍자 시인으로 이름이 알려진 볼테르는 신앙과 언론의 자유를 주장한 계몽사상가이기도 하다.

72) 생피에르 사제(1658~1743)는 성직자이자 작가로, 영원한 국가 연합 수립과 국제군 창설을 통한 세계 평화를 주장했다.

73) 원문에 문장이 완성되지 않은 상태로 돼 있다.

74) 에픽테토스는 노예 출신의 철학자로, 고대 그리스 로마 시대 스토아학파의 대가이다. 직접 저서를 쓰지는 않았으나 제자들이 그의 말을 기록한 책 《어록*Dia-tribai*》과 《제요(提要)*Enkheiridion*》가 전해진다.

75) 소피 두드토Sophie d'Houdetot(1730~1813) 백작부인을 가리킨다. 루소는 1757년 봄부터 여름까지 이 부인에게 정열을 쏟았다. 루소가 이 편지를 쓸 당시 두드토 부인은 스물일곱 살이었으며, 1748년에 이미 두드토 백작과 결혼해 이듬해에 아들을, 1753년과 1756년에 각각 딸을 낳았다. 두드토 백작은 군인으로 출세했으며 1761년에는 준장이 되었다.

76) 에피쿠로스(기원전 341~270)는 고대 그리스의 철학자로, 쾌락주의를 설파했다.

77) 제논은 고대 그리스의 철학자이자 수학자로, '역설' 개념으로 유명하며 '변증법의 발명자'라고도 불린다.

78) 아리스티포스는 고대 그리스의 철학자로, 소크라테스의 제자이며 쾌락주의를 내세운 키레네학파의 창시자이다.

79) 디오게네스는 고대 그리스의 철학자로, 금욕적 자족을 강조하는 견유학파(犬儒學派)를 대표한다.

80) 로크(1632~1704)는 영국의 철학자이자 정치사상가로, 경험론 철학과 계몽주의의 선구자로서 루소에게 큰 영향을 미쳤다.

81) 물라는 이슬람 국가의 종교 지도자나 율법학자에 대한 존칭이다.

82) 라마는 티베트 불교에서 정신적 스승을 지칭하는 말이다.

83) 1투아즈toise는 약 2미터이고, 1푸스pouce는 약 2.7센티미터이다.

84) 육체를 가리킨다.

85) 정신을 가리킨다.

86) 플리니우스(23~79)는 로마 제정기의 정치가이자 학자로, 백과전서인《박물지(博物誌)》 37권을 남겼다. '우리 시대의 플리니우스'는 프랑스의 박물학자이자 계몽사상가로《박물지》를 집필한 뷔퐁Georges-Louis Leclerc de Buffon(1707~1788)을 가리킨다.

87) 콩디야크(1715~1780)는 프랑스의 철학자이자 가톨릭 신부로, 루소, 디드로 등과 교류했으며 로크의 사상을 대변하며 경험론적 감각주의를 주장했다.

88)《감각론Traité des sensations》(1754)을 가리킨다.

89) 테렌티우스는 기원전 2세기의 로마 희극 작가로, 〈안드리아Andria〉, 〈헤키라Hecyra〉, 〈고행자Heauton timoroumenos〉, 〈환관Eunuchus〉, 〈포르미오Phormio〉, 〈아델피Adelphi〉 등을 남겼다.

90) 크세노크라테스(기원전 396~314)는 고대 그리스의 철학자로, 플라톤의 제자였고 아카데미아 원장을 지냈으며 피타고라스학파의 영향을 많이 받았다.

91) 대(大)카토(기원전 234~149)는 로마의 정치가이자 문인으로, 국수주의자였으며 라틴 산문 문학을 개척하는 데 기여했다.

92) 테라송 사제, 곧 장 테라송Jean Terrasson(1670~1750)은 프랑스의 성직자이다. 이 부분에서 루소는 기쁨과 고통에 관한 그의 철학적·종교적 시론인《정신과 이성의 모든 대상에 적용될 수 있는 철학Philosophie applicable tous les objets de l'esprit et de la raison》을 생각하고 있다. 그러나 마송P.-M. Masson 같은 루소 연구가는 몽테뉴의《수상록Essais》에 인용된 이야기와 관련 있다고 주장한다.

93) 프로테우스는 그리스 신화에 나오는 바다의 신으로, 모습을 자유자재로 바꾸는 변신과 예언에 능하다.

94) 데이비드 흄(1711~1776)과 불화를 겪은 뒤 1767년에 영국 우턴을 떠나 프랑스로 돌아온 루소는 콩티 왕자의 집에 잠시 거주했는데, 그때 왕자의 권유에 따라 성을 르누Renou로 바꾸었다.

95) 클라크(1675~1729)는 영국의 철학자이자 신학자이며 뉴턴 물리학의 대표자이다.

96) 〈시편〉 19편 1장.

97) '제논의 패러독스'라 불리며, 제논은 운동의 불가능성을 역설했다.

98) 디오게네스는 운동의 불가능성을 주장하는 제논 앞에서 걸어 다니면서 그의 궤

변을 비웃었다고 한다.

99) 피론은 고대 그리스의 철학자이며 '회의주의의 아버지'라고 불린다.

100) 버클리 대주교, 즉 조지 버클리(1685~1753)는 아일랜드의 성공회 주교이자 철학자, 과학자이다. 정신적인 것을 제외한 모든 것은 감각 기관에 의해 지각되는 경우에만 존재한다고 주장하는 경험론 철학으로 유명하다.

101) 프랑스 계몽주의 시대의 문필가이자 철학자로,《백과전서L'encyclopédie》의 편집장이었던 드니 디드로(1713~1784)를 가리킨다.

102) 페늘롱(1651~1715)은 프랑스의 성직자이자 사상가, 문학가이다. 그의 작품 《텔레마코스의 모험Les aventures de Télémaque》은《에밀》에 나오는 소피의 교육에서 중요한 역할을 한다.

103) 티투스(39~81)는 고대 로마의 황제로, 유대 반란을 진압하고 예루살렘을 점령하는 데 공을 세웠으며 콜로세움을 완성시켰다.

104) 베레니케는 유대 왕 아그리파 1세의 딸로, 티투스 황제가 사랑했던 여인이다. 그녀는 티투스보다 열두 살 연상이었는데, 티투스는 아버지 베스파시아누스가 황제로 있을 때 그녀를 데려와 황궁에서 함께 살았다. 그러나 그가 동방의 공주와 결혼하는 것을 원치 않는 로마인들의 반대에 부딪혀 베레니케를 유대로 돌려보냈다. 티투스가 황제가 된 후 그녀가 다시 그를 찾아왔으나 그는 그녀를 다시 유대로 돌려보냈다.

105) 브루투스(기원전 85~42)는 고대 로마의 정치가로, 카이사르 암살의 주모자이다.

106) 〈창세기〉 39장 12절에 나오는 "그 여인이 그 옷을 잡고 가로되 나와 동침하자. 요셉이 자기 옷을 그 손에 버리고 도망하여 나가매"라는 구절에 근거했다.

107) 크세노폰은 고대 그리스의 군인이자 작가이며《그리스 역사》,《소크라테스의 변명》등을 남겼다.

장 자크 루소 연보

1712년   6월 | 28일, 스위스 제네바의 라 그랑 뤼 거리 40번지에서 아버지 이자크 루소와 어머니 쉬잔 베르나르 사이에서 장 자크 루소 출생.
7월 | 베드로 사원에서 영세를 받음. 계속된 열병으로 어머니 사망. 고모 쉬잔 루소에 의해 길러짐.

1718년   아버지 이자크 루소, 생제르베 구의 쿠탕스로 이사.

1719년   아버지와 함께 여러 소설을 읽음.

1720년   겨울 | 역사와 윤리 서적들을 읽음. 특히 플루타르코스를 탐독.

1722년   10월 | 아버지, 한 퇴역 장교와 싸운 뒤 제네바를 떠나 니옹으로 이사. 루소, 사촌 아브라함 베르나르와 함께 제네바 근처 보세에 있는 랑베르시에 목사 집에 기숙 학생으로 들어감.

1724년   겨울 | 제네바로 다시 돌아와 외숙 가브리엘 베르나르의 집에 거주. 그 도시의 사법 서사 마스롱의 집에서 수습 서기로 일하나 별로 흥미를 느끼지 못함.

1725년   4월 | 조각가 아벨 뒤 코묑의 집에서 5년간 수련하기로 계약.

1726년   3월 | 아버지 재혼.

1728년   3월 | 산책에서 돌아오던 중 도시 출입문이 폐쇄된 것을 발견하고는, 뒤 코묑의 집에 돌아가지 않기로 작정하고, 다음 날 제네바를 떠남. 안시에 도착해

콩피뇽 사제의 소개서를 들고 바랑 부인의 집을 찾음. 24일, 걸어서 토리노로 출발.

4월 | 12일, 토리노 소재 성령 수도원에 들어감. 신교를 버리고 가톨릭으로 개종.

여름부터 가을까지 토리노 주위를 떠돌며 3개월간 베르셀리 부인 집에서 하인으로 일함. 이때 리본을 하나 훔쳤는데, 발각되자 하녀 마리옹에게 덮어씌움. 훗날《고백》과《고독한 산책자의 몽상》에서 이를 고백하게 됨. 다시 구봉 백작의 하인으로 들어가 일하다가 그의 아들 구봉 사제의 비서로 자리를 바꿈.

1729년   6월 | 바랑 부인이 살고 있는 안시로 돌아옴.

8~9월 | 성 라자르회 신학교에 두 달간 다님. 이어 성가대원 양성소의 기숙생이 됨.

1730년   4월 | 성가대장과 함께 리옹에 감. 간질병 발작을 일으킨 성가대장을 버리고 안시로 돌아옴. 바랑 부인을 찾지 않고 파리로 떠남.

7월 | 프리부르까지 바랑 부인의 하녀를 따라감.

겨울 | 로잔을 거쳐 도착한 뇌샤텔에서 음악 개인 교사 노릇을 함.

1731년   5월 | 여러 개의 소개서를 지니고 다시 파리로 옴.

6~8월 | 한 스위스 대령의 조카 집에서 하인 노릇을 함.

9월 | 몇 주 동안 리옹에서 지내다가 샹베리로 바랑 부인을 찾아감.

10월 | 사부아 지방의 측지소(測地所)에서 일하기 시작.

1732년   6월 | 8개월 동안 일한 측지소를 떠나 음악 개인 교사가 됨.

1733년   6~7월 | 브장송으로 잠시 여행을 다녀옴.

1735년   혹은 1736년 여름이 끝날 무렵부터 가을까지 샤르메트 계곡의 시골집 '노에레'에서 바랑 부인과 함께 체류.

1737년   6월 | 시각을 잃을 뻔한 실험실 사고 뒤 유언장 작성.

7월 | 유산 상속 문제를 해결하기 위해 사람들 몰래 제네바에 다녀옴.

9월 | 의사 피즈에게 용종에 대해 진찰을 받기 위해 샹베리를 떠나 몽펠리에로 감. 라르나주 부인을 만나 잠시 사랑함.

1738년   2~3월 | 샹베리로 돌아오나 환대받지 못함. 전해(1737) 여름부터 루소 대신 빈첸리트가 바랑 부인의 모든 일을 맡아 처리함.

1739년   3월 | 혼자 샤르메트 계곡에 남아 독서를 하며 독학.

1740년   4월 | 샹베리를 떠나 리옹으로 가 리옹 법원장 마블리의 두 아들의 가정 교사가 됨.

	11~12월│《생트 마리 씨의 교육에 대한 연구Projet pour l'éducation de M. de Sainte-Marie》를 씀.
1741년	3월│마블리의 집 가정 교사를 그만두고 샹베리로 돌아옴.
1742년	1월│새로운 음악 체계 수립을 위해 계속 연구.
	7월│자신이 고안한 숫자 악보 체계를 가지고 파리로 감. 리옹에서 마블리 사제가 추천서를 여러 장 써줌.
	8월│레오뮈르의 소개로 과학 아카데미에서 자신의《새로운 악보에 관한 연구Projet concernant de nouveaux signes pour la musique》를 낭독.
	9월│아카데미가《새로운 악보에 관한 연구》에 대한 심사 후 루소에게 음악 자격증을 수여.
	9~10월│《새로운 악보에 관한 연구》를 출판하기 위해 개작.
1743년	1월│《현대 음악론Dissertation sur la musique moderne》을 키요 출판사에서 출간.《보르드 씨에게 보내는 편지Épître à M. Bordes》출간.
	봄│뒤팽 부인에게 소개됨.
	5월│오페라 〈바람기 많은 뮤즈들Les Muses galantes〉 작곡 시작.
	6월│베네치아 대사에 임명된 몽테귀 백작에게 비서 자리를 제안받음. 그 자리를 수락.
	7월│10일, 파리를 출발. 이후 리옹, 마르세유, 제노바, 밀라노, 파도바를 거쳐 베네치아로 감.
	9월│4일, 베네치아에 도착. 토마 키리니 궁에 있는 대사관에 거주.
1744년	8월│몽테귀 백작과의 심한 갈등 끝에 대사관을 떠남. 베네치아를 떠나 르 생플롱, 르발레, 제네바를 거쳐 10월에 파리 도착.
	겨울│고프쿠르의 소개로 징세 청부인 라 풀리니에르의 집에 체류.
1745년	3월│오를레앙 출신인 23세의 여관 하녀 테레즈 르바쇠르를 알게 됨. 이후 이 여인은 루소와 사실혼 관계를 이루게 되며, 1768년 8월 정식으로 결혼식을 올림.
	7월│〈바람기 많은 뮤즈들〉 완성.
	9월│라 풀리니에르의 집에서 〈바람기 많은 뮤즈들〉 부분 공연. 이어 본발의 집과 리슐리외 공작 앞에서 전곡 공연. 디드로와 콩디야크를 알게 됨.
	10~11월│볼테르와 라모가 함께 만든 〈나바라의 여왕 또는 라미르의 축제들 La Princesse de Navarre ou les Fêtes de Ramire〉을 가필.
	12월│그것을 계기로 볼테르와 정중하고 공손한 편지를 교환.
1746년	가을│슈농소에 있는 뒤팽 부부 집에 체류. 그곳에서 뒤팽 부인과 그녀의 조

카의 비서처럼 일하면서 〈실비의 산책길L'allée de Sylvie〉을 씀.

겨울 | 테레즈와의 사이에서 첫째 아이가 출생하나 아이를 고아원에 보냄.

1747년 **5월** | 아버지 사망. 루소, 어머니의 남은 재산을 상속받음.

가을 | 다시 슈농소에 체류하면서 희극 〈무모한 약속L'engagement témé-raire〉을 씀.

1748년 **2월** | 전해에 알게 된 데피네 부인이 곧 두드토 백작과 결혼할 시누이 벨가르드 양에게 루소를 소개함. 루소, 둘째 아이를 낳지만 역시 고아원에 보냄.

1749년 **1~3월** | 달랑베르가 부탁한 《백과전서》의 음악 관련 항목들을 집필.

7월 | 디드로, 무신론적인 글 〈맹인에 관한 편지Lettres sur les aveugles à l'usage de ceux qui voient〉를 발표했다가 체포되어 뱅센 감옥에 감금됨.

8월 | 그림과 알게 됨.

10월 | 뱅센 감옥으로 디드로를 면회하러 가는 도중 '학문과 예술의 부흥이 풍속의 순화에 기여했는가?'라는 디종 아카데미의 논문 공모 주제를 《메르퀴르 드 프랑스》지(誌)에서 읽음. 그때부터 《학문예술론Discours sur les sciences et les arts》을 쓰기 시작.

1750년 **7월** | 디종 아카데미 논문 공모에서 《학문예술론》으로 일등상을 수상.

겨울에서 다음 해 초 사이에 《학문예술론》출판.

1751년 **2~3월** | 뒤팽 부인의 집에서 일하는 것을 그만두고 생활비를 벌기 위해 악보 베끼기를 시작함.

봄 | 셋째 아이를 낳고 고아원에 보냄.

9~10월 | 《학문예술론》에 대한 폴란드 왕의 반박문이 《메르퀴르 드 프랑스》에 익명으로 실림. 루소가 그 반박문에 답함.

11월 | 《고티에 씨의 〈학문예술론〉 반박문에 관하여 그림에게 보내는 편지 Lettre de J.-J. R. à Grimm sur la réfutation de son Discours par M. Gautier》 출간.

1752년 봄에서 여름 사이에 〈마을의 점쟁이Le devin du village〉 작곡.

8월 | 라 슈브레트에 있는 데피네 부인 집에 거주.

10월 | 퐁텐블로에서 왕 앞에서 공연된 〈마을의 점쟁이〉가 대성공을 거둠. 하지만 루소는 다음 날 왕의 알현을 거부하고 퐁텐블로를 떠남.

12월 | 프랑스 극장에서 청년기 작품 〈나르시스Narcisse ou l'amant de lui-même〉를 공연.

1753년 **3월** | 오페라 극장에서 〈마을의 점쟁이〉 초연.

11월 | 디종 아카데미, '인간 불평등의 기원은 무엇인가, 그 불평등은 자연

법에 의해 허락될 수 있는가?'라는 논문 공모 주제를《메르퀴르 드 프랑스》에 발표. 루소는 숲 속을 산책하며 그 주제에 대해 명상하기 위해 생제르맹에서 일주일을 보냄. 1752년에 쓴《프랑스 음악에 대한 편지*Lettre sur la musique française*》출간.

12월│이탈리아 음악에 적대적인 입장을 보인 것에 대한 보복으로 오페라 극장 무료 출입권을 박탈당함.

1754년 6월│테레즈와 고프쿠르와 함께 제네바로 떠남. 리옹에서, 바랑을 보기 위해 테레즈와 함께 샹베리로 감. 이어서 제네바에 도착.

8월│제네바 교회에서 다시 신교로 복귀. 제네바 시민권을 되찾음.

9월│테레즈와 배를 타고 레만 호를 돌아봄.《정치 제도*Institutions politiques*》와 산문 비극〈루크레티우스*Lucrèce*〉구상.

10월│파리로 돌아와 암스테르담 출판인 마르크 미셸 레에게 디종 아카데미 논문 공모에서 떨어진《인간 불평등 기원론*Discours sur l'origine de l'inégalité parmi les hommes*》원고를 넘겨줌.

1755년 2월│볼테르, 제네바 근교에 그가 '희열의 집'이라고 이름 붙인 집을 빌림.

4월│《인간 불평등 기원론》출간.

8월│볼테르,《인간 불평등 기원론》을 받은 뒤 루소에게 "인류에 반하는 당신의 신간을 고맙게 잘 받았습니다……"라고 편지를 씀.

9월│친절하게 볼테르에게 답장함. 라 슈브레트에 체류. 데피네 부인이 자신의 정원에 루소를 위해 마련한 작은 집 '레르미타주'에 거주하기로 약속.

1756년 4월│테레즈와 함께 레르미타주에 체류. 볼테르에게 자신의 책《신에 대한 편지*Lettre sur la Providence*》를 보냄. 볼테르, 회답으로 자신의《자연법에 대하여*Sur la loi naturelle*》와《리스본 참사에 대하여*Sur le désastre de Lisbonne*》를 보냄.

여름에서 가을에 걸쳐《신엘로이즈*Julie, ou la nouvelle Héloïse*》의 인물들을 구상함.

레르미타주에서 겨울을 보냄.

1757년 1월│두드토 백작 부인, 레르미타주로 첫 방문.

3월│디드로의《사생아*Le fils naturel*》의 한 부분을 파리를 떠난 자신에 대한 직접적인 비난으로 해석해 비판.

4월│디드로와 화해.

봄에서 여름에 걸쳐 두드토 부인에게 정열을 쏟음.

10월│두드토 부인과의 관계로 그림에게 절교의 편지를 보냄.

11월 | 두드토 부인, 루소에게 레르미타주를 떠나지 말 것을 간청.

12월 | 디드로, 레르미타주를 방문. 루소는 데피네 부인과 작별하고 테레즈와 함께 몽모랑시에 거주.《백과전서》7권을 받음.

1758년 **3월** |《달랑베르에게 보내는 연극에 관한 편지Lettre à M. d'Alembert sur les spectacles》완성.

5월 | 두드토 부인과의 모든 관계 청산.

9월 | 출판인 레에게 6부로 된《신엘로이즈》의 완성을 알림.

1759년 **1월** | 볼테르, 루소에게《캉디드Candide》를 보냄.

4월 | 몽모랑시에 사는 뤽상부르 원수, 부활절에 루소를 방문. 루소가 테레즈와 함께 살고 있던 곳(몽 루이 정원)이 보수 공사에 들어가자 루소에게 근처 작은 저택을 제공. 루소는 5월부터 그곳에 거주.

5월 | 그 '황홀한 집'에서《에밀Émile ou de l'éducation》5부 집필.

7월 | 몽 루이 정원 보수 공사가 끝나자 전에 살았던 집으로 돌아감. 많은 사람의 방문을 받음.

11월 | 말제르브의 부추김으로 마르장시가 루소에게《지식인 신문Journal des savants》의 편집부 자리를 제안하나 루소는 거절.

1760년 **1월** |《에밀》과《사회계약론Le contrat social》에 힘을 기울임.

12월 |《신엘로이즈》가 영국 런던에서 시판됨.

1761년 **1월** |《신엘로이즈》가 파리에서 시판되어 큰 성공을 거둠.

6월 | 자신의 종말이 임박했다고 믿고 테레즈를 뤽상부르 원수 부인에게 부탁함.

9월 |《언어 기원론Essai sur l'origine des langues》을 말제르브에게 맡김.

11월 | 레에게《사회계약론》원고를 넘김.《에밀》의 원고가 예수회의 손에 넘어갔다고 생각하며 그들이 원고를 훼손할까 봐 심각하게 걱정함.

12월 |《에밀》, 암스테르담 네옴 출판사에서 인쇄.

1762년 **4월** |《사회계약론》출간.

5월 |《에밀》, 암암리에 판매되기 시작.

6월 | 경찰이《에밀》을 압수. 소르본 대학이《에밀》을 비난. 9일, 국회에서《에밀》의 발행 금지령 통과. 루소에게 체포 영장 발부. 그날 오후에 루소 도피. 11일, 파리에서《에밀》이 불태워짐. 제네바에서《에밀》과《사회계약론》의 판매가 금지됨.

7월 | 스위스 베른 근처 이베르동에 있는 친구 집에 도착. 흄, 지지와 우정을 담은 편지를 보내 옴. 이베르동을 떠나 모티에로 감. 프로이센 왕 프리드리

히 2세에게 피신 요청. 테레즈, 모티에에 도착. 샹베리에서 바랑 부인 사망.

8월 | 프리드리히 2세, 루소의 체류를 허락. 루소, 몽몰랭 목사에게 신앙 고백. 소르본 대학, 《에밀》 견책. 28일, 《에밀》을 비난하는 파리 대주교 크리스토프 드 보몽의 교서가 발간됨.

9월 | 제네바 목사 자코브 베른, 《에밀》의 〈사부아 보좌신부의 신앙 고백〉 부분을 철회해줄 것을 요구.

1763년 　3월 | 《보몽에게 보내는 편지Lettre à Christophe de Beaumont》 출판.

4월 | 포츠담으로 출발.

1764년 　5월 | 레에게 자신의 전집 출간을 권유.

7월 | 식물학에 정열을 쏟음.

9~10월 | 크르시에의 뒤 페루 집에서 지냄.

11월 | 뇌샤텔의 포슈 출판사가 전집 출간 의사 표명.

12월 | 《고백Les confessions》을 쓸 것을 결심. 이해 말부터 다음 해 초 사이에 《고백》 서두 집필.

1765년 　2월 | 《음악 사전Dictionnaire de musique》 원고를 뒤셴 출판사에 보냄.

3월 | 《산에서 쓴 편지Lettres écrites de la montagne》가 파리에서 불태워짐.

7월 | 비엔 호수 가운데에 있는 생피에르 섬에서 10여 일간 지냄.

9월 | 베르들랭 부인의 방문을 받음. 그녀는 루소에게 영국으로 가서 흄을 만나보기를 권유. 6일, 모티에 장날 저녁, 루소의 집에 사람들이 돌을 던짐. 12일, 다시 생피에르 섬으로 가 몽상에 젖으며 식물 채집을 함. 29일, 테레즈가 루소와 합류.

10월 | 베른 정부에 의해 추방됨. 흄, 루소에게 편지를 써서 영국으로의 피신을 제안. 25일, 생피에르 섬을 떠나 비엔에서 며칠을 보냄. 29일, 베를린으로 출발. 바젤을 거쳐 스트라스부르에 도착.

12월 | 여권을 교부받아 파리에 도착. 탕플 광장 콩티 왕자의 집에서 거주. 파리의 많은 사람들이 그를 만나기 위해 방문.

1766년 　1월 | 흄, 드 뤼즈와 함께 파리를 출발해 런던에 도착. 치즈윅에 정착.

2월 | 테레즈, 루소와 합류.

3월 | 테레즈와 함께 우턴으로 떠남. 그곳에서 《고백》 앞부분 집필.

7월 | 흄과 불화.

11월 | 흄, 루소와의 불화와 관련해 루소에 대한 중상을 담은 《간략한 진상 Exposé succinct》을 출간.

1767년 　3월 | 영국 왕 조지 3세, 루소에게 매년 100파운드의 보조금을 지불키로 함.

	5월 ｜ 테레즈와 함께 우턴을 떠나 칼레로 가기 위해 도버에 도착.
	6월 ｜ 플뢰리수뫼동에 있는 미라보 후작의 집에 잠시 머물렀다가 트리에 있는 콩티 왕자의 집으로 감.
	11월 ｜《음악 사전》이 파리에서 시판됨.
1768년	**6월** ｜ 리옹으로 떠남.
	7월 ｜ 식물 채집을 위해 라 그랑드샤르트뢰즈에 감. 이어 그르노블에 도착. 25일, 샹베리에 있는 바랑 부인의 묘를 찾음.
	8월 ｜ 도피네의 부르구앵에 정착. 테레즈가 루소에게 옴. 두 사람은 그 도시의 시장 앞에서 결혼식을 올림.
1769년	**1월** ｜ 부르구앵 근처 몽캥에 있는 한 농가에서 지냄.
	4월 ｜ 레에게 편지를 써서 중상모략을 불러일으키고 있는《고백》의 집필을 그만두겠다는 의사를 표명.
	8월 ｜ 르 비바레로 식물 채집을 하러 감.
	11월 ｜《고백》집필을 다시 시작함. 몽캥에서 7~11장과 12장 일부를 집필.
1770년	**1월** ｜ 익명으로 서명하던 것을 중단하고 다시 본명 J. J. Rousseau로 서명하기 시작.
	4월 ｜ 몽캥을 떠나 리옹에 도착.
	7월 ｜ 파리에 돌아와 다시 플라트리에르 거리에 정착. 악보 베끼기와 식물 채집을 계속함.
	9월 ｜ 자신의 전집을 보내준 레에게 감사를 표함.
	12월 ｜《고백》완성.
1771년	**2월** ｜ 스웨덴 왕자 앞에서《고백》낭독.
	5월 ｜ 데피네 부인,《고백》낭독을 금지시킬 것을 경찰에 요청.
	7월 ｜ 베르나르댕 드 생 피에르와 교류 시작.
1772년	《루소, 장 자크를 심판하다 ― 대화 _Rousseau juge de Jean Jaques. Dialogues_》를 집필하기 시작.
1773년	악보 베끼기와 식물학에 많은 시간을 할애하며《루소, 장 자크를 심판하다 ― 대화》를 계속 집필. 이 글의 집필에 애를 먹음.
1774년	**4월** ｜ 오페라 극장에서 공연된 글루크의 〈이피게네이아〉 초연 관람.
	8월 ｜ 글루크의 〈오르페우스와 에우리디케〉 초연 관람.
1775년	**10월** ｜ 루소의 허락도 받지 않은 채 코메디 프랑세즈 극장이 그의 오페라 〈피그말리온 Pygmalion〉을 상연해 대성공을 거둠.
1776년	**2월** ｜ 자신에 대한 세간의 중상모략에 맞서 자신을 변호하려는 의도로 쓴

《루소, 장 자크를 심판하다—대화》의 원고를 노트르담 성당의 대제단에 놓아두러 갔다가 문이 닫혀 있음을 보고 하느님도 인간들의 부정한 행위를 돕고 있다고 생각하지만 그 사건에 대한 성찰은 그 또한 '하느님의 은혜'임을 깨닫게 함.

4월 | 거리에서 〈아직도 정의와 진실을 사랑하는 모든 프랑스인에게À tout Français aimant encore la justice et la vérité〉라는 전단을 나누어 줌.

5월 | 그 전단을 지인들에게 우송함.

가을 | 《고독한 산책자의 몽상Les rêveries du promeneur solitaire》'첫 번째 산책' 집필.

10월 | 메닐몽탕 언덕에서 개와 부딪히는 사고.

12월 | 《아비뇽 통신Courrier d'Avignon》이 루소의 사망을 잘못 보도. 루소는 이달 말에서 다음 해 초 사이에《고독한 산책자의 몽상》'두 번째 산책'을 집필.

1777년 | 2월 | 물질적인 어려움 표명. 테레즈가 오래전부터 아팠기에 하녀를 둘 필요가 있었음.

봄에서 여름 사이에《고독한 산책자의 몽상》'세 번째~일곱 번째 산책' 집필.

8월 | 악보 베끼기 포기.

1778년 | 겨울이 끝나갈 무렵에《고독한 산책자의 몽상》'여덟 번째 산책' 집필.

3월 | '아홉 번째 산책' 집필.

4월 | 12일, '열 번째 산책'(미완성) 집필.

5월 | 에름농빌의 르네 드 지라르댕 후작의 초대에 응해 의사 르 베그 뒤 프렐과 함께 그곳에 감. 다음 날 테레즈도 합류.

6월 | 에름농빌 주위에서 식물 채집을 함.

7월 | 몸 여러 곳이 불편했지만 특히 심한 두통에 시달림. 2일, 공원을 산책하고 테레즈와 함께 아침을 먹은 뒤 오전 11시경에 사망. 3일, 우동이 루소의 데스마스크를 뜸. 4일, '포플러나무 섬Île des Peupliers'에 안장.

1794년 | 10월 | 팡테옹으로 이장.

찾아보기 | 인명

찾아보기 | 용어 · 저작

옮긴이 **김중현**

한국외국어대학교 불어과와 같은 학교 대학원을 졸업하고, 프랑스 낭시 2대학에서 발자크 연구로 불문학 박사 학위를 받았다. 현재 한국외국어대학교에서 강의를 하고 있다. 저서로 《발자크 연구 — 서양문학 속의 아시아》, 《사드》, 《세기의 전설》, 《프랑스 문학과 오리엔탈리즘》, 《키워드로 풀어보는 퀘벡 이야기》(공저) 등이 있고, 역서로는 《텔레마코스의 모험》, 《전원 교향악》, 《보바리 부인》, 《에밀》, 《학문과 예술에 대하여 외》, 《고독한 산책자의 몽상》, 《인간 불평등 기원론》, 《사회계약론》, 《신엘로이즈》 등이 있다.

루소전집 11

보몽에게 보내는 편지
도덕에 관한 편지
프랑키에르에게 보내는 편지

펴낸날   초판 1쇄 2014년 8월 10일

지은이   장 자크 루소
옮긴이   김중현

펴낸이   김직승
펴낸곳   책세상
주소   서울시 마포구 광성로1길 49 대영빌딩 4층(121-854)
전화   02-704-1251(영업부), 02-3273-1333(편집부)
팩스   02-719-1258
이메일   bkworld11@gmail.com
홈페이지   www.bkworld.co.kr
등록   1975. 5. 21. 제1-517호

ISBN   978-89-7013-883-1 04160
         978-89-7013-807-7(세트)